La Servante Du Docteur: Simple Histoire

Urbain Olivier

Nabu Public Domain Reprints:

You are holding a reproduction of an original work published before 1923 that is in the public domain in the United States of America, and possibly other countries. You may freely copy and distribute this work as no entity (individual or corporate) has a copyright on the body of the work. This book may contain prior copyright references, and library stamps (as most of these works were scanned from library copies). These have been scanned and retained as part of the historical artifact.

This book may have occasional imperfections such as missing or blurred pages, poor pictures, errant marks, etc. that were either part of the original artifact, or were introduced by the scanning process. We believe this work is culturally important, and despite the imperfections, have elected to bring it back into print as part of our continuing commitment to the preservation of printed works worldwide. We appreciate your understanding of the imperfections in the preservation process, and hope you enjoy this valuable book.

LA SERVANTE DU DOCTEUR

LAUSANNE — IMPRIMERIE GEORGES BRIDEL.

LA
ERVANTE DU DOCTEUR

SIMPLE HISTOIRE

PAR

URBAIN OLIVIER

> Ce que vous faites, faites-le de bon
> cœur.   COL. III, 23.

LAUSANNE
GEORGES BRIDEL ÉDITEUR

1885
Tous droits réservés.

A L'AUTEUR DES NOUVELLES JURASSIENNES

MONSIEUR LE PROFESSEUR LOUIS FAVRE

Mon cher ami,

Vous ne l'avez pas connu, ce médecin villageois, dont j'ai essayé d'esquisser les principaux traits de caractère. Permettez-moi de vous le présenter, longtemps après son départ de ce monde. — Sa servante était aussi une aimable fille, une vraie perle de domestique. Vous verrez un peu ce qui lui est arrivé. Mais je ne veux pas anticiper sur le récit que je place sous vos yeux. Puisse-t-il seulement vous procurer, ainsi qu'à d'autres lecteurs, quelques moments agréables!

Votre vieil ami,

U. OLIVIER.

Givrins, mai 1884.

CHAPITRE PREMIER

Une consultation.

Dans l'après-midi d'un dimanche d'été, une fille simplement vêtue, suivait d'un pas lent et comme très fatigué, la rue du village de Civeret. Rencontrant une vieille femme boiteuse, dont la hanche droite paraissait disloquée, elle la pria de lui indiquer la demeure du docteur Argozat.

— C'est la troisième maison après celle-ci, dit la vieille ; mais je doute qu'il soit chez lui. Et puis, il ne reçoit pas volontiers les malades le dimanche, à moins qu'ils ne viennent de loin.

— Merci, répondit la fille.

Celle-ci arriva bientôt à la porte en question et tira le cordon de la sonnette. Comme on ne venait pas ouvrir, elle sonna une seconde fois.

Pas de réponse. La maison paraissait fermée.

Avisant un banc placé sous l'avant-toit, la jeune fille

vint s'y asseoir en soupirant ; puis, comme elle avait eu chaud en marchant, elle entoura son cou d'un fichu et en croisa les deux pointes sur sa poitrine.

La demeure du docteur Argozat était une ancienne maison, la moitié en appartement, l'autre moitié en grange et écurie. C'était une habitation rustique, assez bien entretenue à l'extérieur, mais qui n'avait aucune apparence de richesse.

Après un quart d'heure de pénible attente, l'inconnue allait se retirer, lorsqu'elle vit entrer dans la cour où elle était assise un vieillard de haute taille, le chapeau à larges bords enfoncé sur les yeux, et les mains dans les poches latérales d'une longue redingote, noire comme tout le reste de l'habillement. Marchant tête baissée, il ne vit la jeune fille que lorsqu'elle se leva, saluant le docteur et lui présentant une lettre.

— Qui êtes-vous et d'où venez-vous ? demanda-t-il.

— Je viens de Bérand, de la part de Mme Duclerque ; mon nom est Elisa Morins ; je suis domestique chez Mme Duclerque.

— Fort bien, mais cette dame doit savoir que je ne reçois pas les personnes des environs le dimanche. Je ne suis d'ailleurs pas son médecin. Pourquoi ne s'adresse-t-elle pas à son docteur ?

Tout cela était dit sur un ton bourru, de mauvaise humeur évidente.

— Vous avez, reprit M. Argozat, les six jours de la semaine pour venir chez moi ; je ne vois pas pourquoi votre dame Duclerque vous envoie ici le dimanche.

La jeune fille ne répondit pas. Relevant la grande

aile de son chapeau, le docteur, qui avait des lunettes sur le nez, regarda en plein visage cette inconnue.

— Vous êtes malade ? lui dit-il.
— Oui, monsieur.
— Asseyez-vous pendant que je lirai la lettre.

M#me# Duclerque écrivait :

« Monsieur,

» Ma femme de chambre, Elisa Morins, est souffrante depuis assez longtemps ; d'anémie, je suppose, comme toutes les filles aujourd'hui. Veuillez l'examiner et lui indiquer un traitement à suivre. C'est une domestique au service de laquelle je tiens beaucoup.

» Agréez l'assurance de ma considération.

» S. Duclerque. »

Cette missive lue, le vieux médecin sortit de sa poche une grosse clef et ouvrit la porte.

— Entrez, dit-il à Elisa.

Celle-ci le suivit, traversant une cuisine et entrant dans une chambre au milieu de laquelle était une table longue, couverte de papiers. Des brochures, quelques volumes, un Ambroise Paré in-folio entre autres, s'y trouvaient aussi pêle-mêle.

— Voilà une chaise, mademoiselle. Ne restez pas debout. Vous êtes venue à pied ?
— Oui, monsieur.
— Est-ce que M#me# Duclerque n'aurait pas pu vous faire amener en char ?
— Les chevaux étaient sortis pour une promenade avec la famille.

— Oui, je comprends. Voyons un peu votre pouls. Depuis quand êtes-vous malade ?

— Depuis trois mois.

— Et avant?

— Je me portais bien. Je n'ai jamais été malade, sauf un rhume, comme on peut en avoir un en hiver. Mais depuis quelque temps, je sens mes forces diminuer de jour en jour. Quand le soir vient, je suis à bout.

— Vous ne toussez pas?

— Non.

— De quoi se compose précisément votre service?

— Je me lève à cinq heures. Dans la matinée, j'ai le salon et les chambres à faire. Chaque jour, sauf le dimanche, je dois frotter et cirer une pièce de l'appartement. Il y a six pièces occupées. Je sers à table et j'aide la cuisinière à soigner la vaisselle. On m'envoie faire les commissions, plusieurs fois dans la journée. Je travaille aussi aux vêtements de madame et je raccommode ceux des enfants. Dans la soirée, trois fois par semaine, je travaille pour moi.

— A quelle heure vous couchez-vous?

— A onze heures. Jamais plus tôt. Quand il y a du monde, il faut veiller tard.

— Montrez-moi votre langue? Oui, je vois, vous avez de bonnes dents. Continuez à les soigner. Votre âge?

— Vingt-quatre ans.

— Je voudrais écouter votre cœur et la poitrine.

Le docteur appuya son oreille droite aux places voulues, après quoi, son regard perçant se portant de nouveau sur les traits amaigris et pâles de la jeune fille, il lui dit :

— Je passerai demain matin à dix heures chez Mme Duclerque, en allant voir un malade. Votre service ne serait pas trop fatigant, si vous étiez plus forte. C'est une jolie place. Mais il vous faut absolument du repos, pendant six semaimes au moins, et à la montagne. Pouvez-vous faire cette dépense ?

— Non, monsieur, pas à moins d'emprunter. Ma mère infirme n'a que moi pour la soutenir, je lui remets une bonne partie de mes gages.

— Et votre père, que fait-il ?

— Il est mort depuis longtemps. Je n'ai ni frère ni sœur.

— Bien. Je parlerai à Mme Duclerque.

Ouvrant une armoire, le docteur y prit un tout petit flacon ; il le plia dans du papier et le donna à la malade.

— Vous demanderez à M. Duclerque, une bouteille de vin vieux blanc du pays, et vous y verserez le contenu de ce flacon. Cela fera du vin amer, dont vous prendrez deux cuillerées une heure avant le dîner. Pour le moment vous n'avez pas besoin d'autre remède. Avez-vous une bonne nourriture ?

— Oui, monsieur, le matin du café ; à midi, de la viande et du légume ; le soir, de la soupe et du pain à discrétion.

— Et du vin ?

— Je n'en prends pas. On me donne 30 francs par an en place de vin.

Le docteur prit une bouteille et un verre qu'il emplit jusqu'au tiers.

— Vous allez boire ce vin en mangeant une bouchée de pain. Prenez cela. Attendez, j'ai encore là un vieux biscuit, qui vous conviendra mieux que du pain frais.

— Merci, monsieur. Je ne refuse pas, car je me sens exténuée.

— Oui, mon examen vous a donné de l'émotion, mais vous vous remettrez.

Ayant pris cet excellent viatique, Elisa Morins se leva, remercia le docteur et s'excusa d'être venue le dimanche. Puis elle demanda ce qu'elle devait pour la consultation et le remède.

— Rien, ma pauvre fille. Nous verrons cela plus tard. Allez seulement sans vous presser ; vous avez tout le temps.

Le docteur vint lui ouvrir la porte d'entrée. Comme il sortait de la maison, il vit, assis sur le banc, un homme d'un village voisin, venu aussi pour le consulter.

— Que faites-vous là et que voulez-vous ? lui dit-il d'une voix retentissante. Vous savez bien que je ne reçois pas les gens du pays le dimanche.

— Excusez, monsieur le docteur, dit le nouveau client, je viens pour un de mes cousins, qui n'est rien bien depuis quelques jours ; vous savez, Antoine, du coin d'en haut. Je vous apporte....

— Ne m'apportez rien, et allez-vous-en... au diable, fut-il sur le point d'ajouter.

— Je vous assure, monsieur le docteur....

— Rien, rien, je vous dis de vous en aller. Votre cousin Antoine peut venir ou se faire amener en char un autre jour.

— Vous avez pourtant reçu cette fille qui s'en va ?

— Ça ne vous regarde pas. Je fais ce que la tête me chante.

— Oh ! vous me recevrez bien tout de même. Mon cousin a, comme ça, des pesanteurs à l'estomac, et toujours soif, la bouche mauvaise.

— Ça ne me regarde pas aujourd'hui. Je vous dis que je ne veux pas vous recevoir.

> Ayant parlé de cette sorte,
> Le *vieux docteur* ferma sa porte.

qu'il verrouilla en dedans.

Voyant qu'il était inutile d'insister davantage, le cousin d'Antoine du coin d'en haut s'en retournait, non sans marmotter que M. Argozat avait deux poids et deux mesures. Ce dernier ouvrit la fenêtre du côté de la rue, et rappela l'homme qui partait :

— Dites à votre cousin, puisqu'il a soif et qu'il souffre de l'estomac, qu'il boive de l'eau un peu chaude, sans sucre ; il doit se nourrir d'aliments légers et s'abstenir absolument de vin et de liqueurs.

— Bien obligé, monsieur le docteur. Mais mon cousin Antoine ne voudra pas se priver de vin, ni d'eau de cerises. Il en a trop l'habitude pour pouvoir y renoncer.

— Eh bien, s'il préfère se tuer peu à peu, il est libre.

— Vous ne voulez pas....

— Non, vous dis-je. Allez seulement, ne vous pressez pas.

La recommandation de ne pas se presser n'était point nécessaire, car le cousin d'Antoine était encore attablé au cabaret, une heure plus tard, avec une connaissance qui lui avait offert *un verre* en passant.

M. Argozat était un excellent médecin populaire. Doué d'un coup d'œil qui ne le trompait guère, connaissant à fond la manière de vivre et la santé des campagnards ; suivant les familles de père en fils depuis quarante ans, il connaissait les divers tempéraments, et il était rare qu'il ne trouvât pas ce qui convenait aux uns et aux autres. Veuf depuis quelques années et sans enfants, il prenait une femme de ménage pour balayer sa maison, faire sa chambre et préparer son dîner de midi. Il faisait lui-même son café le matin et son thé le soir. A soixante-quatre ans, c'était encore un homme superbe. Grâce à des habitudes de sobriété et à de nombreuses courses à pied dans les villages voisins, il jouissait d'une bonne santé. La solitude dans sa maison ne l'effrayait point.

— Que veux-tu qui m'arrive dans la nuit? disait-il à une sœur, veuve aussi, qui demeurait à quelque distance de Civeret. Je n'ai besoin de rien quand je dors, et le jour je suis rarement chez moi, excepté lorsque le temps est à la pluie. Je prendrais bien une servante, si j'en trouvais une vraiment bonne et sage, à qui l'on pût se fier ; mais elles sont presque toutes des mijaurées, des trompeuses, quand elles ne sont pas pis que cela. Et puis, il est rare qu'elles se portent bien.

Outre sa maison avec un jardin et quelque peu de terrain autour du bâtiment, il possédait une petite fortune mobilière amassée à la longue, et dont aucun autre médecin ne se fût contenté. Soignant les pauvres gratis, il ne recevait le prix de ses visites et de ses médicaments, que des gens qui pouvaient, — disons nettement, — qui voulaient payer. Durant sa longue carrière médicale, jamais il n'avait remis aucun mémoire au procureur pour en opérer la rentrée. Les riches ne le demandaient guère; ils préféraient s'adresser à des docteurs citadins, dont les visites en voiture coûtaient dix fois ce que demandait M. Argozat pour les siennes. Bourru dans son premier abord, emporté dans ses paroles, notre vieux médecin était, au fond, un homme compatissant, bon et serviable. Econome pour tout ce qui tenait aux jouissances de table, aux besoins du luxe, il savait, dans l'occasion, se montrer généreux. Les gens de son village en faisaient grand cas, sans doute, parce qu'il était à leur portée et qu'il ne les forçait pas à le payer. Néanmoins, ils n'avaient jamais eu l'idée de lui offrir une pension, un cadeau quelconque offert par la commune. Il n'en a pas besoin, disaient ses combourgeois, et il n'ira pas s'établir ailleurs. Leur reconnaissance n'allait pas au delà de cette remarquable pensée, et M. Argozat était trop fier pour leur dire : Je veux 200 francs par an, comme je reçois à Borréal et à Quéronne; puis 2 francs par visite faite à domicile. Mais si les habitants de Civeret ne payaient que le moins possible, en revanche, ils empruntaient volontiers du docteur.

— Monsieur Argozat, disait l'un d'eux, il me faudrait 300 francs pour acheter une vache ; — et moi, disait un autre, j'aurais besoin de 100 francs, en attendant d'avoir vendu mon cochon. La femme d'un troisième serait venue, de la part de son mari, le prier de leur prêter 300 francs dont un créancier exigeait le remboursement.

A ces diverses demandes, le vieux médecin répondait en se fâchant, criant contre les gens qui le croyaient riche à centaines de mille francs, quand il avait à peine de quoi vivre ; puis, après avoir bien tempêté, il finissait souvent par livrer la somme demandée, en échange de laquelle l'emprunteur lui faisait un billet sous-seing privé au 5 %.

CHAPITRE II

Matinée de juillet.

◄►

Lorsque M. Argozat allait voir des malades dans les villages situés à plus d'une demi-lieue de chez lui, il se faisait conduire en char par un homme de Civeret, avec lequel il avait un arrangement pour toutes les courses de ce genre. Cela lui revenait moins cher que d'avoir un cheval dans son écurie et un domestique pour le soigner. Mais surtout il n'avait aucun embarras d'attelage.

Le lendemain du dimanche en question, il se fit conduire chez Mme Duclerque, ayant aussi l'intention de se rendre de là chez sa sœur, une lieue plus loin.

Comme on l'attendait, il fut reçu tout de suite. M. et Mme Duclerque habitaient une agréable maison de campagne. Tout y était soigné avec minutie, à l'extérieur comme dans les appartements. Situé dans le village même, entouré de murs et l'entrée fermée par une grille en fer, le clos de M. Duclerque ne ressemblait point aux propriétés rurales voisines. Il brillait au milieu d'elles par sa propreté, sa tenue correcte et ses bâtiments si bien entretenus. Entourée de plantations d'arbustes verts, ornée de corbeilles de fleurs, un grand potager, cette habitation confortable annonçait le bon goût de ses propriétaires, une large aisance, même une fortune très supérieure à celle des autres habitants de la localité. C'était comme un oasis à Bérand, village composé de toutes sortes de constructions, depuis les vieilles masures sans air et sans lumière, jusqu'aux massifs bâtiments des gros paysans, avec leurs fenêtres du côté de la rue, la haute porte cintrée de la grange et, droit devant, l'indispensable fumier. Au centre de ces diverses demeures était l'auberge communale et, non loin d'elle, une pinte chargée de lui faire concurrence par un vin meilleur ou moins cher.

Ce fut Elisa qui introduisit le docteur au salon, en attendant que Mme Duclerque vînt le rejoindre.

— Comment allez-vous aujourd'hui? demanda-t-il à la femme de chambre.

— J'ai mal dormi et je me sens brisée. A peine ai-je la force de traîner la décrottoire sur le parquet.

— La marche de hier vous a fatiguée?

— Peut-être. Mais je sens que je ne puis plus faire mon service. Il faut que j'aille chercher un peu de repos chez ma mère.

— Ou ailleurs. Je vous reverrai après avoir parlé à Mme Duclerque.

— Merci, monsieur.

Comme Elisa retournait à son travail, traînant les pieds sur les dalles polies du corridor, M. Argozat entendit sa maîtresse qui lui disait :

— Quand vous aurez fini dans le cabinet de monsieur, vous ferez le savonnage du linge préparé dans la chambre à resserrer.

— Oui, madame, toutefois si j'en suis capable.

— Ça ne va donc pas mieux ?

— Non, madame.

— Alors, il faudra décidément prendre un parti. J'en parlerai au docteur.

Ce dernier était debout, vers une des fenêtres du salon, examinant de là les fleurs et les arbustes, le frais gazon de la pelouse, où l'on voyait les bons résultats de soins et de travaux journaliers.

— Madame, votre serviteur, dit M. Argozat en s'inclinant.

— Veuillez vous asseoir, monsieur, répondit à cette salutation la maîtresse de céans. Vous avez eu l'obligeance de venir me parler de ma fille de chambre, après l'avoir examinée hier. Comment trouvez-vous son état de santé ?

— Assez grave, madame, pour qu'un mois ou deux de repos absolu soit indispensable. Je ne lui reconnais pas de lésion organique ; ce n'est pas non plus de l'anémie, car elle a un bon sang ; mais elle est surmenée par un travail évidemment au-dessus de ses forces ; et plus on attendra pour la soigner, plus il lui sera difficile de guérir.

— En ce cas, il faut que je me décide à la remplacer pour quelque temps. Je la regretterais beaucoup, si elle devait me quitter, car Elisa est d'un caractère très docile, ne répondant jamais que d'une manière polie et respectueuse. Elle est intelligente, active, d'une propreté rare chez les filles de sa condition.

— Ne pourriez-vous pas, madame, la placer pour un mois dans une maison à la montagne, où elle aurait une bonne nourriture, un air léger et fortifiant? Vous la reprendriez à votre service, lorsque sa santé serait rétablie, et vous diminueriez un peu sa tâche de chaque jour.

— S'il ne s'agissait que de huit ou quinze jours, oui, cela pourrait s'arranger; mais pour plus longtemps, c'est impossible.

— Elle est très pauvre; il faudrait au moins l'aider à payer sa pension.

— Je lui donnerai volontiers 10 francs; malheureusement elle a reçu, mois par mois, tous ses gages.

— Pour les donner à sa mère infirme, dont je connais la pénible situation. Eh bien, madame, arrangez-vous de manière à ce qu'elle soit prête à partir demain matin à neuf heures. Je viendrai la prendre ici, et je la conduirai à Montaubois, dans une maison de paysans où elle sera reçue et bien soignée.

— Mais, monsieur, déjà demain? C'est bien prompt. Il faut, dans ce cas, que je fasse venir la personne sur laquelle je compte pour la remplacer provisoirement.

— Cela vous sera sans doute facile. Maintenant,

je voudrais voir un instant votre domestique. Auriez-vous l'obligeance de l'appeler ?

Mme Duclerque sonna. Elisa arriva tout essoufflée.

— Monsieur le docteur désire vous parler.

— Nous venons de décider avec madame, dit M. Argozat, qu'un temps de repos vous est absolument nécessaire. Je vous propose donc de passer un mois à la montagne, chez de braves gens que je connais et où vous serez très bien. Je suis chargé de leur procurer une pensionnaire. Si vous acceptez ma proposition, — et il faut l'accepter, — je viendrai vous prendre demain matin en char, et je vous conduirai moi-même à Montaubois, où je dois dans tous les cas me rendre.

— Merci, monsieur ; mais je me demande comment je pourrai payer la pension.

— Ne vous inquiétez pas de ça. Mme Russel attendra que vous ayez de nouveau gagné quelque chose.

— Et ma mère, monsieur ?

— Votre mère, votre mère, eh bien, que diable ! personne ne meurt de faim dans notre pays. Il se trouvera bien quelqu'un pour lui tendre secours, n'est-ce pas, madame ?

— Oh ! sûrement.

— Allons, ma fille, voilà qui est dit : demain matin, à neuf heures. C'est une bonne occasion dont il faut profiter.

— Et alors, est-ce que ça ne dérange pas trop madame ? Je ne voudrais pas....

— Eh non ! reprit le docteur avec un geste d'impatience. Que diantre ! C'est vous, ma pauvre fille, que cela dérange le plus. Mme Duclerque le comprend fort bien. Donnez-moi un peu votre main gauche.

Le docteur sortit sa montre, compta quelques battements, puis il dit à Elisa :

— Oui, ça ira bien plus tard : allez maintenant, et ne faites rien de fatigant aujourd'hui. Un petit savonnage, mais non décrotter un plancher. — Madame, j'ai l'honneur de vous saluer.

— Adieu, monsieur. Tout cela me cause bien de l'embarras ; mais, puisque vous le jugez nécessaire.... Vous m'enverrez la note.

— Oui ; nous n'en sommes pas encore là. Vous habitez une bien jolie campagne ; tout y est si soigné.

— M. Duclerque y prend peine. Quand nous l'avons achetée, il y a quatre ans, c'était négligé, sale et en désordre.

Dans la cour, M. Argozat trouva Elisa près du char.

— Je tenais à vous remercier, monsieur, de votre grande bonté. Je serai prête à neuf heures ; mais je suis inquiète au sujet du payement de la pension. Si je ne me rétablis pas....

— Voulez-vous bien vous taire.... Je sais ce que je fais, allez seulement. Prenez tous vos effets : c'est plus simple ; et d'ailleurs, à la montagne, il faut être en mesure d'éviter les refroidissements subits. N'oubliez pas la petite fiole pour le vin amer.

— Oui, monsieur. Encore tous mes remerciements.

En rentrant à la maison, il semblait à la pauvre fille qu'elle était déjà à moitié guérie. La sympathie témoignée aux malades leur fait tant de bien. Elisa acheva d'épousseter le cabinet de M. Duclerque, pendant que le char du docteur roulait dans la direction du village où demeurait sa sœur, la veuve Hermey.

Seul au fond du cabriolet de son conducteur, M. Argozat se livrait à des pensées peu agréables. La vie, pour lui, était triste, dépouillée. Sans aucun appui naturel, il entrait dans la vieillesse avec des sentiments parfois bien amers. Depuis la mort de sa femme, qu'il avait beaucoup aimée et qui avait souffert longtemps avant de lui faire ses adieux, il voyait le vide se faire partout dans son entourage immédiat. Quand il rentrait chez lui, il trouvait la maison froide, la crudité désagréable d'un appartement non habité. Personne pour lui souhaiter la bienvenue. Si c'était le soir, il fallait commencer par allumer une lampe, puis le feu et faire bouillir l'eau pour sa tasse de thé. Les restes de son dîner étaient froids; il ne s'en souciait pas, à moins qu'il ne prît une tranche de viande. Il mangeait, du reste, fort peu, pour un homme de sa taille élevée et bien proportionnée. Deux œufs à la coque ou sur le plat, ou en omelette, lui suffisaient pour un repas.

Quand Mme Argozat était vivante, en bonne santé, c'était un accueil bien différent. Tout alors était chauffé chez lui, la nappe déjà mise sur la table, à côté de la bouilloire qui chantait sur les charbons. Aujourd'hui, comme tout cela était changé! Bien portant, fort et robuste, le docteur aurait pu se remarier. Mais cette idée ne lui était jamais venue, bien que sa femme lui eût conseillé de ne pas rester veuf. Non, M. Argozat ne voulait pas contracter une nouvelle union. Il n'y avait pas, disait-il, deux femmes au monde comme la sienne, et, puisqu'il avait eu le gros lot à la loterie du mariage, il s'en tiendrait à ce qu'il avait possédé, sans courir les chances d'un nouveau billet, qui pouvait ne pas valoir grand'chose. D'ailleurs, il se considérait bien comme un vieillard, ne voulant pas épouser une femme âgée et moins encore une jeune.

En ce moment, sur la route qui le conduisait chez sa sœur, il pensait au fils unique de cette veuve. Paul Hermey montrait un caractère peu aimable. A vingt-huit ans, au lieu d'être le soutien de sa mère, il lui causait bien des chagrins. Sans être paresseux précisément, il employait le temps et l'argent d'une manière qui ne profitait à personne, excepté aux cabaretiers chez lesquels il vidait sa bourse. Chasseur passionné, pêcheur à passer des journées entières le long d'une rivière, il laissait croître l'herbe dans ses champs, pourrir le foin sur le gazon, entortiller les ceps de sa vigne par les liserons ou empoisonner la terre par des chardons qui fleurissaient plus haut que les échalas. Aussi les affaires allaient-elles fort mal. Encore quelques années mauvaises, et les créanciers se saisiraient de l'héritage pour être payés. Les avertissements, les supplications d'une mère trop faible n'y faisaient rien; les remontrances de l'oncle encore moins peut-être. « Qu'il se mêle de soigner ses malades et me laisse tranquille, disait le jeune homme; je sais me conduire. » A quoi la veuve répondait : « Non, mon cher enfant, tu ne sais, ou plutôt tu ne veux pas te conduire avec intelligence et sagesse. Nous serons ruinés avant qu'il soit longtemps, si tu ne changes pas. Ah! si le bon Dieu voulait me prendre! » Au lieu d'écouter sa mère, Paul appelait son chien et partait pour les bois. C'était désolant. Il aurait fallu un changement profond du cœur et des inclinations, pour ramener cet enfant prodigue au sentiment du devoir et à une saine activité. Hélas! il n'en prenait guère le chemin. Il comptait sans doute sur l'héritage de son oncle pour payer les dettes déjà contractées par son père, et augmentées dès lors par sa mauvaise administration ; mais on peut supposer que, si cet héritage lui parvenait un jour, Paul Hermey saurait le dépenser, peut-être même sans dégrever les propriétés de la famille. Telle était la situation, fort peu gaie comme on le voit.

Enfoncé dans la vieille carriole, le chapeau à larges bords jusque sur les yeux, le docteur ne regardait pas la campagne environnante. Elle était belle pourtant, dans cette matinée d'un jour d'été. Les blés mûrissaient au soleil de juillet. Ils répandaient dans leur voisinage un parfum léger, présage de l'abondance. Dépouillés de leur première récolte, les prés reverdissaient. Les arbres étaient pleins d'un vigoureux feuillage, dans lequel chantaient les oiseaux percheurs, pendant que la caille, blottie au plus épais d'un champ d'avoine encore verte, ou dans l'herbe aromatique d'un marais où la sauge abonde, répétait ses deux notes élastiques, qui semblent claquer au fond de son gosier. A la vue du char et au bruit de ses roues, une troupe de ramiers sauvages se levaient bruyamment, battant des ailes au-dessus d'un labourage où l'on avait semé du sarrazin. Le ciel était bleu partout, sans nuages à l'horizon, ni traînant sur les montagnes. Une chaleur de vie était répandue partout dans la nature.

CHAPITRE III

Un brave neveu.

◅▻

Le village où se rendait M. Argozat était situé à vingt minutes d'une ville. Ses habitants portaient le lait de leurs vaches, chaque matin, dans les maisons qu'ils fournissaient toute l'année. C'était avant l'introduction du nouveau système de vente, qui consiste à affermer le lait d'une commune à un seul preneur, lequel en dispose à sa volonté. Quelques-uns de ces villageois se rendaient aussi au marché, deux fois par semaine, avec un char rempli des produits de leurs champs et de leurs potagers. Pendant que la femme ou une jeune fille vendait les fruits et les légumes, l'homme se promenait dans les rues, causait dans les carrefours, buvait bouteille dans quelque pinte voisine. Le temps et une partie de l'argent s'en allaient ainsi sans grand profit pour le ménage. On prenait des habitudes qui sortaient le campagnard d'une vie plus active et normale. A la longue, plusieurs d'entre eux finissaient par quitter le village pour venir habiter la ville, où ils s'établissaient comme cabaretiers, marchands de bric-à-brac ou d'étoffes, sans avoir fait aucun apprentissage du métier. Pour un qui réussissait quelquefois fort bien, trois ou quatre se ruinaient. Ces derniers revenaient alors au village. N'ayant plus le goût des travaux de la campagne, ils tombaient à la charge de leur commune. En général, le voisinage trop rapproché d'une petite ville n'est pas bon pour le campagnard. Il prend vite des habitudes de luxe ; il veut être l'égal du citadin qui, lui aussi, vient à son tour le visiter. Le langage du paysan se modifie : ce n'est plus le patois et c'est encore moins le français. Le caractère, bien souvent, prend quelque chose de guindé, de dénigrant, qui rend les individus ridicules ou désagréables. Les jeunes gens vont à la ville le dimanche, dans l'après-midi, et ne rentrent chez eux que de nuit. A portée d'une ville populeuse, ces inconvénients sont moins nombreux. Ce n'est plus la même chose. Chacun reste chez soi davantage, garde son cachet particulier, sans se mêler aux cancans dont une population plus restreinte se nourrit chaque jour, parce que tout le monde se connaît et se juge.

Le village habité par la veuve Hermey était devenu pauvre. Les trois quarts des communiers avaient leurs immeubles grevés de dettes ; et au lieu d'un dépôt actif à la banque, ils y devaient des emprunts à gros intérêt. C'était bien fâcheux, de toutes manières. La sœur de M. Argozat en souffrait depuis la mort de son mari, et son fils ne se conduisait pas de façon à relever une situation obérée. Ils avaient une maison en bon état, et quelques arpents de terre. Sur ces propriétés immobilières ils devaient une somme dont l'intérêt annuel était parfois plus considérable que le revenu disponible. Si Paul Hermey travaillait, s'il était économe, rangé dans sa conduite, les choses prendraient une autre tournure. Au lieu d'empirer, la situation se serait améliorée. Mais le jeune homme ne prenait guère le chemin d'une bonne activité.

En arrivant chez sa sœur, M. Argozat dit au voiturier de faire donner de l'avoine au cheval, de manger un morceau de pain et de fromage au cabaret, puis de venir le reprendre dans une heure.

— Voilà un franc pour la dépense, lui dit-il.

Mme Hermey était une grande femme, entre cinquante et soixante. Un air de tristesse se lisait sur son visage; sa mise était négligée. Les abords de la maison mal soignés. Bien qu'on eût balayé la rue, près de l'entrée, le jour précédent, on ne reconnaissait nulle part une main active, qui met les objets à leur place et imprime un cachet d'ordre correct à l'habitation. Un vieux char de campagne rouillait sa ferrure et pourrissait son bois à la rue; une grande échelle était appuyée au chéneau du toit, au lieu d'être suspendue à l'abri du soleil et de la pluie. Le reste à l'avenant.

Voyant le cabriolet s'arrêter devant chez elle, la sœur du docteur vint recevoir son frère.

— Ah! que tu fais bien de venir! lui dit-elle. Comment vas-tu?

— Je me porte bien. Et toi ? tu as un air tout triste.

— On serait triste à moins, répondit-elle, bien qu'il n'y ait rien de nouveau dans ma vie. — Tu dois avoir faim. Je te mettrai des œufs.

— Non, merci. Je mangerai plus tard. Depuis longtemps, je me proposais de te faire visite. Ayant dû venir à Bérand et de là à Borréal, j'ai profité du rapprochement pour arriver ici.

— Tu as bien fait. Dis-moi, tu n'as toujours pas de servante ?

— Non ; je ne suis pas pressé d'en prendre une.

— Mais comment peux-tu te tirer d'affaire seul ?

— Eh bien, je fais ma tasse de café le matin ; la Péronne Gluz vient ensuite balayer la maison, arranger ma chambre et préparer mon dîner. Le soir, elle fait un petit relavage, quand j'ai soupé.

— Mais si tu prenais mal dans la nuit ?

— Je prendrais mal, c'est clair. Est-ce qu'une domestique pourrait me soigner ? Il me faudrait bien, au contraire, lui administrer souvent quelque remède, car celles qui jouissent d'une bonne santé sont de plus en plus rares. Pour moi, quand je serai malade, ce sera très court. Où est mon neveu ?

— Probablement le long de quelque rivière, où il essaye de pêcher des truites. Voici huit jours qu'il ne fait pas autre chose. Et la vigne qui n'est pas retersée ! et le blé qui va être mûr !

— Prend-il au moins du poisson et t'en donne-t-il l'argent ?

— Quand il en a, ce qui n'arrive pas tous les jours, il va le vendre à la ville.

— Que fait-il de l'argent ?

— Il me donne un franc par ci, un franc par là et garde le reste. Ah ! si le bon Dieu voulait me prendre, je serais bien heureuse de mourir, pour être délivrée de mes soucis.

— Paul boit-il de manière à s'enivrer ?

— Non, jamais. Il perd son temps au lieu de travailler ; c'est déjà bien assez.

— Oui, c'est même beaucoup trop.

— Quand viendra la chasse, au mois de septembre, on ne le verra plus que dans l'après-midi et le dimanche matin.

— Est-ce que l'intérêt de votre dette de 5000 francs est payé ?

— Bien sûr que non. Nous avons reçu un avis du procureur. Mais nous ne ferons point d'argent avant la vendange, et si nous étions grêlés, il ne nous resterait rien.

En ce moment, Paul Hermey arrivait devant la maison, portant à la main gauche une *bolliette* de pêcheur, et à la main droite une longue canne à pêche, en jonc, qu'il appuya contre le mur, entre les fenêtres de la chambre où sa mère et son oncle étaient assis.

— Le voici, dit la mère. Ne lui dis rien qui puisse le fâcher, car il s'emporte tout de suite.

Le jeune homme entra, tenant toujours sa bolliette d'une main, et saluant d'un « Bonjour, mon oncle, » auquel celui-ci répondit par un « Bonjour, mon neveu. » Puis le docteur ajouta :

— Tu reviens de la pêche : as-tu été heureux ?

— J'ai là trois petites truites vivantes ; mais j'en ai manqué une belle, d'une livre, qui a cassé la morta-pêche et emporté l'hameçon.

— C'est dommage. La truite se vend ?

— Deux francs, deux francs cinquante la livre, suivant la grosseur et la rareté. Les trois que j'ai là pèsent ensemble une bonne demi-livre.

— Tu as donc gagné un franc aujourd'hui. Combien as-tu mis de temps à la pêche ?

— Je suis parti à quatre heures, comme le soleil se levait. Il est onze heures. Mère, je vais vite nettoyer ces truites, et tu les mettras dans la poêle, pour que l'oncle s'en régale.

— Je veux bien, dit le docteur ; mais à une condition : c'est que je les payerai. Tu n'es pas en position d'employer ton temps sans qu'il te produise quelque gain.

— Comment donc ? je ne pourrais pas vous offrir une bouchée de poisson et un verre de vin blanc, chez nous, sans en recevoir le prix ?

— Oh ! oui, tu le peux très bien. Mais moi je ne le veux pas. As-tu du vin, ma sœur ?

— Non ; nous n'en avons plus depuis un mois. Paul ira en chercher au cabaret, pendant que le poisson sera sur le feu. — Va donc vider les truites, dit-elle à son fils.

Paul se rendit à la fontaine, et revint au bout de dix minutes avec les trois truites ouvertes ; puis il alla chercher une bouteille de vin blanc au cabaret du village.

— Je crains, dit la mère au docteur, que tu ne l'aies bien humilié en voulant payer le poisson.

— Et aussi le vin, je n'ai pas encore fini avec lui.

Paul rentrait. Le poisson se grillottait dans la poêle, et bientôt il fut servi dans un plat, où les trois pauvres bêtes montraient leur flanc doré par le beurre brûlant.

— Elles sont réellement très bonnes, dit l'oncle, qui n'en mangeait pas souvent. Tu me donneras bien une bouchée de fromage pour dessert, et ainsi j'aurai fait un bon dîner.

— Bien volontiers; malheureusement nous n'en avons plus depuis quelque temps. Paul ira vite en chercher pour 30 centimes au cabaret.

L'oncle ne fit aucune réflexion sur l'absence de fromage dans la maison, il posa une pièce de 2 francs devant son neveu en disant :

— Va. Voilà pour le poisson, le vin et le fromage. Prends et dépêche-toi. Ta mère nous fera une tasse de café pour que le festin soit complet.

— Avec plaisir, reprit la pauvre sœur. Ecoute, Paul : Prends aussi une demi livre de sucre en morceaux, dans le magasin.

— Pas pour moi, dit l'oncle. Je n'en mets pas dans le café, tu le sais bien.

Tout en buvant ce café noir sans sucre, le docteur dit à son neveu.

— Connais-tu la veuve Morins ?

— Oui, elle demeure au bas du village.

— Est-ce une femme recommandable ?

— Certainement, s'empressa de répondre la mère

de Paul ; elle fait tout ce qu'elle peut pour gagner quelques sous en tricotant des brostous pour les hommes et des châles pour les femmes.

— J'irai la voir, si j'en ai le temps. Sa fille est malade.

— L'Elisa ! une tant brave et tant charmante fille.

— Oui, elle est malade à force de travail pour aider sa mère, tandis que j'ai un neveu qui perd son temps à la pêche et à la chasse, ne paye pas ses dettes et laisse sa mère sans un verre de vin, même sans un morceau de sucre. Une telle vie de rôdeur passionné serait déjà honteuse pour un jeune homme riche ; à plus forte raison, est-elle condamnable et indigne chez un garçon qui, s'il continue le même métier de flâneur, sera exproprié de toute la succession paternelle, et cela avant qu'il soit longtemps. S'il compte, pour se relever, sur l'héritage de son oncle, il compte sur une planche pourrie, qui lui manquera sous les pieds. Ma pauvre sœur, je te plains d'être si mal appuyée. Voici 200 francs pour payer l'intérêt qu'on vous réclame. Paul ira aujourd'hui même chez le procureur, à qui j'ai parlé dernièrement. Je fais encore ce sacrifice d'argent pour vous tirer de peine, mais c'est le dernier, à moins que Paul ne prenne un meilleur chemin. En outre, voici 20 francs pour ton café et ton sucre. Adieu, maintenant. Mon homme est là avec son char, je n'ai plus le temps d'aller chez la mère Morins. Vas-y de ma part et dis-lui que sa fille ira passer quelque temps à la montagne, parce qu'elle a besoin de repos et d'un changement d'air; qu'elle ne s'inquiète pas. Oui, adieu.

Et toi, mon pauvre garçon, réfléchis à ce que je viens de te dire.

— Mon oncle, essaya de répondre Paul, vous me jugez mal. Croyez que....

— Je sais ce que je sais : tais-toi, et ne viens pas me chanter *Floribus* ou *Femmes sensibles*. Tu as tout autre chose à faire.

Ayant lancé ce dernier mot, le docteur vint à la rue, se mit au fond du cabriolet, qui disparut bientôt, emporté au trot du vieux cheval, réconforté par l'avoine qu'il avait mangée.

CHAPITRE IV

Solitaire.

En arrivant chez lui, M. Argozat trouva trois clients, un homme et deux femmes qui l'attendaient, assis à l'ombre de l'avant-toit, sur le banc placé devant la maison.

— Bonjour, monsieur le docteur, dirent ces pauvres gens.

— Votre serviteur! répondit le maître de céans. Etes-vous là depuis longtemps?

— Je suis arrivé le premier, il y a deux heures, dit l'homme, petit vieillard assez mal vêtu, et fumant une pipe dont le tuyau avait un tortillon de fil noir à son extrémité. Si monsieur le docteur peut me recevoir tout de suite, il me fera bien plaisir.

— Oui, mais attendez au moins que je sois entré et que j'aie ouvert la fenêtre. On vous appellera.

L'homme à la pipe se rassit sur le banc. La Péronne Gluz avait déjà mis la soupe sur la table.

— Débarrassez tout ça de par là, lui dit le docteur, en voyant la soupière sur la nappe. J'ai dîné chez ma sœur.

— Monsieur a été retenu, dit la cuisinière, il y a longtemps que le dîner est prêt.

— Oui, soignez-le, il servira pour une autre fois.

Quand la table fut desservie, la Péronne retournée chez elle, le petit vieux fut appelé. Il allait entrer, ayant encore sa pipe à la bouche, lorsque le docteur lui cria de son corridor :

— Ayez la bonté de laisser votre pipe à la rue. Prenez-vous ma maison pour un cabaret ? On ne fume pas chez moi.

L'homme s'empressa de déférer à cette injonction, puis, prenant son chapeau à deux mains, il fit son entrée dans la cuisine, où le docteur lui donna une chaise.

— D'où venez-vous ? demanda-t-il de sa voix rude.

— De la Branche-Noire, vous savez, au-dessus de la Clinquette à Pierre Chapuis.

— Oui, un endroit où l'on fait de belles récoltes de froment et d'avoine ; mais en hiver, c'est un pays de loups. Qu'est-ce qui vous arrive ? de quoi souffrez-vous ?

— Eh bien, monsieur le docteur, voici ce que c'est : nous devons 2800 francs à la Caisse hypothécaire, et nous voudrions la rembourser, parce que si l'intérêt n'est pas payé le jour même où il est échu, elle exige le payement du retard et menace de prendre les immeubles. Ces Caisses, ça n'a ni cœur ni conscience. Elles n'ont pas le moindre support envers les débiteurs un peu en retard. Nous voudrions donc payer notre dette, et pour cela il nous faudrait 3000 francs. Monsieur le docteur aurait-il l'obligeance de nous prêter cette somme, sous bonne hypothèque en premier rang ?

— Vous n'êtes donc pas malade ?

— Non.

— Eh bien, mon brave citoyen, veuillez vous lever et reprendre le chemin de la Branche-Noire. Je n'ai pas d'argent à placer de cette manière, ni autrement.

— Monsieur en gagne pourtant tous les jours, et beaucoup. On dit monsieur le docteur si riche.

— Voyons : pas tant d'histoires, dépêchez-vous de partir.

— Il n'y aurait donc pas moyen de....

— Non ! mille diables, vous dis-je. Je suis médecin et non banquier.

— Ça ne fait rien. Si monsieur voulait donner un coup d'œil à l'extrait du cadastre; je l'ai apporté, dit-il, en fouillant dans une poche de sa veste.

M. Argozat ouvrit la porte, prit l'homme par le bras et l'accompagna jusqu'à la rue, pour bien s'assurer qu'il partait tout de bon.

— Allez doucement, lui dit-il, ne vous fatiguez pas à la montée. — Entrez, fit-il à l'une des deux femmes.

Avec celle-ci, comme avec celle qui attendait son tour d'être reçue, il ne s'agissait pas d'argent à emprunter, mais de maux réels à guérir. Le docteur les renvoya, quand il eut préparé les ordonnances des remèdes qu'elles devaient prendre, l'une pour combattre l'irritation intérieure dont elle souffrait, l'autre pour tâcher de faire disparaître la dartre dont elle était atteinte à une jambe.

M. Argozat reçut de chacune 2 francs pour la consultation. C'était modique. En général, les médecins de campagne sont modérés dans leurs honoraires. Il y a dix ans, celui qui se faisait un revenu de 3000 à 4000 francs, était considéré comme occupant un très bon poste. Je me souviens très bien du temps où les visites de médecin étaient taxées 5 batz, soit 75 centimes, dans la plupart des petites villes de notre pays. Aujourd'hui, l'argent a moins de valeur et chacun dépense davantage [1].

Ne voyant plus personne sur le vieux banc devant la maison, notre docteur ferma sa porte à clef et vint dormir pendant une heure, dans un fauteuil Voltaire, à côté de sa table de travail.

C'était une vie singulière que la sienne. Avoir chaque jour des malades à visiter au dehors ou à recevoir chez lui, et personne avec qui échanger quelques paroles quand la journée était finie ; se sentir seul dans une maison, préparer soi-même deux de ses repas, un tel emploi du temps, pour un homme de cet âge, devait l'assombrir et lui faire prendre l'existence avec dégoût.

---

[1] On racontait un jour devant moi le fait suivant. Un docteur spécialiste (mort depuis bien des années) fut appelé à six lieues de son domicile, pour examiner un enfant malade. Il se fit payer 500 francs pour sa visite. Et comme il s'en retournait, on le pria d'entrer dans une autre maison du village en question, afin de profiter de la bonne occasion de sa présence dans la localité. Là, il demanda de nouveau 500 francs. N'est-ce pas le cas de s'écrier : Dieu nous garde de la médecine et de pareils médecins !

Eh bien, non : le docteur Argozat vivait beaucoup dans le souvenir de sa femme; il était plutôt naturellement gai que disposé à la tristesse; mais il ne fallait pas le contrarier, pas avoir l'air de s'imposer à lui d'aucune manière. S'il laissait le prochain libre d'agir à sa guise, il n'entendait pas qu'on voulût lui donner des conseils dont il n'avait que faire, ou le presser d'admettre des idées qu'il repoussait. En religion, il était d'une tolérance absolue; chacun devait être libre d'adorer Dieu selon ses convictions ou de ne pas l'adorer du tout. Comme médecin, de même que la généralité de ses confrères, il s'abstenait d'assister au culte public. Pour lui, c'était chose plus pressante d'aller soigner un malade, ou même d'attendre l'arrivée de clients étrangers qu'il consentait à recevoir le dimanche. Mais il lisait de temps à autre un psaume dans la Bible ou un chapitre des Evangiles. Quand il le faisait, c'était plutôt en souvenir de sa femme, qui avait été une chrétienne, et lui avait donné beaucoup de bonheur, que par un besoin véritable de sa part. Il continuait à recevoir la *Feuille religieuse* du canton de Vaud, et s'en servait pour envelopper les drogues que des Francomtois emportaient chez eux. Les méditations bibliques, les récits de missions chez les païens, les anecdotes pieuses racontées par cet excellent journal, passaient ainsi la frontière. Sans le savoir et, sans doute, sans le vouloir, le docteur contribuait de cette manière à répandre en pays catholique des fragments de sermons, des explications de l'Evangile, qui pouvaient servir à éclairer quelques lecteurs de l'autre

CHAPITRE IV

côté du Jura. Ne valait-il pas mieux, au fond, disséminer la modeste feuille et la faire voyager incognito, que de l'emmagasiner sur quelque rayon de bibliothèque, où nul n'aurait pris la peine d'ouvrir un volume de la collection ?

En politique, l'homme dont nous esquissons le caractère était sceptique, c'est-à-dire qu'il ne croyait point aux bons résultats du système démocratique en vigueur depuis 1845. Les veaux, disait-il parfois dans ses moments d'humeur chagrine, finissent par devenir des bœufs ; c'est ce qui arrivera au peuple. A force de vouloir enseigner dix-sept branches de sciences aux enfants des campagnards, vous en faites de mauvais drôles, si vous ne les rendez pas meilleurs dans la même proportion. Ordinairement, la moralité ne marche pas de pair avec l'instruction reçue à l'école. Et puis, disait encore notre docteur, pour un garçon qui sait quelque chose à seize ans, vous en trouvez dix qui sont restés ignorants, peut-être plus qu'on ne l'était de notre temps. Comment voulez-vous que des enfants de parents bornés, des espèces de petits imbéciles, puissent loger dans leur cervelle mal bâtie tout ce qu'on cherche à y fourrer ! C'est bon pour les rendre idiots. Ne vaudrait-il pas mieux s'en tenir avec eux, et avec bien d'autres encore, à ce qu'on enseignait autrefois dans les écoles de village, c'est-à-dire aux quatre ou cinq choses dont un campagnard ne peut se passer. Vous verrez que le beau système actuel ne donnera pas des résultats magnifiques. Telles étaient les idées de notre docteur villageois. Et s'il voyait qu'il faut aujourd'hui renvoyer à l'école des garçons de vingt ans, recrues militaires qui savent à peine lire et écrire, que dirait-il ? C'est bien alors qu'il triompherait. Mais il n'en restera pas moins éternellement vrai qu'il est du devoir de tout gouvernement éclairé, de faire donner au peuple la meilleure instruction possible. Tant pis pour ceux qui ne veulent pas en profiter ou qui, hélas! sont incapables de se l'approprier. Béni soit l'instituteur primaire qui trouvera le moyen de faire marcher d'accord, dans son enseignement, la moralité de ses élèves avec l'instruction qu'il leur distribue. Il obtiendra des résultats mille fois préférables à tout ce que la science seule peut donner. Un tel secret est dans l'Evangile reçu par le cœur, pratiqué dans toute la vie. Il ne peut se trouver dans un traité mis au concours, ni surtout dans des harangues populaires.

Si le docteur Argozat avait pu faire des examens acceptables par le conseil de santé, ce n'était pas qu'il fût un savant, un théoricien de première classe. Loin de là : ses connaissances étaient limitées, même pour l'époque dont nous parlons. Les découvertes nouvelles et les combinaisons de la chimie lui étaient plus ou moins inconnues ; il n'avait jamais lu de gros ouvrages de médecine, dont les auteurs avaient fait école dans les universités; mais il était doué d'un sens pratique remarquable ; il avait le regard perçant, la main ferme et légère, et il s'entendait admirablement à juger un cas où des praticiens parfois en grand renom auraient peut-être fait fausse route dans leur diagnostic. Connaissant parfaitement les campagnards, leur manière de se nourrir, de se vêtir, leurs appartements presque toujours humides, l'hérédité des familles, toutes ces qualités maîtresses dans sa profession lui facilitaient le traitement de maladies dont la curabilité résistait à des médecins plus savants que lui, mais moins bien doués naturellement.

Tel était donc, à soixante-quatre ans, le docteur Samuel Argozat. Bon par caractère, quinteux à ses heures, ayant la voix douce à l'ordinaire, mais terrible quand il s'emportait. Il disait lui-même qu'on l'entendait à demi-lieue, quand il éternuait. S'il prenait à cœur les gens, s'ils lui plaisaient, il les aimait cordialement et se dévouait avec plaisir pour eux; si, au contraire, il ne les trouvait pas à son gré, s'ils prenaient avec lui des airs de supériorité, s'il avait reconnu chez eux de réels défauts, même simplement une disposition à la flatterie, alors c'était fini. Une tache d'huile sur le bois poreux ne s'y imprégnait pas plus profondément que la méfiance dans l'esprit du docteur Argozat.

Nous venons d'esquisser son portrait pendant qu'il faisait sa sieste. Nul client ne vint le déranger durant cette heure de repos. Quand il se réveilla, ses grandes jambes étaient engourdies, lourdes, comme c'est le cas lorsqu'on se livre au sommeil sans être placé dans la position horizontale. Le sang pèse sur les extrémités inférieures. Il faut se hâter de leur donner du mouvement pour que l'équilibre de la circulation se rétablisse.

« Ça ne vaut rien de dormir ainsi dans un fauteuil,

se dit notre solitaire ; une autre fois, je m'étendrai tout de mon long sur un canapé. »

Bientôt il se rendit au village, pour y voir deux vieillards malades : un homme qui s'en allait de ce monde sans beaucoup souffrir, et une femme de quatre-vingts ans, retenue dans son lit par une fracture du col du fémur. Il y avait déjà plusieurs semaines que M. Argozat l'avait réduite.

— Eh bien, comment cela va-t-il, Abram? dit le docteur à son vieux malade.

— J'ai bien toussé, hier et aujourd'hui, surtout pendant la nuit.

— N'avez-vous pas mangé avant de vous coucher, hier au soir ?

— Haulah ! oui, mais presque rien, un morceau de pain et de fromage.

— Et bu un verre de vin ?

— Oui, il me semble que ça me fait plaisir.

— Sans doute, Abram ? mais c'est aussi ce qui augmente votre catarrhe.

— Haulah ! augmenté ou pas, tout de même il faudra partir. Un peu plus tôt ou un peu plus tard, ça m'est égal. Mais c'est fatigant de tousser. Quand le bon Dieu voudra me prendre, on le laissera faire.

— C'est bien évident. Mais il vous faut renoncer à la mauvaise habitude de manger avant de vous mettre au lit. Vous verrez que vous tousserez moins.

— Ah ! bac ! je crois que ça n'y ferait rien. Il y a quatre-vingt-quatre ans que je fais la même chose;

il ne vaut plus la peine de changer. Et ça va bien, monsieur le docteur ?

— Oui, je vous remercie.

— Vous êtes toujours seul, sans domestique ?

— Certainement, et je ne suis pas pressé d'en prendre une.

— Vous avez tort. Un homme ne doit pas rester seul la nuit, dans une maison comme la vôtre. Vous pourriez être volé, assassiné, qui peut savoir ? ou mourir de mort subite, sans personne pour vous secourir. A votre place, je prendrais bel et bien une brave fille, pour tenir la maison en ordre et faire les repas. Du temps de Mme Argozat, vous en aviez une. Excusez-moi de vous dire ça.

— Merci de votre intérêt, Abram ; mais, croyez-moi, renoncez au pain et au fromage avant de vous coucher.

— Ah ! il ne faudra que trop vite y renoncer. Merci de votre visite. Elle me fait toujours plaisir.

Parmi les riches campagnards, comme aussi chez les citadins et du reste dans toutes les conditions sociales, on trouve des vieillards indifférents aux grandes questions de responsabilité humaine et personnelle. Ils s'en vont ainsi à la rencontre du plus redoutable inconnu, sans souci, presque sans regrets, comme sans aspiration à une existence supérieure. L'âme paraît figée dans ces corps décrépits, qu'aucun souffle spirituel n'anime.

Le soir venu à la fin d'un de ces grands jours d'été, pendant lesquels la terre est nourrie de soleil, M. Argozat vint respirer la fraîcheur sur son banc devant la maison. Il avait pris sa tasse de thé, bu un verre de vin et mangé une tranche de veau froid que la Péronne Gluz avait cuit pour son dîner, et dont la sauce s'était prise en gelée brune. Un plat de pruneaux était fort bien préparé aussi depuis midi, de gros pruneaux noirs qui mûrissaient dans le verger. Le docteur les faisait sécher au four et les conservait ainsi pour son usage. C'était un fruit qu'il aimait.

Quand l'étoile du soir fut descendue derrière la montagne, la Grande-Ourse se montra dans la direction du nord. Peu à peu, la voûte céleste devint splendide. Ce n'était que mille milliers d'étoiles dans les espaces infinis. La voie lactée courait dans les régions supérieures du ciel, pendant que les Alpes bleuâtres décrivaient l'arc de leur couronne de l'autre côté du lac, et que, de ce côté-ci, le Jura présentait sa ligne sombre, toute bordée de hauts sapins à son sommet.

« Allons dormir, se dit notre solitaire. Il y en a UN qui ne dort jamais, et veille sur toutes ses créatures, aussi bien de nuit que de jour. »

M. Argozat aurait volontiers cité ces vers d'un cantique :

> Lui seul est grand, lui seul est saint.
> C'est par lui seul que tout subsiste,
> A son pouvoir rien ne résiste,
> Lui seul aussi doit être craint.

CHAPITRE V

Une page d'histoire.

Si le docteur Argozat se couchait de bonne heure le soir, il avait l'habitude de se lever tôt le matin. A l'aube, il était debout. On le voyait autour de sa maison, tête nue couverte d'épais cheveux gris qui lui venaient jusque sur le front, aspirant l'air frais, se promenant dans son jardin, ou engageant un bout de conversation avec le voisin occupé à préparer sa charrue. Il rentrait ensuite chez lui et allumait du feu; puis il se rendait dans ce qu'il nommait la *pharmacie*, un cabinet où il faisait les préparations pharmaceutiques destinées à des malades. Les médicaments qu'il employait à l'ordinaire étaient simples, énergiques dans certains cas. Des pilules de sa composition qu'il faisait confectionner par un pharmacien en titre, étaient à peu près le seul purgatif qu'il donnât aux adultes. Il les désignait sous le nom drôlatique de *six le soir et six le matin*. Elles étaient faciles à prendre et produisaient de bons effets dans les estomacs souvent embarrassés des campagnards. La formule n'en est pas perdue. Cela ne coûtait presque rien, qualité que bien des drogues ne possèdent guère.

Le jour où nous sommes arrivés dans ce récit, le docteur Samuel Argozat devait donc conduire Elisa Morins au village jurassien de Montaubois. Il la trouva prête à l'heure fixée, sa malle étant sortie à la rue, vers la porte de la maison Duclerque. Elisa causait avec sa maîtresse dans le corridor.

— Vous tâcherez, n'est-ce pas, lui disait Mme Duclerque, de vous rétablir aussi vite que possible, afin de nous revenir dès que vous serez en état de reprendre votre service? Je n'engage votre remplaçante que pour quelques semaines, espérant que pendant ce temps les forces vous reviendront complètement. Avec le dernier mois, que je vous remets entier, bien qu'il y manque plusieurs jours, j'ajoute 10 francs pour vous aider à payer la pension.

— Merci, madame. Je ne demande pas mieux que de revenir le plus tôt possible ; mais le pourrai-je ? Pour cela, comme pour ce qui me concerne, j'ai grand besoin du secours de Dieu. — Voici la voiture du docteur. — Mes respects à monsieur. Encore merci, madame.

— Je vous recommande, monsieur, dit Mme Duclerque au docteur, de donner les ordres nécessaires pour que ma femme de chambre soit bien logée et qu'elle ne fasse pas d'imprudence. Je tiens beaucoup à ce qu'elle me revienne le plus tôt possible.

— Oui, madame ; cela va sans dire.

Ayant fait monter Elisa dans le cabriolet et pris place à côté d'elle, le docteur dit à Jacquot de partir. Le conducteur fit claquer son fouet, l'équipage se dirigea du côté de la montagne.

— Etes-vous à votre aise ? le coussin n'est pas des meilleurs, mais la voiture est douce.

A la question ci-dessus, Elisa répondit qu'elle était très bien. En même temps, deux larmes coulèrent sur ses joues amaigries. M. Argozat heureusement ne les vit pas ; car il n'eût pas manqué de dire un mot peut-être un peu dur à la pauvre fille. La situation de celle-ci était loin d'être gaie. Souffrante, elle subissait une de ces crises de jeunesse qui demandent, pour être supportées et rendues moins intenses, tout autre chose qu'un travail trop considérable et pour ainsi dire incessant. Elisa Morins pensait à sa mère, qu'elle n'avait pu revoir avant son départ, mais à qui elle avait écrit tout de suite ; puis elle entrevoyait les difficultés de sa position, même à supposer qu'un séjour de six semaines à la montagne lui rendît la santé. Elle possédait 50 francs pour tout argent. Si les personnes qui la recevraient en pension exigeaient seulement 60 francs par mois, il lui faudrait le double de ce qu'elle avait dans sa bourse pour s'acquitter, et où prendre les autres 50 francs ? Cette idée de n'être pas en mesure lui était bien pénible.

Comme ils commençaient à monter dans la route tracée au milieu des bois, le cheval allant au pas et le conducteur restant un peu en arrière, le docteur demanda tout à coup à sa voisine toujours muette :

— A quoi pensez-vous dans ce moment ? J'espère que vous ne vous ferez pas du souci pour le payement de la pension, qui du reste sera peu de chose, surtout si, lorsque vous serez plus forte, vous pouvez rendre quelques services à Mme Russel. Elle a chez elle, pour la saison d'été, deux dames que je connais. Je soigne la plus âgée. Ces dames sont très bonnes. Vous suivrez le traitement que je vous laisserai par écrit, et tout ira bien. Oui, tout ira bien : mais c'était le moment de changer d'hôtellerie.

Ayant dit ce dernier mot un peu pour rire, le bon docteur se tourna du côté d'Elisa et vit qu'elle avait pleuré.

— Ecoutez, reprit-il : vous n'êtes plus une enfant, et je crois que vous avez le caractère solide : il ne s'agit pas de pleurer. Il faut me promettre que vous ne pleurerez plus. Vous allez, au contraire, prendre la vie comme elle est faite : vous reposer, dormir beaucoup, manger de bon appétit sans jamais charger votre estomac, vous promener au frais dans la matinée et aussi dans l'après-midi, lorsque la chaleur n'est plus aussi forte. Je laisserai un peu de vin pour vous chez Mme Russel ; vous en prendrez un petit verre au dîner. Vous vous souviendrez de ce que je viens de vous dire, n'est-ce pas ?

— Oui, monsieur, et aussi de votre bonté, dont je suis confuse et reconnaissante.

— Ne parlons pas de ça. S'il y a quelque chose à faire pour vous, cela me regarde. J'ai averti hier Mme Russel de votre arrivée ; elle vous attend. Vous aurez une jolie chambre au levant, un peu haute ; dès le bon matin vous en ouvrirez la fenêtre. Pas bien loin du village est un bois de sapins ; vous irez vous y promener chaque jour de beau temps. Quand il fera vilain, vous ne sortirez pas.

— Oui, monsieur ; merci.

— Comme je viens assez souvent à Montaubois, je vous verrai quelquefois. Jacquot ! voici un contour où la route est plate ; faites donc trotter la vieille jument. Cette route est d'une longueur du diantre.

Elle était pourtant bien belle et bien agréable, cette route. Tracée à neuf dans les forêts, il y a un demi-siècle, elle est entretenue avec un soin qui ne se dément jamais. Sur le bord du talus en aval, on a planté des arbres devenus grands dès lors et que l'administration conserve. Ce sont des ormes, des érables à grande ou à petite feuille ; des frênes, même des cerisiers. Au printemps, les cytises laissent pendre leurs longues grappes d'or à la lisière du taillis ; les alisiers étalent des fleurs en corymbes d'un blanc rosé ; les églantines sortent de leurs fourrés épineux, et les clématites fantasques, jettent leurs lianes empanachées, jusqu'au sommet des jeunes arbres qu'elles tourmentent de leurs entrelacements. De loin en loin, quelque sapin au feuillage sombre tranche sur le vert des hêtres et laisse traîner des branches basses jusque sur le sol.

Le jour où la carriole de Jacquot montait lentement la côte forestière, les fleurs sur les arbres avaient fait place aux fruits déjà noués ; mais la verdure était belle, vigoureuse, comme la santé de l'homme au fort de la vie. La sève printanière a été remplacée par des sucs moins abondants; les pousses nouvelles commencent à mûrir leur bois; les pigeons ramiers font leur seconde couvée, et les familles de gélinottes ont déjà l'aile assez forte pour produire un roulement rapide à l'approche de tout danger.

— Ne trouvez-vous pas que l'air est bon ici? demanda M. Argozat.

— Oh! oui : délicienx. Je respire déjà mieux.

— Vous voyez bien. Dans un quart d'heure nous serons à Montaubois.

Ce village montagneux, situé à douze cents mètres d'altitude, n'avait point alors la physionomie qu'il a prise depuis l'époque dont nous parlons. Excepté l'auberge communale, on n'y voyait aucun hôtel-pension, aucune de ces grandes maisons à trois ou quatre étages où les étrangers viennent passer une partie de l'été toujours trop court dans ces parages élevés. La vie des habitants était simple, pastorale pour la grande majorité. On parlait patois, généralement, entre adultes. Le luxe des vêtements était pour ainsi dire inconnu. La fortune communale considérable; les répartitions en bois, beurre et fromage, aidaient largement aux ménages, qui presque tous étaient dans une aisance relative. Au lieu de demander à la bourse de la commune des subsides, celle des pauvres ne dépensait pas complètement ses revenus. Au point de vue matériel, c'était un âge d'or, depuis longtemps remplacé par l'âge des difficultés et de la gêne pécuniaire. A quoi cela tient-il ? d'où cela est-il venu ? Les causes de cet affaissement de prospérité sont multiples, mais on peut dire, sans être taxé d'intolérance politique, que l'esprit radical de 1845 a soufflé aussi bien dans les montagnes qu'à la plaine et sur les bords du lac. Son influence, en plus d'un endroit, a été malsaine. On s'est cru très supérieur à ce qu'on était réellement. Au nom du progrès, on s'est livré à des entreprises chanceuses, téméraires dans bien des cas. Emprunter pour des spéculations, sans être sûr de réussir est devenu chose à la mode. Le simple particulier a fait comme l'Etat; les dépenses n'ont pas été en proportion des recettes, et il a fallu recourir aux expédients. Des hôtels splendides ont vu leur ruine se consommer, et tel simple montagnard, alors dans l'aisance, ayant ses immeubles francs de dettes, et des créances dans son portefeuille, s'est ruiné en essayant de s'enrichir. Au lieu d'avoir un excédent de recettes à partager entre les bourgeois, combien de communes sont maintenant grevées d'un impôt qui double la charge du contribuable ? Et tout cela est venu du progrès, de ce qu'on nomme le progrès dans la démocratie autoritaire. Et si nous avions à établir le bilan de la moralité, que trouverions-nous bien souvent au bout du compte, si ce n'est un déficit effrayant ? tel progrès véritable existe sans doute, du moins à quelques égards, mais le contraire du progrès monte d'année en année et menace de tout envahir de son haleine empoisonnée.

Revenons au village où le docteur Argozat vient d'arriver avec sa jeune malade. Un certain nombre de propriétaires ayant de la place dans leurs maisons, louaient de petits appartements à des familles citadines qui venaient y passer les vacances avec leurs enfants. D'autres particuliers recevaient en pension une ou deux personnes, comme le faisait le ménage Russel. C'était là une petite industrie, profitable à ceux qui l'exerçaient, et qui n'exigeait ni grande dépense, ni changement de position. Mme Russel avait été autrefois cuisinière dans une bonne maison bourgeoise. Son mari, un brave bûcheron, possédait une maison bien placée. En hiver, il travaillait dans les bois, et il cultivait en été ses petits champs. Comme ils n'avaient pas d'enfants, cela permettait à la femme de s'occuper de deux ou trois personnes, qui venaient passer les beaux mois d'été chez elle. Le ménage était heureux. Quelques enfants auraient augmenté le bonheur de ces époux, mais il n'en était pas venu. Ils s'étaient mariés tard, entre trente cinq et quarante ans. Dans le village, ils donnaient l'exemple de l'assiduité au culte public. Le mari était un homme paisible, intègre, point imbu d'idées radicales en politique. Aller au bois avec son cheval, vendre ses billons de sapin et ses *moules* de hêtre, récolter le foin, l'avoine et les pommes de terre, voilà quelles étaient ses occupations. Quand il descendait à la plaine avec un char de bois, il n'avait pas la mauvaise habitude de s'arrêter dans les cabarets et de remonter de nuit au village, comme le font tant de montagnards. Lorsque son cheval était suffisamment reposé, David Russel l'attelait, puis, allumant sa pipe, il reprenait le chemin du Jura sans presser sa bête.

« Voici David Russel qui revient déjà de grand jour, disaient les femmes occupées à la fontaine; on entend la sonnette du *Bron* dans le chemin. C'est un homme comme il les faudrait tous. Sans doute que les nôtres sont encore à babiller et à boire, pendant que les pauvres chevaux croquent le marmot devant quelque cabaret. »

— Madame Russel, votre serviteur! dit M. Argozat en mettant pied à terre devant la maison. Voici la personne au sujet de laquelle je vous ai écrit. Comment allez-vous depuis l'autre jour?

— Bien, merci. Et vous, monsieur?

— Pas mal non plus.

— Bonjour, mademoiselle, dit la maîtresse de céans à Elisa, qui avait quelque peine à descendre de la voiture.

— Appelez-la par son nom, madame Russel, reprit le docteur. Elle se nomme Elisa. C'est une brave fille, qui se fera du bien chez vous. Si cela ne vous dérange pas trop, je suppose qu'elle préférera manger avec vous et votre mari, plutôt qu'avec vos dames....

— C'est comme elle voudra. Mais nous dînons naturellement un peu tard à la cuisine.

— J'attendrai volontiers, madame, dit Elisa, et je vous remercie.

— Jacquot, reprit le docteur, vous allez porter cette malle où l'on vous dira; puis vous irez dîner à l'auberge, et quand votre cheval sera soigné, dans une heure, vous serez prêt à partir.

— Oui, monsieur.

— Allez voir votre chambre, Elisa. Madame Russel, j'ai quelques mots à vous dire, quand vous aurez installé votre nouvelle pensionnaire. Et si vous me mettiez deux œufs sur le plat, pendant que je verrai Mme Ouébe, vous me feriez plaisir. Ainsi je n'aurai pas besoin d'aller à l'auberge.

— Parfaitement, répondit Mme Russel, qui conduisit incontinent Elisa dans sa chambrette.

CHAPITRE VI

A la montagne.

De la chambre d'Elisa la vue s'étendait, à l'est, sur une suite de collines, peu élevées d'abord, mais qui, de degré en degré, finissaient par des croupes vertes et des forêts de sapins couronnant les hauteurs. Par cette fenêtre, le regard plongeait aussi sur des pâturages verdoyants, sur des vallons entourés de bois, sur des champs en culture, et sur des gazons où la faux n'avait pas encore coupé l'herbe odorante et fleurie. Les chalets se dessinaient au centre des alpages où l'on voyait le bétail aller et venir par groupes nombreux ou par individus solitaires, les uns le nez au vent, les autres le muffle sur le sol, occupés à tondre un fourrage savoureux. Cette nature livrée en grande partie à elle-même, à ses propres forces; ce sol, tantôt uni, tantôt raboteux où la roche affleure; ces bois noirs d'où émanent des senteurs résineuses, tout cela ne ressemblait guère au paysage que la jeune malade venait de quitter. Elle aspirait à pleine poitrine l'air vivifiant de la montagne. Mme Russel non plus ne ressemblait pas à Mme Duclerque. Autant celle-ci commandait, trouvant qu'on n'avait jamais assez frotté, cousu, épousseté, savonné ; autant la maîtresse de pension avait l'air affable, prévenant, cherchant à se rendre agréable. Tout de suite, cette bonne Mme Russel avait gagné le cœur d'Elisa. Il suffit parfois d'un mot pour devoiler un caractère.

Lorsque la jeune domestique eut fait une rapide connaissance avec ce qu'on voyait de sa fenêtre, elle ouvrit sa malle et plaça ses effets personnels avec ordre, dans les tiroirs d'une commode mise à sa disposition. Puis elle descendit à la cuisine.

Le docteur avait mangé ses deux œufs et allait repartir. De nouveau, il recommanda les promenades à Elisa.

— Je reviendrai la semaine prochaine, lui dit-il, et j'espère vous trouver déjà plus forte. Mais surtout pas de soucis, entendez-vous ?

— Je ferai mon possible pour les chasser. Merci encore, monsieur, de votre grande bonté pour moi.

— Oui, c'est assez dit. Voyons votre langue. Bonjour, mesdames.

Et le vieux docteur alla faire atteler la carriole de Jacquot, qui bientôt le descendit à la plaine, au trot forcé du cheval, poussé à la pente par le véhicule roulant tout seul.

Elisa dîna donc en tête-à-tête avec Mme Russel, lorsque la table des deux dames étrangères fut desservie. Elle insista pour aider la maîtresse de maison à laver les assiettes et les plats. Mme Russel les frottait avec la main, les passait à l'eau chaude, puis elle les tendait à Elisa qui les essuyait fort proprement. On voyait qu'elle en avait l'habitude et qu'elle était adroite.

Montant dans sa chambre, elle s'y reposa paisiblement, tout étonnée d'avoir la liberté de ne rien faire et même de dormir pendant une bonne heure. Depuis le matin de ce jour, la vie était bien changée pour la pauvre fille. Mais elle ne pouvait s'empêcher de se demander comment il lui serait possible de payer Mme Russel, quand elle devrait quitter sa maison.

A quatre heures de l'après-midi, le soleil étant moins chaud, à mesure qu'il se rapprochait des croupes élevées derrière lesquelles il disparaîtrait plus tard, Elisa voulut essayer de faire un tour dans le village. Mme Russel lui prêta un parasol, car Elisa n'en possédait pas. Aujourd'hui, toute jeune domestique de bonne maison, ne va point se promener sans ce petit meuble, qui peut lui servir aussi de canne. A cette heure du jour, il n'y avait pas d'animation dans la rue; le devant des maisons était plutôt désert. C'était le moment du *goûter* des montagnards. Çà et là, une forte odeur de café rôti s'échappait d'une fenêtre ouverte au rez-de-chaussée; une femme, sa grilloire à la main, venait l'ouvrir au grand jour, pour s'assurer de la bonne couleur brune des grains, qui sautillaient dans le vase de fer battu. De temps à autre, une jeune fille en corsage d'été, traversait le chemin pour aller au jardin vis-à-vis, et saluait la malade, qui répondait par un bonjour reconnaissant et continuait à marcher doucement, pendant que l'autre la suivait d'un regard interrogateur, avant de rentrer chez elle.

Parmi les femmes de montagnards, il en est qui sont volontiers causeuses. Une de celles-ci adressa la parole à Elisa, comme elle passait devant sa maison.

— Bonjour, mademoiselle, — ou madame, — lui dit la Montauboise, vous avez l'air bien fatigué, comme si vous n'en pouviez plus. Etes-vous malade? Je vous ai aperçue, quand vous êtes descendue de voiture avec M. Argozat. Venez vous asseoir un moment vers moi sur notre banc. Ça vous reposera.

— Merci, madame; vous êtes bien aimable.

— Oui, venez.

Elisa s'assit.

— Comme vous êtes maigre et pâle! On voit que vous avez bien souffert. Quelle maladie avez-vous eue? La fièvre nerveuse, peut-être? C'est une maladie diabolique.

— Non, je souffre d'une vieille fatigue. Le docteur m'a ordonné du repos à l'air de la montagne.

— Etes-vous mariée?

— Non, et je suis fort loin d'avoir l'idée de me marier, répondit Elisa en souriant.

— Sans doute, ma pauvre : il faut commencer par se guérir. Souffrez-vous beaucoup?

— Non; mais je n'ai pas de force.

— Ça se voit, car il n'est pas naturel, à votre âge, de traîner les pieds en marchant. Vous êtes de quel état?

— Femme de chambre.

— Ah ! oui. Nous en voyons beaucoup par ici de ces filles de chambre, qui viennent avec leurs maîtres, passer un mois ou deux à Montaubois. Il vous faudra prendre garde, le soir, de ne pas rester dehors quand le soleil se cache derrière le Crêt du Merle et que le vent souffle dans la gorge. On a vite attrapé un coup de froid. Vous serez très bien chez la Suzette Russel ; c'est une brave femme, quand même on dit qu'elle fait payer assez cher ce qu'elle donne à ses pensi-onnaires. Mais elle a sans doute deux prix : un pour les maîtres, et un autre, meilleur marché, pour les domestiques. C'est donc le docteur Argozat qui vous soigne ?

— Oui, madame.

— Un bon médecin, assez original. D'un coup d'œil il vous dévisage une personne. Rien qu'en me regardant une fois, — il y a longtemps de cela, car j'étais alors nourrice, — il me dit, de son air que vous connaissez : « Mari-on, n'avez-vous pas une érupti-on derrière les épaules ? » Et figurez-vous que j'en avais bel et bien une, qui me démangeait terriblement. Voyez-vous quelle perspicacité ! Il me fit prendre des pilules, six le soir et six le matin, pendant quelques jours, et mon *ébolluti-on* disparut comme par enchantement. J'avais eu la bile remuée. Vous voulez continuer votre promenade ?

— Oui, madame ; je vous remercie de votre bienveillance.

— De rien, ma pauvre : le plaisir m'en reste.

Puis, quand Elisa fut à cinquante pas de là, Marion

Quichette se dit à voix basse : « Elle n'en a pas pour longtemps, cette jolie fille. On voit qu'elle ne tient qu'à un fil. Son souffle est court et sa démarche languissante. On aura trop attendu avant d'appeler le médecin. Notre Louise, trois mois avant sa mort, était dans le même état que celle-ci. Il n'y a plus maintenant de jeunes filles vraiment robustes, comme nous l'étions, nous autres, à vingt ans. »

Elisa n'en continuait pas moins sa promenade dans le village, sans se fatiguer, jouissant du bon air de la montagne, et faisant des remarques sur ce qu'elle voyait autour d'elle.

Les maisons, en général, étaient bonnes, en pierres solides, avec des encadrements et des angles en calcaire jaune. Les toits, couverts de bardeaux qui, à la longue, prennent la couleur de l'ardoise, par laquelle on les remplace maintenant. Dans de petits jardinets, croissaient de beaux légumes, et, contre les murs, des roses blanches s'épanouissaient au soleil. Sur les tablettes des fenêtres, des œillets, des géraniums et autres plantes de serre, étaient cultivées par des membres de la famille, par les jeunes filles spécialement. Sur les bords de la voie publique, on voyait des dépôts de bois un peu partout. Ici, de longues tiges de sapins écorcés à la sève, encore toutes blanches et répandant un arome résineux très agréable ; plus loin, le hêtre, en rondins entiers, attendait la scie et la hache, pour être transformé en stères et vendu à la plaine. Des tas de fascines à deux liens, croisaient leurs branches, dont les plus grosses, marquetées de coups de serpe, faisaient montre à la façade des alignements. Sous quelque avant-toit s'abaissant à hauteur d'homme, un propriétaire faisait sécher, à l'ombre, des billes de bardeaux à tuiles, qu'il vendait fort bien aux couvreurs. Tout cela était nouveau pour Elisa. C'était l'expression d'une activité qui n'avait pas de rapport avec la vie du village qu'elle venait de quitter. Mais surtout l'air respirable, ainsi que la vue de l'intérieur de la montagne était quelque chose d'absolument différent de la plaine. Il y a des gens, des jeunes gens surtout, qui ne voient rien, n'examinent rien autour d'eux ni en général dans la nature. Insouciants, ils vont, le nez en l'air, sans faire provision d'aucune observation. C'est ou indifférence profonde, ou un sens qui leur manque. Elisa Morins était mieux douée que cela. Elle voyait tout, au contraire, et jouissait beaucoup des remarques faites en passant. Par exemple, en ce moment, elle admirait de loin un grand troupeau de vaches, réunies dans un alpage élevé, où les rayons du soleil, éclairant toutes ces bêtes en liberté, leur donnaient un relief extraordinaire. Cette lumière si nette leur venait par une échancrure qui séparait deux sommets, au-dessus desquels les nuages masquaient l'astre du jour. Personne peut-être au village, parmi les promeneurs étrangers ou les habitants ordinaires, ne remarquait ce pittoresque tableau. Notre malade aurait bien voulu pouvoir monter jusque là-haut, mais il n'y fallait pas songer. C'était déjà beaucoup qu'elle eût pu faire le tour du village sans en être exténuée. L'air plus léger qu'elle respirait l'avait fortifiée pour cette marche lente d'une demi-heure.

Pendant sa courte absence, l'une des deux dames en pension dans la maison avait questionné Mme Russel sur la nouvelle arrivée.

— Comment se nomme cette jeune fille ? d'où vient-elle et que fait-elle ? demandait Mme Ouébe.

— Son nom est Elisa Morins ; elle vient du village de Bérand, où elle était domestique chez une dame Duclerque.

— Elle est bien malade, à en juger par son état de faiblesse et son air abattu. Sans doute, elle est poitrinaire. N'avez-vous pas été un peu imprudente en l'admettant dans votre maison ? Cette maladie est si perfidement contagieuse. Je pense, madame Russel, que vous ne lui laisserez pas tenir les objets dont nous nous servons à table, et qu'elle n'entrera pas dans nos chambres. Il suffit parfois de respirer un moment le même air, pour introduire le poison dans des poumons jusque-là parfaitement sains.

— Vous pouvez être sans crainte à cet égard, madame. Elisa Morins n'est point phtisique ; le docteur me l'a affirmé. Elle souffre d'un excès de fatigue ; voilà tout. Le service qu'elle avait chez ses maîtres exige des forces plus grandes que les siennes ; elle a tenu bon jusqu'à ce que la défaillance l'ait arrêtée. C'est une brave fille, d'un aimable caractère. Jusqu'à présent, elle a donné tout ce qu'elle gagne à sa mère, qui est veuve, très pauvre et infirme. J'espère qu'un séjour à la montagne la rétablira promptement.

— Pourra-t-elle au moins vous payer ?

— Je pense que oui. Le docteur, du reste, dit que je n'ai rien à craindre sur ce point.

— C'est bien singulier que ce vieux M. Argozat se soit intéressé à cette jeune fille. Savez-vous qu'elle est jolie, malgré sa maigreur et ses grands yeux gris qui voient tout. Elle a les épaules bien posées, la taille souple, élégante même. Si pourtant, madame Russel, au lieu de guérir, elle allait tomber tout de bon malade chez vous, se mettre au lit, tousser le jour et la nuit, avoir des transpirations fiévreuses, cela pourrait vous causer un grand embarras et nuire à la réputation de votre maison. Il faudrait, croyez-moi, y réfléchir sérieusement.

— J'y réfléchirai, madame. Pour le moment, il faut que je prépare votre souper, et même le nôtre. Mon mari aura faim quand il rentrera.

— Pourrez-vous nous donner des fraises, ce soir?

— Oui; j'en ai de toutes fraîches; et j'espère que mon mari nous apportera de la crème, prise au chalet.

— Tant mieux. Je ne me lasse jamais de fraises des bois avec la crème, quand elle est épaisse, en caillots, vous savez? Mme Ricolin les prend avec du vin blanc et beaucoup de sucre. C'est un goût que je ne partage pas. Mais, croyez-moi, soyez très prudente avec la jeune fille malade. Ne vous tenez pas sous son haleine. Elle a de fort belles dents et une abondante chevelure, ce qui est presque toujours un symptôme de grave maladie constitutionnelle.

A ce compte-là, Mme Ouébe devait se porter à merveille, car elle était absolument édentée, et, sauf deux mèches grises qu'elle entortillait tant bien que mal, il n'y avait que le crâne lisse sous son bonnet. Cela ne l'empêchait pas de consulter le docteur Argozat, pour des maux cachés, mais réels, dont elle était depuis longtemps atteinte.

CHAPITRE VII

Un léger incident.

Au bout de peu de jours, Elisa Morins était connue dans le village sous le surnom de *la jeune malade des Russel*. On la voyait se promener doucement, mais personne, excepté la Marion Quichette, ne s'était enquis de son état de santé, ni de sa position de famille. Les gens se bornaient à la voir passer. Habitués à la présence d'étrangers dans la rue, les bourgeois de Montaubois ne s'attardaient pas à en considérer un de plus, surtout quand la nouvelle venue était de condition inférieure. S'il s'était agi d'une personne titrée, accompagnée de plusieurs domestiques, c'eût été tout autre chose. Elisa s'était aventurée jusqu'aux premiers bois de sapins. Plusieurs fois, il lui arriva d'y rencontrer des pensionnaires, jeunes gens des deux sexes, folâtrant sous les arbres, riant aux éclats, disant force bêtises, et passant à côté d'elle sans la saluer. Que leur importait la vue de cette malade, à eux bien portants dont la bourse était bien garnie et qui passaient à la montagne un temps de vacances, occupés à manger, à boire et à s'amuser ! Un jour, Elisa se trouva tout à coup, à l'angle d'un sentier ombreux, en présence de deux fiancés qui, se croyant seuls, se donnaient des gages de leur tendresse. Ils ne firent non plus point attention à elle, si ce n'est pour se dire, lorsqu'ils eurent fait quelques pas en sens opposé : « Pauvre jeune fille ! Comme elle va lentement ! Sans doute, elle est en proie à un mal sans espoir. »

Telle était l'opinion assez générale qu'on s'était faite à son sujet dans le village.

Cependant, vers la fin de la deuxième semaine, un mieux accentué se montrait déjà dans l'état d'Elisa. Elle reprenait de bonnes couleurs, marchait d'un pas plus ferme et avait bon appétit. Mme Ouébe elle-même en était frappée. Elle commençait à croire que la jeune fille n'apporterait pas la contagion de son mal dans la maison, et volontiers elle lui eût permis de venir causer un moment avec elle dans le salon ou même dans sa chambre. M. Argozat n'était pas revenu, mais il avait écrit à Mme Russel pour avoir des nouvelles. Elisa se chargea de répondre. Voici sa lettre :

« Monsieur le docteur,

» Je suis heureuse de pouvoir vous dire que, grâce à l'intérêt que vous m'avez témoigné et à vos directions, je me sens déjà beaucoup mieux. Je puis faire d'assez grandes promenades, monter même sur des collines boisées, sans éprouver autre chose qu'une fatigue ordinaire. J'ai bon appétit et je dors. Mme Russel est d'une grande bonté pour moi. Je ne puis donc que vous remercier de tout mon cœur, très honoré monsieur, et vous présenter mes respectueuses salutations.

» Elisa Morins. »

« *P. S.* Madame Ouébe vous prie de lui faire une visite, lorsque cela vous sera possible. »

Le surlendemain du jour où Elisa écrivit cette lettre, — c'était un dimanche, — elle revenait d'une promenade solitaire, lorsqu'elle entendit, marchant derrière elle à quelque distance dans le chemin, un groupe de jeunes hommes qui chantaient. Pour leur laisser la voie libre, elle fit quelques pas de côté et s'assit sur un ancien tronc de sapin, coupé hors de terre à un pied de hauteur. Bien que réduit à l'état de souche fendillée par la main du temps, ce tronc formait un siège commode. Les pieds sur le fin gazon, Elisa attendait, pour se remettre en route, que les chanteurs eussent passé. Le refrain, que les échos d'alentour répétaient, n'avait rien de remarquable. C'était celui d'une chanson de cabaret.

— Tiens, fit l'un de ces garçons en regardant du côté d'Elisa, voilà une jolie statue assise sur ce vieux tronc. Que peut-elle bien faire là ? — Bonjour, la belle ! ajouta-t-il directement et ôtant son chapeau.

Elisa avait reconnu la voix ; elle leva les yeux, qu'elle tenait baissés, et vit qu'elle ne se trompait pas. Celui qui l'avait saluée de cette manière était Paul Hermey, le neveu du docteur.

— Eh! du diantre, si ce n'est pas Elisa Morins, reprit le jeune homme! Oui, ma foi, c'est elle.

Quittant ses compagnons, il s'approcha de la jeune fille :

— Comment, lui dit-il, c'est toi qui es là toute seule?
— Oui, pourquoi pas?
— Que fais-tu par ici?
— Je tâche de reprendre des forces; j'ai été malade et je le suis encore.
— Ah! oui, c'est vrai : mon oncle le docteur nous a dit, il y a quelque temps, qu'il voulait t'envoyer à la montagne. Je l'avais un peu oublié. Excuse-moi.
— Ce n'est pas nécessaire. Comment va ta mère?
— Bien; comme les vieilles quinquernes.
— Tu as tort de parler ainsi de ta mère, Paul. — Peux-tu me donner des nouvelles de la mienne?
— Je crois qu'elle ne va pas mal. Mon oncle avait parlé de lui faire une visite en passant chez nous.
— Il est bien bon, ton oncle.
— Quelquefois, oui, mais pas toujours. Suivant ce que la tête lui chante, il me fait parfois de vertes *remauffées*, pour des choses de rien.
— Eh! là-bas! cria l'un des garçons : n'as-tu pas bientôt assez causé avec ta payse? Voyons, arrive. Le village est encore à dix minutes, et nous avons soif.
— Adieu, Elisa, dit Paul. Dépêche-toi de te guérir. Mais il te fait bon voir, et il me semble que tu es devenue bien jolie, depuis que je ne t'ai vue. Je t'en fais mon sincère compliment.

Là-dessus, il tendit la main à Elisa, qui lui donna

volontiers la sienne, bien que les propos et l'air du jeune homme ne lui laissassent pas une bonne impression. Mais pourtant il lui avait été agréable de rencontrer quelqu'un de son village. Ils avaient été ensemble à l'école et ne s'étaient pas revus depuis deux ans.

Les garçons entonnèrent un autre chant et disparurent bientôt derrière un bouquet de sapins où la route faisait un contour.

Elisa revint, comme à l'ordinaire, seule au village. En passant devant l'auberge, elle y entrevit, par une fenêtre ouverte, Paul et ses compagnons attablés, ayant devant eux des bouteilles et des verres. Ils venaient d'une excursion sur quelque sommité des environs, et deux ou trois d'entre eux avaient passé dans des alpages pour y voir leurs vaches. C'était une manière agréable d'employer le dimanche. Paul, qui ne demandait pas mieux que de courir ce jour-là, s'était joint à eux, bien qu'il n'eût pas de bétail à la montagne.

Vers six heures du soir, le docteur arriva, personne ne l'attendant à ce moment-là. Paul qui le vit descendre du cabriolet vint à la rue pour le saluer.

— Bonjour, mon oncle, lui dit-il.

— Votre serviteur, mon neveu. Que fais-tu ici, au lieu d'être chez ta mère ?

— Nous sommes allés voir les vaches de trois amis, dans un alpage aux environs de Montaubois.

— Tu n'as pas besoin de visiter les tiennes ?

— Non, répondit Paul en riant. — Voulez-vous accepter un verre de vin ?

— Va te promener avec ton verre. Si j'ai besoin de manger ou de boire, je saurai me faire servir. Ce que tu as de mieux à faire, c'est de décamper promptement d'ici et de rentrer chez vous. Salue ma sœur ta mère. — Jacquot! à sept heures précises, votre bidet sera attelé. Vous boirez quartette, mais pas plus.

— Oui, monsieur; merci.

Tournant le dos à son neveu, et, les mains dans les poches de sa grande *chambreluque*, M. Argozat se dirigea du côté de la maison Russel.

Elisa avait eu le temps de se reposer. Elle rajusta un peu sa toilette du dimanche et descendit, quand elle sut que le docteur était là. La grosse voix de M. Argozat était montée par l'escalier, jusqu'à la chambre de la jeune fille.

— Le docteur est chez madame Ouébe, dit Mme Russel; il compte vous voir avant de partir. Allez l'attendre au salon, où il n'y a personne en ce moment.

— Merci, madame. Mais ne pourrais-je pas vous aider à quelque chose ici, jusqu'à ce que M. Argozat me demande?

— Voyons : voulez-vous battre ces œufs? il faut bien donner à ces dames leur plat doux favori du dimanche soir.

— Oui; je vais le faire.

Elisa retroussa ses manches, prit un tablier de cuisine pour éviter les éclaboussures, et se mit à battre les œufs avec un petit balai de brindilles de sapin écorcées. Comme elle était occupée à cela, le docteur vint à la cuisine.

— Haha ! fit-il, c'est comme cela que vous vous reposez le dimanche ! très bien. Mais vous allez vous donner une palpitation.

— Oh ! que non, monsieur. Je sens que je puis le faire.

— Voyons ça.

Et sans autre, M. Argozat lui posa la main sur le poignet découvert qui tenait le balai.

— Oui, dit-il, le pouls est meilleur ; vous avez déjà repris des forces. Mange-t-elle, Mme Russel?

— Oui ; mais il faut la presser un peu : elle est si sobre.

— Se promène-t-elle tous les jours ?

— Plutôt deux fois qu'une.

— Bien. Cela va mieux décidément. Il faut continuer. A propos, j'ai vu votre mère, qui va passablement. Je l'ai rassurée sur votre compte et lui ai montré la lettre que vous m'avez écrite. Vous avez une bonne orthographe et une jolie écriture. Votre mère est une brave femme, bien résignée dans son isolement. Elle m'a donné une drôle de commission pour vous ; je vous la dirai ; voici ses propres paroles : Puisque ma chère enfant va mieux, embrassez-la de ma part, en attendant que je puisse le faire moi-même.

En écoutant cela, Elisa rougit, puis elle se mit à rire. Elle ne se fût pas refusée à l'accomplissement du message, surtout en présence de Mme Russel qui riait aussi ; mais le docteur ajouta aussitôt d'une voix grave :

— La commission est faite. Je n'embrasse jamais

personne, et je ne me laisse embrasser par personne, pas même par ma sœur. Voici un flacon pour continuer le vin amer. J'ai pris aussi une bouteille de vin qui est restée dans le caisson de la voiture. Voulez-vous venir la chercher, Elisa? Je serai bien aise de vous voir marcher.

— Oui, monsieur. Je suis confuse de vos bontés.

— C'est assez remercié. Votre serviteur, Mme Russel. Saluez votre mari.

Elisa vint donc avec M. Argozat jusqu'à l'auberge, où elle reçut la bouteille de vin vieux blanc. Le docteur lui serra la main et lui dit d'avoir confiance, que tout irait bien. Puis, comme il aperçut Paul à la fenêtre, tête nue et tout débraillé :

— Tu es encore là ! lui cria-t-il. Il est sûr que....

L'oncle s'arrêta tout à coup, et reprit en s'adressant à Elisa :

— Vous voyez comme ils se conduisent, les garçons. Ne vous mariez jamais. Ces chenapans-là rendraient leur femme malheureuse. Bonjour, Elisa. Mais n'allez donc pas si vite. — Jacquot ! en route.

Paul entendit très bien ce que disait son oncle. A la vue de cette poignée de main échangée avec Elisa, le jeune homme léger devint tout à coup silencieux. Il quitta la fenêtre, vida son verre, prit son chapeau et sa canne.

— Allons-nous-en, dit-il à ses compagnons. Il y a un fameux bout de chemin, d'ici à notre village.

— Tu regrettes que ton oncle ne t'ait pas donné une place dans sa carriole jusqu'à la plaine.

— Non, pas du tout : je n'aurais pas accepté.

— As-tu vu comme il a serré la main à Elisa Morins ? dit un autre. J'ai idée qu'il la soigne si bien parce qu'il a l'intention de l'épouser.

— Ah ! ouah ! pas plus, fit Paul avec un haussement d'épaules.

Et c'était précisément cette supposition qui hantait son esprit en ce moment-là. Si le vieux docteur convolait en secondes noces ; s'il épousait une femme de vingt-quatre ans, alors adieu l'héritage sur lequel Paul Hermey comptait pour remettre ses affaires en bon état. Pour lui, bien que son camarade eût dit la chose en badinant, c'était une grosse puce à l'oreille, une situation pleine de périls. Il faudrait, si possible, la conjurer, cas échéant ; mais comment s'y prendre ?

CHAPITRE VIII

Une brave maîtresse.

⊲⊳

Elisa était à la montagne depuis trois semaines, et elle n'avait pas reçu le moindre mot de son ancienne maîtresse, Mme Stéphanie Duclerque. Pourtant sa domestique lui avait écrit qu'elle allait mieux et reprenait des forces. Mme Duclerque n'avait donc pas répondu à cette lettre, moins encore pris les devants par quelques lignes de sympathie affectueuse. C'était une nature droite, un caractère sûr, point dissimulé, mais égoïste, froid pour tout ce qui ne faisait pas partie de sa propre famille, pour tout ce qui ne la touchait pas de près. Elle aurait fait, par exemple, une visite à une dame de son voisinage, si elle avait eu quelque renseignement à lui demander. Gracieuse et polie, elle savait se montrer aimable, dans une occasion de ce genre, se laissant même aller à une sorte d'abandon.

CHAPITRE VIII

Huit jours après, rencontrant cette même dame dans un magasin ou à la rue, elle passait à côté d'elle comme si elle ne la connaissait pas. Leurs relations sociales n'étant pas les mêmes, M#me# Duclerque pensait qu'elle ne devait pas saluer une personne avec laquelle ses rapports n'étaient que des rapports d'affaires. Les deux dames, d'ailleurs, ne s'invitaient pas l'une chez l'autre. Pourquoi donc avoir l'air d'être en bonne et agréable connaissance ? Il y a des gens faits comme cela. Excellents à toutes sortes d'autres égards, ils n'ont jamais compris qu'un seul côté fâcheux de leur caractère peut les faire juger sévèrement.

Elisa reçut pourtant un billet de M#me# Duclerque, pendant la quatrième semaine de son séjour à Montaubois. Voici ce billet :

« J'ai reçu, Elisa, votre lettre du 12 écoulé ; je l'attendais depuis quelques jours. Nous avons été contents, monsieur et moi, d'apprendre que vos forces reviennent, et qu'ainsi vous pourrez prochainement reprendre votre service à la maison. La remplaçante que j'ai prise pendant votre absence ne peut me convenir et ne veut d'ailleurs pas s'engager. Nous avons l'intention d'aller dîner à Montaubois, un jour de cette semaine, avec les enfants. J'irai alors vous voir et fixer avec vous le moment de votre retour. En attendant, nous vous saluons.

» S. Duclerque. »

Elisa montra ce billet à M#me# Russel, qui, après l'avoir lu, le posa sur la table de sa cuisine, se croisa les bras, puis, réfléchissant pendant quelques secondes, elle dit ensuite résolument :

— Vous ne pouvez ni ne devez rentrer au service de cette dame. Vous ne tarderiez pas à retomber malade comme la première fois.

— C'est bien ce que je pense aussi; mais je n'ai pas une autre place en vue; je suis sans argent, et il faut absolument que j'en gagne pour aider ma mère, payer le docteur et ma pension chez vous.

— La place se trouvera. J'ai des connaissances auxquelles je vous recommanderai. Elle est sèche comme un morceau de bois, votre dame Duclerque.

— Elle est plutôt froide que sèche. C'est par devoir qu'elle agit et écrit comme elle le fait. Je vous suis reconnaissante de vouloir m'aider à me placer ailleurs, si je me décide à ne pas reprendre du service chez elle. Ce qui m'irait le mieux, ce serait un petit ménage à la campagne, pour tout faire, comme on dit. Grâce à vous, j'ai appris bien des choses qui me seront utiles.

— Il ne faut pas vous inquiéter. Nous trouverons bien ce que vous désirez. Mais si Mme Duclerque vient vous voir, il vous faut lui dire nettement que vous ne rentrerez pas chez elle.

— Je ferais peut-être mieux de l'en prévenir tout de suite, par quelques mots.

— Oui, faites-le.

Elisa écrivit :

« Madame,

» Je m'empresse de répondre à la lettre que vous

avez eu l'obligeance de m'écrire. Bien que ma santé se soit fortifiée, je ne suis pas encore en état de reprendre un service actif. Cela reviendra plus tard, s'il plaît à Dieu. Mais il ne faut pas compter sur moi, madame. Ayant appris un peu de cuisine ici, grâce à Mme Russel, je désire trouver une place pour tout faire, dans un petit ménage à la campagne. En priant madame de donner des renseignements sur mon compte, si l'on en demande, je demeure avec respect,

» votre dévouée servante

» ELISA MORINS. »

— Voilà, par exemple, une sotte fille, dit Mme Duclerque après avoir lu cette lettre. Comment donc ! je l'envoie au médecin ; je lui donne dix francs pour l'aider à payer son mois de pension à la montagne, et elle n'est pas plutôt en bon état de santé, qu'elle veut me quitter pour se placer ailleurs ! je ne me serais pas attendue à une telle ingratitude. Oui ; faites soigner vos domestiques par un docteur ; ménagez-les chez vous ; donnez-leur dix francs de plus qu'on ne leur doit ; et voilà toute la reconnaissance qu'ils vous en témoignent. C'est dégoûtant.

— Il faut aller voir Elisa demain, dit M. Duclerque ; tu tâcheras de l'amadouer, si réellement tu tiens à cette fille.

— Mais oui certainement, que j'y tiens. Ne vois-tu pas que sa remplaçante provisoire n'est point propre ; qu'elle fait les choses avec une lenteur désespérante et laisse de la poussière un peu partout ? Avec ça qu'elle a d'autres défauts dont tu ne t'aperçois pas. Elisa avait toujours terminé son ouvrage à l'heure fixée : tout était propre et en ordre ; elle-même se présente bien, ne répond jamais une impertinence, tandis qu'Adolphie s'en permet continuellement.

— Eh bien, nous irons demain à Montaubois.

Elisa rentrait de sa promenade habituelle du matin, comme M. et Mme Duclerque avec les deux enfants arrivaient aussi, d'un autre côté, devant la maison Russel. C'était à onze heures. Il faisait cette bonne chaleur qu'on ne trouve pas trop forte à la montagne ; quand on se promène dans les bois, ou même au soleil. Elle n'a pas cette moiteur qui fatigue à la plaine et procure de la transpiration. Dans les bois de sapins du Jura, il est rare qu'une brise ne rafraîchisse pas l'air en passant dans les hautes branches. C'est alors, comme dit Victor de Laprade, que

> Le vent berce les pins, ces encensoirs des monts :
> Un souffle attiédi sort des bruyères voisines,
> Et l'homme des hauts lieux respire à pleins poumons
> La vitale odeur des résines.

Elisa, en effet, respirait maintenant à pleins poumons. Ses yeux étaient sereins dans leur vivacité ; ses joues, pâles et creuses en arrivant chez Mme Russel, avaient repris le velouté et la carnation de la jeunesse. Pour qui l'avait vue un mois plus tôt se traîner lentement, c'était aujourd'hui une transformation complète. M. Duclerque lui en fit compliment tout de suite.

— Ma foi, lui dit-il, on peut voir que le docteur Argozat vous a rendu un fameux service en vous ordonnant un séjour à la montagne. Vous n'êtes plus du tout la même, Elisa, et vous allez revenir chez nous dans peu de jours. Madame compte sur votre prochain retour.

— Merci, monsieur. Mais j'ai écrit à madame qu'il ne m'est pas possible de reprendre mon service. M. Argozat dit que, malgré le meilleur état de ma santé, je ne suis pas assez forte pour ce que je devrais faire chez monsieur.

— Vous pourriez essayer pendant quelques mois, dit à son tour Mme Duclerque. Pourquoi me laisser dans l'embarras, maintenant que vous êtes bien portante ? Ce serait mal de votre part, Elisa, après ce que nous avons fait pour vous.

— Je suis reconnaissante de ce que madame a fait pour moi, et je l'en remercie; mais je suis décidée à ne pas recommencer. C'est un regret, je l'ai dit au docteur et à Mme Russel.

— Il est clair, reprit Mme Duclerque, que je ne puis ni ne veux vous forcer à revenir chez nous. Je crois seulement que vous vous en repentirez, car c'est un acte d'ingratitude de votre part.

— Voyons, Elisa, continua M. Duclerque, sur un tout autre ton que celui de sa femme, vous voyez bien que vous faites du chagrin à madame par votre refus. Une jolie fille comme vous ne doit causer de chagrin à personne, surtout pas à des maîtres qui lui ont témoigné de l'intérêt. Dites-nous donc que vous reviendrez. Vous avez chez nous de bons gages, et des avantages que vous ne retrouverez pas dans un petit ménage bourgeois.

— Oui, monsieur, je le sais ; mais réellement je ne suis pas assez forte, et je dois maintenir ma décision.

— Eh bien, n'en parlons plus, dit Mme Duclerque d'un ton sec. Si vous réfléchissez, vous nous trouverez encore à l'hôtel du Sapin rouge, jusqu'à deux heures.

Là-dessus, et sans saluer autrement son ancienne domestique, Mme Duclerque reprit le chemin de l'auberge.

— C'est vraiment dommage, dit tout à coup M. Duclerque pendant qu'ils marchaient, que cette Elisa ne revienne pas chez nous. Elle a maintenant un beau teint, et sa tournure est charmante.

— Son teint et sa tournure m'intéressent fort peu. C'est une ingrate et une sotte. Il faut qu'on lui ait monté la tête contre nous, qu'elle doit pourtant bien connaître.

— C'est possible, mais je t'ai déjà dit plus d'une fois, ma bonne amie, que tu prends souvent, sans t'en douter, un ton sec avec nos serviteurs. Il vaudrait mieux, je crois, leur montrer de la sympathie et leur parler avec bonté.

— Oui, fais-moi encore des reproches ! Je suis déjà bien assez ennuyée du refus d'Elisa, sans que tu viennes encore lui dire devant moi qu'elle est jolie. Ce propos de ta part était d'une rare imprudence. Elle va se croire une beauté de premier ordre. Ces filles-là sont si bornées, si bêtes !

— Pas toutes, ma chère amie, et pas si bornées que

tu le supposes. Elisa a du caractère. Elle l'a bien montré en faisant son ouvrage à la maison, jusqu'au moment où elle allait succomber à la fatigue. Depuis longtemps, je te disais qu'il fallait la ménager, la soigner. Quant à lui dire qu'elle est jolie, il est possible que j'aie eu tort ; mais j'ai dit la vérité, et je suis persuadé que tu es de mon avis sur ce point.

— Il paraît que je ne l'ai pas examinée autant que toi, et je n'ai pas fait de réflexions sur sa figure. En général, je préfère que nos bonnes n'aient pas un air trop distingué. Cela présente des inconvénients dans une maison comme la nôtre, où je ne tiens pas à ce qu'on ait des inclinations.

Le mari et la femme causaient de cette manière à demi-voix, dans la rue du village, pendant que les deux enfants marchaient devant eux, sautant sur des tiges de sapins écorcés, au risque de glisser et de mettre de la résine à leurs vêtements.

— Otez-vous de là ! leur cria une fois leur mère.

— Oui, maman, répondit le garçon, continuant à marcher jusqu'au bout de son arbre pelé.

— As-tu entendu, Paulin ? cria de nouveau Mme Duclerque.

— Oui, maman, j'ai fini.

Mme Russel avait entendu de sa cuisine, par la fenêtre ouverte, la conversation entre M. et Mme Duclerque et Elisa. Lorsque cette dernière fut entrée, Mme Russel lui dit :

— Vous avez bien fait de tenir bon. Cette dame ne me plaît pas, elle a une figure de bois.

— Je serais pourtant bien restée chez elle, si je n'étais pas tombée malade. Je gagnais 25 francs par mois. Cela ne se retrouvera pas.

— Peut-être pas pour commencer ; mais l'essentiel est que vous puissiez faire votre ouvrage et continuer à vous bien porter. Nous en parlerons au docteur à sa prochaine visite.

— Je crains d'avoir fait de la peine à Mme Duclerque. Mais vraiment, je ne me sens pas capable de recommencer chez elle. Ai-je mal parlé dans ce que je lui ai répondu ? Vous avez entendu ce que j'ai dit. Aurais-je dû être plus polie ?

— Non, ma chère. Vous avez été respectueuse, tout en parlant franchement. Mme Duclerque ne vous a témoigné aucune sympathie. Sachant que vous avez besoin d'argent pour votre mère et que vous ne gagnez rien dans ce moment, étant tombée malade à son service, par suite d'un travail au-dessus de vos forces, elle aurait bien pu se montrer un peu généreuse. Par exemple, vous offrir de payer le premier mois de votre pension. Au lieu de cela, rien. Pas même un simple mot affectueux. Allons, n'y pensez plus. Nous trouverons bien autre chose qui vous conviendra mieux.

Elisa monta chez elle, assez impressionnée encore par cette visite intempestive.

Un peu avant deux heures, elle se rendit à l'auberge où ses anciens maîtres avaient dîné. Il lui semblait qu'elle leur devait cette marque de déférence respectueuse, puisqu'ils étaient venus à Montaubois pour la voir et lui parler.

— Ah! vous venez, Elisa, lui dit tout de suite Mme Duclerque, cela me fait plaisir, vous aurez fait de bonnes réflexions.

— Madame et monsieur, répondit-elle, je viens vous remercier de la peine que vous avez prise pour moi, et de la bonne opinion que vous avez de mon service. Sauf la fatigue, j'ai été très bien dans votre maison, et je voudrais pouvoir y rentrer. Mais je sens que je ne le puis pas. Il faut d'ailleurs que je reste encore quelques semaines à la montagne avant de me replacer. Si je vous fais de la peine par mon refus, si j'ai manqué en quoi que ce soit dans mon service ou dans mes paroles, je vous prie de me le pardonner.

— Elisa, dit Mme Duclerque de son même ton sec et péremptoire, vous auriez pu vous épargner la fatigue de venir, puisque vous n'avez pas changé de décision. Je vous ai dit ce que je pense; il est inutile d'en reparler. Je souhaite que vous trouviez mieux ailleurs que chez nous.

— Merci, madame. Je fais aussi bien des vœux pour le bonheur de madame et de monsieur, ainsi que pour les enfants. — Bonjour, Paulin; bonjour, Octavie; voulez-vous me donner la main?

Les deux enfants s'approchèrent avec empressement, la fillette tendant sa joue.

— Il vaut mieux ne pas embrasser Octavie, dit Mme Duclerque, puisque vous êtes encore malade.

— Oui, madame, je comprends.

M. Duclerque et les enfants accompagnèrent Elisa

jusqu'au bout du corridor de sortie, où le père lui dit d'un ton affectueux :

— Bonjour, ma pauvre enfant. Je regrette vraiment que vous nous quittiez. Tâchez au moins de trouver une place agréable, où le service ne soit pas trop fatigant.

— Merci, monsieur.

CHAPITRE IX

De l'imprévu.

Dans la vie, même la plus facile, la plus simple en apparence, il y a souvent bien de l'imprévu. Qu'est-ce que l'homme peut prévoir d'une manière certaine ? Rien, absolument rien, puisqu'il n'est point sûr de ce qui peut lui arriver d'un instant à l'autre. Une seconde suffit parfois pour le transporter, de la scène fugitive de ce monde dans la redoutable et mystérieuse éternité. Certains caractères habitués à faire dominer leur volonté, sont fortement contrariés lorsqu'ils doivent céder en présence d'un imprévu peut-être sans importance. Les personnes qui règlent d'avance l'emploi de leur temps pour le lendemain et jusqu'aux minimes détails, souffrent plus que d'autres de ce qui tout à coup se met en travers de leur plan et de leurs désirs. Le mieux serait de ne vouloir que ce que Dieu veut. C'est la vraie science du repos de l'esprit et de l'âme, la source du contentement intérieur. Chacun en convient, mais combien peu l'acceptent dans tout ce qui leur arrive ! Ce que je dis là me remet en mémoire une parole presque surhumaine d'un chrétien anglais. Son fils, l'espoir de ses vieux jours, la gloire de ses cheveux blancs, était chef d'état-major d'une petite armée anglaise en Afrique. Il fut massacré, ainsi que presque tous les officiers ses camarades et les soldats, par de farouches musulmans qui les attirèrent dans une embuscade. En apprenant cette affreuse nouvelle, le père écrivit à une amie de qui je tiens ce détail : « Rendez grâces avec moi pour les miséricordes du Très-Haut, mon fils était prêt à paraître devant lui. » La foi qui peut dire cela est bien celle qui transporte les montagnes.

Dans la petite histoire que je raconte, je n'ai aucun événement de ce genre à enregistrer. Il s'agit de gens tout simples, sans rapports quelconques avec les drames émouvants, horribles parfois, qu'on peut lire dans les romans en vogue à Paris, en Angleterre, en Russie, en Amérique et peut-être encore ailleurs.

Quinze jours s'étaient écoulés depuis la visite de M. et de Mme Duclerque. On avait écrit pour Elisa à deux dames qui vivaient à la campagne avec un vieux monsieur, mari de l'aînée des deux sœurs. Il y avait le ménage à faire, les chambres aussi. Mais on exigeait peu de l'unique domestique pour le service de l'appartement. On prenait une femme pour frotter et cirer les parquets. L'eau était dans la maison même. Les dames Jusquiâme payaient 20 francs par mois à leur servante, et lui donnaient 30 francs entre les trois pour ses étrennes. Mais la place n'était libre que dans six semaines. Elisa attendait encore quelques jours avant de donner une réponse définitive. Elle aurait préféré pouvoir entrer tout de suite, afin de gagner quelque chose sans plus tarder. Mme Russel lui conseillait d'accepter un engagement chez les dames Jusquiâme, puis de rester à Montaubois sans rien payer, jusqu'au moment fixé pour la place en question. La jeune fille était complètement rétablie. Elle se rendait utile dans la maison, facilitant ainsi la tâche de Mme Russel. De longues promenades ne la fatiguaient pas. Plus d'une fois, elle avait escaladé les sommets voisins, seule ou avec d'autres personnes. Le grand troupeau vu de sa fenêtre sur une croupe élevée, avait été visité. Elle y allait chercher du beurre et de la crème, pour les déjeuners des dames Ouébe et Ricolin. On ne colorait pas en jaune le beurre confectionné dans ce chalet, comme on le fait dans plusieurs laiteries en hiver, pour l'expédier à Paris, où on ne le recevrait pas s'il avait gardé sa couleur naturelle. Cette sophistication est, dit-on, à l'ordre du jour dans bon nombre de nos villages, depuis que les fromageries mutuelles sont remplacées par la vente du lait à un fermier. Il fallait bien que Paris vînt nous jouer encore un tour de sa façon.

Depuis qu'Elisa était guérie, les deux vieilles dames Ouébe et Ricolin, aimaient bien cette gentille domestique. Le soir, elle leur faisait la lecture dans un accent naturel, dont les douairières étaient charmées. Un jour, Mme Ricolin lui dit :

— Ma chère Elisa, si j'étais à mon ménage en ville, je vous prendrais pour ma domestique, mais je suis en pension chez ma belle-sœur, Mme Talmat-Olive, et je n'ai là que ma chambre.

— Et moi, disait à son tour Mme Ouébe, si mes rentes me permettaient d'avoir un femme de chambre, je vous prendrais bien en cette qualité. Mais je dois, par prudence, me contenter de la vieille Pirrochon, qui fait la cuisine chez moi depuis quinze ans tous les hivers.

A Montaubois, quand Elisa, fraîche et toujours polie, passait dans la rue d'un pas alerte on ne l'appelait plus *la pauvre malade des Russel*. Tout au contraire, les garçons se plaisaient à la regarder, et plus d'un se disait sans doute : En voilà une qui m'irait bien, si elle avait quelques mille francs dans son tablier, au lieu d'avoir à nourrir une vieille mère infirme.

Les choses en étaient donc là, lorsque, un samedi matin, Mme Russel, descendant du grenier avec une charge de bois aux bras, manqua une marche de l'escalier, perdit l'équilibre et tomba lourdement. La chute fut terrible, surtout à cause du bois qu'elle portait. Elisa accourut, ayant entendu le bruit. Mme Russel n'avait pas de contusions graves à la tête, mais le bras droit cassé, et le pied gauche luxé à la cheville. Il n'avait fallu qu'un instant pour amener ce double accident. Par bonheur encore, M. Russel était à la maison. Il se procura un char léger et partit aussitôt pour aller chercher le docteur, qui put arriver dans le milieu du jour et fit les pansements nécessaires. Au lieu d'être à sa cuisine, Mme Russel fut installée dans sa chambre, et sa jambe étendue sur un divan. Elle souffrait beaucoup.

Elisa avait pris tout de suite sa place devant le fourneau, préparant le dîner et remplaçant ainsi la maîtresse du logis, sans la moindre hésitation.

— Ne vous inquiétez pas de votre ménage, chère madame, dit-elle à Mme Russel : vous m'avez mise au courant, et je vais faire chez vous mon apprentissage de cuisinière, jusqu'à ce que vous soyez tout à fait guérie.

— Merci, ma chère enfant. Mais cela me chagrine pour vous. S'il plaît à Dieu, je pourrai marcher et reprendre *la poche*, avant le moment où vous devrez entrer chez les dames Jusquiâme. Ecrivez-leur ce qui m'arrive.

— Oui, j'écrirai. Mais je ne m'engagerai que lorsque vous serez en bon état. Je n'oublie pas que j'ai retrouvé la santé dans votre maison. Je laisserai à ces dames leur liberté, comme je réserverai la mienne.

Voilà donc Elisa cuisinière chez Mme Russel et se tirant très bien d'affaire. Les repas étaient servis à l'heure exacte ; la table mise avec un soin tout particulier, dont mesdames Ouèbe et Ricolin étaient ravies. Comme elles avaient apporté leurs couverts d'argent et deux cuillers à ragoût, un pochon à soupe, elles purent constater tout de suite qu'Elisa tenait tout cela dans une propreté parfaite. Il n'était pas nécessaire de passer la serviette dans les cuillers, ni sur la lame des couteaux. Chaque objet était poli, doux au toucher. Les verres, les carafes et les salières, d'une transparence admirable. Si les deux pensionnaires n'avaient pas été, au fond, de bonnes âmes, elles n'auraient presque pas regretté l'accident arrivé à Mme Russel, tant le service de la nouvelle cuisinière leur était agréable.

— Voyez pourtant, madame Ricolin, disait Mme Ouébe, comme on ne doit pas se fier à l'apparence ! Lorsque je vis Elisa pour la première fois, je la jugeai poitrinaire au dernier degré; je redoutais de respirer le même air qu'elle, et la voilà toute guérie, presque sans remèdes.

— Et jolie comme un cœur, madame Ouébe. Mais j'ai toujours la crainte que le fils du voisin Chevreuil ne lui conte des fleurettes, et que la chère enfant ne se laisse prendre à ses airs sentimentaux. Au fond, ce Balthasar Chevreuil n'est qu'un rustaud de montagne. Ce serait si dommage, ne trouvez-vous pas?

— Oui certainement. J'en ai dit un mot à Elisa; sur quoi elle m'a répondu avec beaucoup de bon sens et de dignité, qu'il n'y avait rien à craindre d'un tel côté, et que d'ailleurs M. Argozat lui conseillait de ne pas se marier.

— Il aura jugé sans doute, madame Ricolin, que la possibilité, — on peut même dire la certitude, — d'avoir des enfants, compromettrait la santé d'Elisa, et qu'elle ne devait pas s'exposer de cette manière à retomber dans quelque grave maladie. Puis, il y a sa mère, dont elle devrait se charger encore plus directement. Que fait Mme Russel ce matin ?

— Elle a eu de la fièvre pendant la nuit, m'a dit

Elisa en apportant le déjeuner dans ma chambre. C'est le moment où l'os du bras fracturé travaille pour former le cal qui doit le souder. On dit que c'est très douloureux. Il s'y produit des secousses électriques. Vous n'avez jamais eu de membre cassé, madame Ouébe?

— Non, madame Ricolin; mais j'ai souffert de névralgies effroyables dans ma jeunesse. C'est pour cela que, depuis quarante ans, j'ai toujours du coton dans mon oreille droite. Ces jours-ci, la jambe gauche me désole. Je crois que je veux m'abstenir de vin au dîner. Si j'en prends plus d'un petit verre, le sang se porte aux extrémités.

— Pour moi j'aurais de la peine à m'en passer, surtout avec les fraises. Mais on ne trouve plus de fraises maintenant, à moins d'aller très loin et assez haut. On dit qu'on aura prochainement des framboises. J'avoue que je ne les aime pas beaucoup. Et vous, madame Ouébe?

— Médiocrement aussi, excepté quand on en fait des *mousses*. Nous verrons si Elisa les fait aussi bien que Mme Russel.

Tel était le genre ordinaire des conversations de mesdames Ouébe et Ricolin, à la pension Russel. Comme elles étaient seules, ne sortant guère du clos gazonné touchant au jardin devant la maison, les deux pensionnaires n'avaient pas l'occasion de se lier avec les autres étrangers en séjour dans le village. Elles employaient le temps, en bonne partie, à tricoter des chaussettes de laine, qu'elles donnaient aux pauvres en hiver.

Elisa dut écrire à sa mère pour lui annoncer ce qui était arrivé à Mme Russel et ce qu'elle faisait maintenant dans la maison, en attendant d'être placée ailleurs. Sa mère lui répondit de ne pas s'inquiéter à son sujet ; qu'elle allait passablement, et que les vingt francs reçus de sa part, lors de la visite de M. Argozat, lui suffiraient pour un mois ou deux.

« Mais je n'ai pas chargé le docteur de remettre cet argent à ma mère, se dit Elisa. Je ne comprends rien à ce qu'elle m'écrit à ce sujet. »

Le fait est que M. Argozat, sachant bien que la mère ne pouvait rien attendre de sa fille, en fait d'argent, pour le moment, lui avait donné vingt francs de sa bourse, comme il passait un jour dans le village où la veuve demeurait. Si rude qu'il fût dans son langage et bizarre dans ses manières, le docteur avait le cœur à la bonne place. Il lisait peu l'Evangile, mais il en accomplissait plus d'un précepte laissé de côté par beaucoup de gens qui se disent chrétiens.

Une fracture de l'avant-bras est plus vite guérie que celle d'une jambe. Au bout d'un mois, Mme Russel pouvait commencer à se servir un peu de sa main droite ; mais non pas reprendre ses fonctions à la cuisine, ni tourner le matelas d'un lit. La luxation de la cheville exigeait encore aussi des ménagements. Mais tout finirait par s'arranger pour l'époque où Elisa quitterait ces bonnes gens et leur maison. Les dames Jusquiâme avaient dit qu'elles pouvaient attendre, et que même elles préféraient ne pas prendre d'engagement positif, de quelque temps encore. Sur quoi Mme Russel avait déclaré qu'elle garderait Elisa jusqu'à ce qu'elle fût convenablement placée, et qu'elle la payerait, au lieu d'avoir quelque chose à lui réclamer pour le premier mois de son séjour. On n'avait plus entendu parler de Mme Duclerque. De son côté, Paul Hermey s'était rassuré au sujet des intentions matrimoniales qu'il avait un moment supposées à son oncle. Il continuait à négliger ses cultures pour s'adonner à la pêche, en attendant que la chasse fût ouverte. On était à la fin d'août. A cette époque de l'année, le soleil est encore très chaud dans le milieu du jour mais les nuits sont déjà fraîches et plus longues. A la plaine, la moisson est faite; on fauche les regains. A la montagne, les avoines et les orges sont encore vertes, les champs de pommes de terre à peine défleuris.

CHAPITRE X

Une décision.

— C'est donc aujourd'hui que vous écrivez aux dames Jusquiâme, disait Mme Russel à Elisa, qui brillantait les chandeliers et le *samovar* à la cuisine.

— Oui, j'écrirai ce soir ; mais je regrette de vous quitter. J'ai été si heureuse chez vous, et Dieu m'y a rendu la santé, bien compromise lorsque je suis arrivée.

— Ma chère enfant, tout a été pour le mieux, soit pour vous, soit pour moi. Il nous faut être reconnaissantes envers le docteur, et surtout envers Celui qui connaît tous nos besoins. J'espère que vous vous trouverez bien chez les dames Jusquiâme. Si de nouveau l'air de la montagne vous était nécessaire, venez tout droit chez nous. Vous y serez reçue avec plaisir.

— Merci, madame ; mais s'il plaît à Dieu, ma santé continuera d'être bonne. Mme Ouébe a sonné, je vais lui monter son déjeuner.

— Oui, allez.

Ce disant, Mme Russel posa sur un plateau le pot de lait bouillant, la cafetière, le pain et le beurre qui constituaient le premier repas de la pensionnaire. Depuis quelques jours, la maîtresse de céans avait repris ses fonctions de cuisinière, son bras cassé et son pied foulé étaient raffermis.

Vers la fin de septembre, quand les nuages commenceraient à se promener sur les bois, que la pluie serait froide, le vent aigre dans les gorges voisines du village, les deux dames quitteraient la montagne pour retourner à la ville, dans leurs stations d'hiver. Il suffirait de quelques journées sombres pour chasser à la plaine tous les étrangers. Montaubois serait alors réduit à ses propres habitants, jusqu'au retour de la belle saison.

Il faisait un joli temps le jour en question. Lorsque les chambres des dames Ouébe et Ricolin furent *faites* par Elisa, vers dix heures du matin, elle mit un chapeau, prit à la main le parasol qu'on lui prêtait, et voulut faire une dernière promenade aux environs. Le lendemain, elle irait chez sa mère, après avoir écrit aux dames Jusquiâme qu'elle acceptait les conditions offertes et se mettait à leur disposition.

Elisa se rendit sur un monticule assez élevé, qui dominait le vallon dans lequel brillaient au soleil toutes les maisons du village. De là-haut, la vue s'étendait sur le lac et la plaine vaudoise, sur la côte de Savoie et les Alpes. On distinguait fort bien le village de Bérand, qu'elle avait quitté depuis deux mois et demi, haletante et ne tenant presque plus qu'à un fil qui menaçait de se rompre ; puis, Civeret, où demeurait l'honnête docteur Argozat, dont l'intérêt vraiment affectueux, et les soins intelligents lui avaient pour ainsi dire sauvé la vie. Elle se rappelait ce lointain dimanche où, arrivant chez lui, elle fut d'abord si mal reçue, et ensuite si bien examinée et traitée. La visite de Mme Duclerque lui revint aussi en mémoire ; et puis cet accident arrivé à Mme Russel, accident qui l'avait retenue un mois de plus à Montaubois. En toutes ces circonstances, son cœur simple, droit et pieux, voyait l'action d'une Providence paternelle à son égard. Une prière d'adoration reconnaissante s'élevait de son âme jusqu'au trône des miséricordes célestes.

Dans l'intérieur de la montagne, les pâturages et les bois commençaient à perdre leur fraîcheur ; le vert des gazons, comme celui des feuillages, n'avait plus le ton ferme et foncé qu'il garde en été. De loin en loin, un érable, un alisier, prenaient déjà une teinte jaune, qui les détachaient de la couleur générale des hêtres, plus résistants et infiniment plus nombreux. Quant aux bois de sapins, toujours les mêmes vus à distance, ils dessinaient leurs zones d'un vert noir, sur les pentes rapides ou dans les vallons qu'ils occupaient. En ce moment, Elisa Morins pouvait bien dire avec le poète hébreu : « J'élève mes yeux vers les montagnes d'où me vient le secours. Mon secours vient de l'Eternel, qui a fait les cieux et la terre. »

Pendant qu'elle était là-haut en contemplation, M. Argozat, venu pour voir Mme Ouébe une dernière fois, causait avec Mme Russel, après avoir donné ses conseils à la vieille dame atteinte d'une infirmité.

— Votre serviteur, madame Russel, commença-t-il par dire : où est Elisa Morins ?

— Elle est allée se promener aux environs encore une fois. Son intention est de nous quitter demain, pour passer quelques jours avec sa mère, avant d'entrer dans une place pour laquelle elle doit écrire aujourd'hui.

— Est-elle définitivement engagée ?

— Non, il dépend d'elle d'accepter ou de refuser.

— Ecoutez maintenant ce que je vais vous dire, Mme Russel ; vous me ferez part ensuite de votre avis. Peu de temps après la mort de ma femme, la servante que j'avais gardée se maria. Elle dut me quitter. Je ne voulus pas en reprendre une nouvelle ; dès lors, j'ai vécu comme vous savez, faisant moi-même mon déjeuner et mon repas du soir. Une femme de ménage vient le matin balayer la maison et préparer le dîner. Cette femme, une vieille folle de cinquante-cinq ans, se marie avec un veuf moins âgé qu'elle, et de plus un ivrogne, bien capable, quand il a bu, de la rouer de coups. J'ai eu beau dire à la Péronne Gluz tout au monde pour l'empêcher de se tordre le cou de cette manière, rien n'y a fait. Le mariage est décidé, annoncé même. Je vais donc me trouver sans personne chez moi, même dans le milieu du jour. Je ne puis vivre ainsi, et je vais essayer de reprendre une domestique. Je me sens vieux, affaibli ; cela m'ennuie beaucoup d'avoir à cuisiner matin et soir. En outre, quand je suis absent, je vois qu'il n'est pas bon d'avoir porte fermée. Une servante chez moi aurait un service très facile, point fatigant, puisque je suis seul, ou dehors une grande partie de la journée. Il y aurait mon petit ordinaire à préparer, la maison à tenir propre et en ordre, les clients à recevoir à la porte. Croyez-vous qu'Elisa se contenterait d'une place aussi simple, et qu'elle consentirait à venir chez moi ? Bien que je ne sois pas riche, je puis lui donner les gages qu'elle aurait ailleurs. Je sais qu'elle est pauvre et doit aider sa mère. Si elle acceptait, je lui poserais comme une condition formelle de ne se laisser courtiser par n'importe qui, et ne pas songer à se marier de longtemps encore. Le mariage, du reste, je crois vous l'avoir dit, ne lui conviendrait pas. Si elle avait des enfants à mettre au monde et à élever, sa santé, que je connais assez bien, pourrait en souffrir d'une manière grave, fatale peut-être. Ce n'est pas chose à lui dire : elle peut d'ailleurs se fortifier à ce point de vue ; mais si elle vient chez moi, il faut qu'elle me promette de ne former aucune relation conduisant au mariage. Voulez-vous, madame Russel, lui dire ce que je viens de vous exposer, et lui demander d'y réfléchir avant de prendre une détermination quelconque ?

— Oui, monsieur. Aussitôt qu'elle sera de retour, je lui ferai part de ce que vous venez de me confier. Il me semble qu'Elisa serait très bien chez vous, comme aussi vous ne pourriez avoir une meilleure domestique. Consentira-t-elle, toutefois, à entrer au service d'un monsieur seul ?

— Je comprends l'objection. Mais vous savez, madame Russel, qu'il y a homme et homme. S'il en est d'une réputation douteuse, je n'ai rien de commun avec de tels individus, et je les méprise.

— Je le sais, monsieur; je le sais. J'ai voulu seulement vous faire part d'une impression, qui n'a aucune valeur dès qu'il s'agit de vous.

— A la bonne heure. J'ai deux visites à faire au village, une entre autres, à Marion Quichette. Je reviendrai chez vous avant de faire atteler.

— Vous devriez dîner avec nos dames, sans conséquence, M. Argozat?

— Nous verrons. Merci en attendant. Vous continuez à frictionner votre bras et votre pied?

— Oui.

— Vous sentez-vous solide sur la jambe, et le bras se fortifie-t-il?

— Tout va bien.

— Au revoir, madame Russel.

Sur le seuil de la maison, le docteur rencontra Elisa qui rentrait de sa promenade.

— Je suis bien aise de vous voir, lui dit-il. Nous venons de causer de vous avec Mme Russel, elle vous fera part de notre conversation. Je vois que je n'ai plus besoin de compter votre pouls, ni de regarder votre langue.

— Je me sens, en effet, en très bonne santé, monsieur, grâce à vos excellentes directions.

— C'est bon. Allez vers Mme Russel, et dites-lui que je dînerai chez elle, à midi précis. Ne montez pas comme ça l'escalier en courant; cela ne convient à personne, surtout pas à une jeune fille qui vient d'être malade, dit-il en s'éloignant.

Grand fut l'étonnement d'Elisa en apprenant ce que le docteur proposait. Une fille ordinaire, comme il y en a beaucoup dans la classe des domestiques, aurait examiné les avantages et les inconvénients de l'une et l'autre place offerte, et elle se serait décidée pour celle des deux qui lui présentait le plus d'agrément personnel, le moins à faire et les gages les plus élevés. Elisa ne fit point comme cela. Elle pensa d'abord à la reconnaissance qu'elle devait au vieux docteur qui s'était intéressé à elle et l'avait si bien dirigée dans sa maladie. Puis, réfléchissant un peu plus loin, elle demanda si M. Argozat avait toujours été irréprochable dans ses mœurs, sévère envers lui-même, réservé dans sa manière d'être avec les personnes du sexe féminin ; si, dans la conversation, il observait les règles d'un langage exempt de toute parole cynique, soit en religion, soit en morale ; enfin, si M*me* Russel lui conseillait d'entrer chez lui, plutôt que chez les dames Jusquiâme.

— Il faut, ma chère enfant, que vous décidiez cela vous-même. Quant à la moralité de M. Argozat, il n'y a jamais eu, à ma connaissance, la moindre chose à lui reprocher. Je sais que sa femme a été heureuse et qu'il la regrette encore. Depuis vingt ans que je le connais, je n'ai que du bien à en dire. Son défaut de caractère est de crier, de s'emporter si on le contrarie, ou qu'on vienne chez lui le dimanche pour le consulter, lorsqu'on peut choisir un autre jour. Mais vous savez qu'il est bon et compatissant, généreux dans l'occasion. S'il n'avait que cinquante ans au lieu de soixante-cinq, la prudence exigerait que sa domestique fût une personne du même âge. Voilà, ma chère Elisa, à peu près tout ce que je puis vous dire. Réfléchissez à la position, et tâchez de donner une réponse au docteur avant son départ. Demandez à Dieu de vous diriger.

— Merci, madame.

Elisa monta dans sa chambre, où elle prit conseil du Directeur invisible, mais présent partout, auquel son être intérieur croyait sincèrement. Puis elle vint mettre la table, fit un brin de toilette, attacha un tablier blanc à sa ceinture et, la soupe étant servie, elle donna un coup de cloche pour avertir les dames Ouébe et Ricolin. En même temps, le docteur arrivait de chez Marion Quichette. Midi sonnait à l'horloge du village.

— Votre serviteur, mesdames. Bonjour, Elisa, dit-il en entrant dans la petite salle à manger. Voilà qui s'appelle être exact. Vous me permettez de m'asseoir à votre table, mesdames; c'est bien aimable de votre part.

— Monsieur, dit Mme Ricolin, nous avons conservé les habitudes de nos pères. Avant le repas, nous rendons grâces à Dieu.

— Parfaitement, mesdames; je vous écoute, dit-il, en restant debout.

Mme Ricolin prononça un court bénédicité, puis servit la soupe.

— Voilà un excellent potage, dit le docteur : des pommes de terre, du légume vert, un poireau et du bouillon de bœuf. C'est comme cela que ma chère femme la commandait à notre domestique. Est-ce vous qui l'avez faite, Elisa ?

— Non, monsieur, pas aujourd'hui. Depuis dimanche, Mme Russel a repris ses fonctions à la cuisine.

— Elisa, monsieur le docteur, dit Mme Ricolin pendant que la fille de service emportait les assiettes, fait la soupe dans une rare perfection. Je vous assure qu'elle a du goût pour la cuisine, et avec ça, je ne sais pas comment elle s'y prend, elle a toujours les mains très propres. Pendant qu'elle va chercher la viande, je vous dirai, monsieur, que c'est une perle pour tout. Donnez-lui une aiguille ou une léchefrite, elle se tire à merveille de ce qu'on lui demande, et toujours de bonne grâce. Vous savez peut-être qu'elle doit entrer chez des dames Jusquiâme. Chut ! la voici.

Elisa posa sur la table, dans un plat allongé, une poitrine de veau. Mme Ricolin découpait.

— Je crois vraiment, dit M. Argozat, que Mme Russel connaît mon goût pour cette pièce de viande. Il y a longtemps que je n'en ai mangé. Puis-je vous offrir du vin, madame ?

— Un doigt, répondit Mme Ouébe. Ma chère, dit-elle à Elisa, avez-vous donné la réponse à Mme Jusquiâme ?

— Non, madame.

— Je mettrai un billet dans votre lettre.

— Ce sera bien facile.

A ces mots, le docteur regarda Elisa qui rougissait un peu, tout en passant une assiette à Mme Ouébe.

— Je connais un peu ces dames, reprit-il, et j'ai

soigné le vieux monsieur Jusquiâme. Ce sont de bien braves gens. Donnent-ils de bons gages à leur domestique ?

— Mme Jusquiâme offre à Elisa 20 francs par mois, et promet 30 francs d'étrennes si elle est contente, dit Mme Ricolin.

— C'est bien joli pour une place à la campagne, conclut le docteur.

M. Argozat entretint ensuite les deux pensionnaires, de divers malades intéressants, qu'il visitait ou qui étaient venus le consulter. Mais il ne nomma personne dans ses récits, parfois très amusants.

Une demi-heure après, le couvert étant levé, les dames remontées chez elles pour faire leur méridienne, Mme Russel et Elisa vinrent au salon, où M. Argozat les attendait avant de repartir.

— Monsieur, dit Mme Russel, j'ai rapporté à Elisa ce que vous m'avez chargée de lui dire ; elle va vous donner sa réponse.

— Eh bien, voyons : mais n'ayez donc pas de l'émotion, Elisa. C'est une chose toute simple : si vous venez chez moi, j'en serai bien aise, et je tâcherai que vous n'y soyez pas malheureuse. De votre côté, vous remplirez vos devoirs comme une brave domestique, en toute bonne conscience. Je vous donnerai les mêmes gages que les dames Jusquiâme. Si vous préférez entrer à leur service, je ne chercherai point à vous retenir. Pouvez-vous me dire ce que vous décidez ?

— J'irai chez vous, monsieur, et je vous remercie de votre confiance, que je tâcherai de mériter.

— Parfaitement. Vous connaissez mes autres conditions ?

— Oui, monsieur, je les accepte.

— On ne peut pas mieux dire. C'est donc une chose entendue. Quand faut-il venir vous chercher ?

— Le jour que monsieur voudra.

— Après-demain vous convient-il ?

— Oui.

— Je viendrai donc dans l'après-midi. Vous irez voir votre mère, quand vous serez installée à Civeret. Au revoir, Mme Russel. La poitrine de veau était parfaite. On ne voit jamais votre mari, est-il toujours dans les bois ?

— Non, pas aujourd'hui. Il fauche son avoine et devrait être là. Sans doute, il aura voulu finir.

— Saluez-le de ma part, et donnez-lui ce paquet de cigares. Ce sont de véritables havanes, fabriqués à Grandson. On les dit excellents, mais je ne fume pas, et je ne permets pas qu'on fume chez moi. Bonjour, Elisa. Vous n'allez pas vous faire du souci ?

— Non, monsieur, je suis bien contente.

ND PARTIE
SECONDE PARTIE

CHAPITRE XI

Un visiteur.

Quelqu'un sonnait à la porte du docteur Argozat. C'était dans l'après-midi d'un jour de septembre. Assise près de la fenêtre de sa cuisine, Elisa Morins ourlait des essuie-mains dont la toile rousse avait une bande rouge, de chaque côté. Elle posa son ouvrage, se leva et vint aussitôt répondre à la personne qui avait sonné. Celui qui se présentait était un jeune homme, ayant un fusil de chasse suspendu à l'épaule par une courroie de cuir, et tenant à l'attache un chien *briquet* brun-noir.

— Bonjour, dit-il tout d'abord, est-ce que mon oncle?... mais je crois vraiment que c'est Elisa Morins?

— Oui, sans doute, répondit-elle ; et c'est toi, Paul Hermey.

— Mais, je t'en prie, pourquoi es-tu ici, et comment se fait-il que je t'y trouve?

— Je suis chez M. Argozat depuis une semaine.

— Comment! tu es chez mon oncle, et nous n'en savions rien? C'est un peu fort. Est-il chez lui, mon oncle?

— Non; il est allé précisément chez vous cet après-midi, et voulait aussi voir ma mère. Il avait deux malades à visiter à Cressant.

— Ça me chiffonne de ne pas le trouver. Je vais entrer un moment avant de repartir.

Paul attacha son chien à une boucle de fer scellée dans le mur de la grange, puis il entra au corridor, suspendit son fusil à un crochet de chapeau et, sans autre invitation, vint s'asseoir à la cuisine, où Elisa lui offrit une chaise, après quoi elle reprit son ouvrage.

— Je n'en reviens pas que tu sois ici, fit Paul au bout d'un moment. Mon oncle disait qu'il ne voulait pas reprendre une domestique.

— Sa femme de ménage se marie, et il m'a proposé de la remplacer.

— Te trouves-tu bien chez lui?

— Très bien; je ne suis seulement pas assez occupée; il n'y a rien à faire au jardin, ou du moins peu de chose dans cette saison.

— Es-tu engagée pour peu de temps ou à l'année?

— Nous n'avons rien fixé, si ce n'est que je suis au mois.

— As-tu l'intention de rester?

— Mais oui, si monsieur est content de mon service.

— Ma foi, tant mieux. Alors, tu es tout à fait guérie?

— Oui, grâces à Dieu, et aussi aux bons soins que j'ai reçus.

— Il est sûr qu'on a du plaisir à te voir.

— Comment va ta mère ?

— Pas trop mal, comme à l'ordinaire.

— Et toi, tu as l'air en bonne santé. Je vois que tu viens de la chasse ?

— Oui ; nous sommes allés au Jura, quelques amis, ce grand matin, pour ne rien faire qui vaille. Au lieu de redescendre avec mes compagnons, j'ai pris la direction de Civeret et suis venu ayant l'idée de faire une visite à mon oncle. Dis-moi, Elisa : n'as-tu pas un verre de vin par-là ?

— Non ; je préfère que monsieur n'en laisse pas à ma disposition. Mais si tu as faim, je puis t'offrir une tasse de café au lait. L'eau est bouillante; il sera fait dans un instant.

— J'aurais préféré un verre de vin ; mais puisque tu n'en as pas, je prendrai du café. Mon chien se met à hurler ; que peut-il avoir qui l'inquiète ?

Paul vint à la rue, pendant qu'Elisa mettait la poudre de café et versait dessus l'eau bouillante. Elle prit ensuite le lait destiné à son souper et le versa dans une *cassette* en cuivre jaune, sur le foyer.

Le chien de Paul grognait sourdement à la vue d'un de ses congénères, assez grand et tout noir, qui, le poil hérissé, se promenait devant la grange, comme s'il se proposait de se jeter sur lui. A la vue d'un homme, le grand noiraud battit en retraite. Paul attacha son *briquet* à la porte même de la maison. Si son oncle fût arrivé dans ce moment-là, Paul et son chien auraient été joliment apostrophés.

Quand le neveu revint à la cuisine, le café et le lait étaient sur la table, ainsi que du pain blanc, en tranches déjà coupées.

— Sers-toi, lui dit Elisa.

— Non; verse toi-même.

Paul agissait presque comme s'il eût été chez lui.

— Tu n'as pas de beurre? demanda-t-il.

— Non; mais j'ai du fromage.

— Eh bien, donne-s-en *voir* un morceau. J'ai mangé peu de chose depuis ce matin.

Elisa mit le fromage sur la table, une assiette et un second couteau.

— J'ai peine à comprendre, dit-elle pendant que Paul mangeait, que tu puisses passer une grande partie de la journée à la chasse, loin de chez vous, lorsque ta mère reste seule à la maison. Qui fait ton ouvrage et soigne ton bétail quand tu es absent?

— Mon bétail est facile à soigner. Je n'ai qu'une vache et un mouton. Ma mère leur donne du foin, en attendant que j'arrive. Si je ne suis pas là, elle demande à un voisin de traire la vache.

— Mais qui cultive ton terrain?

— Je te trouve bien curieuse, sais-tu?

— Dans ce cas, je ne t'adresserai plus de questions.

— Oh! questionne seulement. Mon oncle t'aura déjà dit, sans doute, que je perds mon temps à la pêche et à la chasse; il ne se gêne pas à cet égard. Je ne gagne pas de l'argent aussi facilement que lui : pour avoir quelques sous, je dois me donner de la peine.

— M. Argozat ne m'a point parlé de toi ; il ignore même que nous avons été à l'école ensemble et que nous nous tutoyons.

— Puisque tu es ici en service, je viendrai te voir quelquefois. Je t'ai toujours trouvée gentille, et j'ai du plaisir à causer avec toi. Et puis, il faut que je te le dise : mais réellement tu es encore plus jolie que lorsque je te rencontrai à la montagne en été, tu te souviens ?

— Je ne tiens pas à entendre tes flatteries, Paul. Si tu viens chez ton oncle, c'est pour lui, mais non pour moi, absolument pas. Je n'ai à recevoir de visite d'aucun garçon.

— Diantre ! tu es devenue bien fière ?

— Pas fière du tout, Paul ; mais très décidée dans ce que je viens de te dire.

— Tu as donc mauvaise opinion de moi, comme aussi mon oncle ?

— Je n'ai aucune opinion. As-tu l'intention d'attendre le retour de M. Argozat ?

— Non, ma foi pas. Je vais partir dans un instant. Tu diras à mon oncle que j'ai passé pour le voir et que je reviendrai un autre jour.

— Me permets-tu de te donner un conseil à titre d'ancienne camarade d'école ?

— Certainement.

— Eh bien, quand tu reviendras, ne prends avec toi ni fusil ni chien. Je crois que ton oncle ne verrait pas avec plaisir que tu emploies une partie du temps à la chasse.

— Peut-être bien que tu as raison. Mais, dis-moi donc : n'as-tu pas par là un verre de vin ? Sur le café, j'en prendrais bien une *goutte*. J'ai encore une bonne heure et demie de chemin, avant d'arriver chez nous.

— Je t'ai dit que je n'en ai pas.

Paul ayant fini de manger, Elisa ôta ce qui était sur la table, lava la tasse et l'assiette, puis remit le tout à sa place. Paul s'était levé ; il prit un bout de cigare dans une poche de son gilet, frotta une allumette contre son pantalon, et remplit la cuisine de la forte odeur d'un tabac médiocre.

— Un autre avis que je te donnerai encore, dit Elisa, c'est de ne pas fumer ici. Ton oncle ne le permet à personne dans la maison.

— Oui, je le sais ; aussi ne fumerais-je pas, s'il était ici.

— Tu pourrais aussi ne pas fumer pour moi ; ton cigare est fort ; il m'incommoderait très vite.

— Allons ; je vois que je n'ai pas le don de t'être agréable aujourd'hui. Adieu, Elisa. Mes amitiés à mon oncle.

— Adieu. Salue ta mère de ma part. — Ton pantalon est crotté ; veux-tu une brosse ?

— Non ; à la chasse on ne s'inquiète pas de ces minuties. Un peu de terre et de boue au bas du pantalon, qu'est-ce que c'est que ça !

Elisa ne refusa pas une poignée de main au neveu de son maître, bien que la conversation de Paul, son genre débraillé, volontaire, et ses compliments ne lui plussent guère. Elle savait du reste, et voyait trop bien que le jeune homme aurait dû suivre un meilleur chemin. L'oncle eût certainement fait une scène, s'il l'avait trouvé chez lui en tête à tête avec sa domestique, et se faisant servir par elle sans la moindre hésitation. Paul était un joli garçon, point mal doué, mais qui, gâté par une mère faible, n'avait jamais voulu se mettre sérieusement au travail, et perdait le temps comme nous savons, quand il n'en passait pas une bonne partie au cabaret. Ses affaires étaient en mauvais état. Sur un petit bien de terre qui pouvait valoir, maison comprise, une quinzaine de mille francs, il en devait sept mille ; et l'on se souvient que le docteur avait payé un intérêt pour lequel son neveu était menacé de poursuites juridiques. Si Paul Hermey continuait à flâner, à dépenser son argent comme il le faisait, la situation ne pouvait manquer de s'aggraver d'année en année. Et cela finirait comme cela finit toujours dans un cas pareil, par une vente forcée ou l'expropriation de tout ce qu'il possédait.

Pendant que Paul buvait le café d'Elisa, qui devrait s'en passer pour le soir, l'oncle docteur causait avec sa sœur, ne se doutant guère de ce qui se passait chez lui.

— Tu sais peut-être, disait-il, qu'Elisa Morins est domestique chez moi depuis huit jours ?

— Eh non, je n'en savais rien. Je suis contente que tu aies enfin quelqu'un ; mais Elisa est bien jeune. Ça m'étonne que tu te sois décidé pour une fille de vingt-quatre ans, qu'on dit jolie et qui sera vite courtisée.

— Je ne l'ai pas prise à mon service sans lui avoir fait mes conditions. A cet égard elle est bien avertie.

— Paul dit qu'elle est si jolie : c'est bien dangereux, d'autant plus qu'elle reste seule quand tu es absent.

— Il y a du danger partout. Mais celle qui veut se bien conduire, le peut toujours. Elisa a du caractère.

— Enfin, voilà : je pense que tu as pris tes précautions.

— Où est Paul aujourd'hui ?

— Où serait-il qu'à la chasse ? Il est allé, avec deux autres, dans les bois du Jura, à plus d'une lieue de chez nous. Cette chasse me désole encore plus que la pêche. Quand il revient, naturellement il est affamé ; puis il a soif et va boire au cabaret.

— Il faut le faire interdire, si cela continue. Ce sera peut-être le seul moyen d'empêcher ses dettes d'augmenter. Voilà un garçon en âge de se marier ; s'il se conduisait bien, il trouverait certainement une femme dont la dot amortirait vos dettes ; tandis qu'aucune fille ne voudra de lui, et que vous serez ruinés dans peu d'années. Mais c'est aussi ta faute : tu l'as *pourri* au lieu de l'élever convenablement. Au lieu de lui faire sentir la verge, tu lui as tout permis quand il était enfant.

— Je t'assure que je fais, au contraire, ce que je peux pour le ramener, pour l'encourager à travailler. Oh ! si le bon Dieu voulait me prendre, je verrais venir la mort avec contentement.

— Il ne s'agit pas de ça, ma pauvre sœur. Il faut forcer ton fils à t'écouter, au lieu de te lamenter en pure perte. Finalement, tu es jouissante de votre bien, maîtresse dans la maison par conséquent.

— Oui ; c'est facile à dire. Quand tu verras Paul, essaye de lui parler, de lui faire entendre raison, toutefois sans le gronder trop fortement. J'ai toujours la crainte que, dans un moment de colère ou de violent chagrin, il ne se fasse un mauvais coup. — C'est lui qui sera étonné, quand il saura qu'Elisa Morins est domestique chez toi ! Il y a deux ou trois mois, comme il revenait un jour de la montagne, il me dit qu'il avait vu Elisa, assise sur un tronc de sapin, et qu'il la trouvait tellement de son goût que, si elle avait un peu d'argent, il la demanderait en mariage.

— Oui ; c'est bien encore là une de ses folles idées. Elisa n'a rien, moins que rien, et ce n'est pas avant dix ans qu'elle aura gagné de quoi se faire un trousseau modeste. Elle a d'ailleurs sa mère infirme à entretenir. Paul doit commencer par se réformer, s'il veut songer à se marier. Dans tous les cas, Elisa n'est pas la femme qui vous convient ; et je pense qu'il n'a aucune visée sérieuse de son côté. C'est une forte fille, habituée aux travaux de la campagne, qu'il vous faut.

— Je veux aller voir la mère Morins et repartir. As-tu besoin de quelques sous pour ton sucre et ton café ? tiens, voilà deux écus. Mais c'est pour toi, et non pour Paul, puisqu'il ne travaille pas. Dis-lui seulement de ne pas compter sur mon héritage. Je ne suis pas mort encore, bien que je ne sois plus fort comme autrefois.

Si je tombais malade, atteint de quelque grave infirmité, je devrais dépenser pour me soigner le peu que je possède.

— Enfin, que le bon Dieu te conserve encore longtemps, mon cher frère, en bonne santé. Pour moi, plus vite je serai au cimetière, mieux cela vaudra.

Peu après avoir quitté Elisa et la maison de son oncle, Paul fit pourtant quelques bonnes réflexions. « C'est vrai que j'emploie mal mon temps, se disait-il. Voilà une journée passée à courir les bois pour rien. Si au moins je rapportais un lièvre, je le vendrais cinq ou six francs. Je ferais mieux de travailler, comme dit Elisa. Il faut que je tâche de m'y mettre dès demain. Cette Elisa me plaît, et je ne vois pas qui pourrait m'empêcher de l'épouser. Je reviendrai pour sonder le terrain, quand je pourrai dire que je travaille. »

Armé de cette pensée, il arriva dans un village qu'il devait traverser. Il y rencontra un garçon de son âge, chasseur aussi, qui lui proposa de prendre un verre au cabaret. Paul accepta. Il avait soif et ne savait pas refuser. Là, il fit de si *bonnes* réflexions à la suite des précédentes, qu'il sortit de ce lieu de perdition ivre à moitié, comme un pauvre malheureux sans énergie morale, incapable de résister à la moindre tentation.

CHAPITRE XII

Oncle et neveu.

Depuis si peu de temps qu'Elisa était installée chez M. Argozal, l'appartement du docteur et jusqu'aux abords de l'habitation, tout avait pris un air d'ordre, de propreté, qui n'existait point avant son entrée dans la maison. L'ancienne femme de ménage était peu soigneuse; elle faisait les choses à la hâte, étant pressée de retourner chez elle. Elisa profita du temps que lui laissait son service ordinaire, pour écurer le carrelage de la cuisine et du corridor, laver les armoires, décrasser maint ustensile dont on ne servait pas, enlever les toiles d'araignées, les nids de poussière, etc. Dans la cour, elle fit disparaître les touffes d'herbe qui croissaient entre les pierres du pavé; elle plaça d'une meilleure manière le banc sur lequel les clients attendaient le docteur quand il n'était pas chez lui. On reconnaissait, dans ces divers petits détails, la main laborieuse, attentive, d'une personne accoutumée à ce que les choses aient bonne façon et soient en ordre. Sans être minutieuse à l'excès, comme certaines domestiques qui ne peuvent souffrir le moindre dérangement dans leur domaine, Elisa n'était pas non plus de celles qui ne voient pas la poussière et la laissent tranquillement reposer sur les meubles. Il n'eût pas été possible, jamais, d'écrire avec le doigt sur la tablette d'une cheminée, ou contre une vitre de fenêtre. Un homme seul n'attache le plus souvent aucune importance au bon entretien des choses dans sa maison ; il lui arrivera même de trouver fort ennuyeux qu'on remue les meubles, qu'on secoue les tapis, qu'on brosse et qu'on écure. M. Argozat partageait cette manière de voir. De tout temps il n'avait pu souffrir qu'on changeât quoi que ce soit sur sa table de travail, bien qu'elle fût à l'ordinaire en désordre. Il préférait qu'elle demeurât en cet état, plutôt que de ne pas retrouver à la même place ses livres et ses papiers. Elisa s'aperçut bientôt de cette petite manie ; aussi attendait-elle que son maître fût sorti, pour se livrer à des nettoyages, à des arrangements qu'il n'eût pas tolérés en sa présence sans crier et se fâcher.

— C'est curieux, dit-il un jour en rentrant chez lui après une revue à fond exécutée dans la cuisine, on dirait qu'on voit plus clair ici qu'autrefois.

Certainement on y voyait plus clair, grâce à l'eau de savon et aux poignets actifs de la nouvelle servante. Mais ce qu'il y avait de plus curieux encore, c'était lorsqu'il s'appropriait le mérite de ces améliorations.

— Ah! c'est que j'entends que tout soit tenu en ordre, comme un papier de musique, disait-il à quelque femme du village venant le consulter et s'extasiant sur le bon état de l'appartement. Je ne me suis pas décidé à prendre une domestique pour que ma maison ait l'air d'un chenil; je veux qu'on puisse, au besoin, manger sur les *carrons* de ma cuisine ou sur le plancher de ma chambre.

Puis, si, rentrant chez lui à l'improviste et trouvant Elisa un torchon à la main, grimpée sur un haut tabouret d'où elle lavait la moulure d'une armoire :

— Que diantre faites-vous là? lui aurait-il dit. Voulez-vous bien descendre et ne pas mouiller inutilement ce bois verni. Si vous tombez et vous cassez une jambe, il faudra vous soigner pendant deux mois et que je prenne une seconde servante. Vous rendez la maison humide avec vos continuels lavages. Laissez-moi tout cela. D'ailleurs, ça ne vous vaut rien de travailler ainsi les bras en l'air. Otez-vous de là! Ces filles ont le diantre pour vouloir toujours laver et écurer. Je n'entends pas, Elisa, que vous négligiez un ouvrage nécessaire, pour un autre qui ne l'est pas du tout.

— Mais, monsieur, je vous assure qu'il faut laver cette armoire vitrée : voyez comme les mouches l'ont abîmée.

— Non, vous dis-je : laissez cela.

Il fallait bien obéir, mais pour reprendre le savon et la brosse, dans un moment plus opportun.

Le soir où il revint de sa visite à sa sœur et à la mère d'Elisa, ce même jour où Paul s'était arrêté chez lui, il dit tout de suite en traversant la cuisine :

— On a fumé ici, Elisa. Pourquoi l'avez-vous permis ? Vous savez bien que je ne puis souffrir qu'on fume dans la maison. Si les gens veulent fumer, qu'ils restent à la rue.

Elisa lui raconta aussitôt ce qui avait eu lieu et la visite de Paul Hermey.

— Fort bien, vous êtes une brave fille et vous avez fait votre devoir. Mais si monsieur mon neveu revient un autre jour étant à la chasse, vous lui direz que vous n'avez pas le temps de le recevoir, et qu'il peut continuer son chemin sans s'arrêter à m'attendre ou à causer avec vous. Que vous a-t-il chanté de bon ?

— Il n'a pas chanté du tout. Je lui ai offert une tasse de café au lait, après quoi il est parti. C'est alors qu'il a allumé un cigare, dont il a tiré deux ou trois bouffées seulement.

— Je suppose que ce beau monsieur vous a demandé du vin ?

— Je lui ai dit que je n'en avais pas.

— A la bonne heure. Ecoutez, Elisa : si mon dit neveu avait l'air de tourner autour de vous, — les garçons de son âge ont parfois des idées si absurdes, — vous me promettez de ne pas l'écouter. Ma sœur m'a dit que vous avez été ensemble à l'école, et même que vous vous tutoyez : ça ne me regarde pas. Ce qui m'importe, c'est que ma domestique n'ait d'inclination avec personne. Mme Russel vous l'a dit de ma part, comme une condition absolue.

— Monsieur peut être parfaitement tranquille à cet égard.

— Votre mère ne va pas trop mal. Elle vous remercie des 10 francs que je lui ai remis de votre part et vous fait ses amitiés. Je lui ai promis que vous iriez la voir un de ces prochains dimanches. Est-on venu me demander ?

— Oui, monsieur : Jean-Louis Crosse, pour sa femme.
— A-t-il dit ce qu'elle a ?
— L'estomac embarrassé, la bile *remuée*.
— C'est ça : une indigestion. C'est jour du four ; elle n'aura pas mangé assez de pain frais au beurre. *Six le soir et six le matin*. Il n'est pas venu de lettres.
— Non, monsieur.
— Tant mieux.

Le docteur prit une petite boîte de carton, dans laquelle il mit douze pillules grises, qu'il saupoudra de racine d'iris, puis il se rendit chez Jean-Louis Crosse. La nuit arrivait. A l'occident, le ciel était rouge, avec des nuances pourpres et vertes dans les nuages supérieurs. C'était un de ces couchants magnifiques, qui promettent un beau lendemain. Vénus brillante s'approchait de l'horizon ; bientôt elle y disparaîtrait derrière le Jura, dont la silhouette était presque noire, sous les reflets ardents du ciel embrasé au-dessus.

A ce moment, Paul Hermey rentrait chez lui, remis à peu près de son intempérance. Plusieurs fois en chemin, à mesure que la raison lui revenait, il s'était fait de vifs reproches. Dans ces moments-là, sa vie lui paraissait inutile et lâche, surtout s'il rencontrait des hommes de son âge, revenant des champs après avoir bien travaillé. A la vue d'un vieillard courbé sous le poids des ans et par une fatigue au-dessus de ses forces, Paul sentait le rouge lui monter au visage et sa conscience se réveiller. Mais qu'il est difficile de revenir à la bonne voie, quand on suit la mauvaise depuis longtemps! Et combien peu de jeunes hommes ont la ferme volonté de rebrousser chemin vers *les témoignages de l'Eternel*, comme dit la Bible. Combien, au contraire, ont descendu toujours plus bas la pente fatale qui les entraîne!

Paul Hermey posa son fusil, donna de la soupe à son chien et se hâta d'aller traire l'unique vache. Sa mère l'avait nourrie et conduite à la fontaine, pendant que lui Paul dépensait de l'argent au cabaret, avec le compagnon qui lui avait offert un verre en passant, verre suivi d'un grand nombre d'autres.

Quand il revint de la laiterie, où il avait porté les trois ou quatre litres de lait tirés à une bête mal soignée, il mangea sa terrine de soupe en silence, accoudé sur la table de sapin noirci.

— Comment, lui dit sa mère, as-tu pu rester ainsi tout le jour à la chasse sans rien manger? C'est bon pour te rendre malade.

— J'ai mangé chez l'oncle, répondit-il.

— Tu as été chez lui?

— Oui; j'étais bien aise de lui faire une visite, puisque la chasse m'avait amené à demi-lieue de Civeret.

— Sais-tu qu'il est venu ici dans l'après-midi?

— Oui, et aussi qu'Elisa Morins est sa domestique. J'ai été bien surpris de la voir installée chez mon oncle, à peu près comme une maîtresse de maison.

— Eh oui, n'est-ce pas ? Ça m'a bien étonnée aussi. Mais il faut dire que mon frère avait grand besoin de quelqu'un pour tenir son ménage en ordre. Comment t'a-t-elle reçu ?

— Pas mal du tout, quoiqu'elle n'eût pas un verre de vin à m'offrir. J'avais terriblement soif, après avoir été la moitié du jour sur mes jambes dans la montagne. Elle m'a fait du café.

— Cela valait mieux, pour te désaltérer, que de boire du vin ; car je suis sûre que tu étais échauffé, après une si longue course inutile.

— Inutile ou non, ce n'est pas de cela qu'il s'agit. Je suis las de la vie de rôdeur que je mène ; je veux me mettre à travailler, me ranger, comme dit notre voisin mômier, et ensuite épouser Elisa. Elle me plaît. Je l'ai trouvée aujourd'hui plus jolie que jamais.

— Mais, mon cher enfant, Elisa est pauvre plus que pas une fille de notre village. Elle a moins que rien ; il faut qu'elle entretienne sa mère. En l'épousant, nous serions toujours plus dans la gêne ; la misère nous talonnerait chaque matin. C'est une idée absurde que tu as là, mon pauvre Paul. D'ailleurs, ton oncle n'entend pas que sa domestique ait une inclination avec n'importe qui, pendant qu'elle est à son service. Il me l'a dit aujourd'hui.

— Sais-tu pourquoi ?

— Non.

— C'est peut-être pour l'épouser lui-même. Il ne lui a pas serré la main pour rien à Montaubois, en lui donnant une bouteille de vin, quand elle était malade. Je l'ai vu de mes propres yeux. Et s'il l'épouse, nous voilà par derrière, pour toujours.

— Une pareille idée ne me serait jamais venue à l'esprit, dit la mère.

— Oh bien, elle m'est venue, il y a quelque temps, et aussi à une autre personne qui l'a exprimée en ma présence. Nous verrons lequel des deux Elisa préférera. Finalement, je ne suis pas avec rien ; si nous avons des dettes, nous possédons de quoi les payer deux ou trois fois. D'ailleurs, je veux me mettre à travailler sérieusement.

— Dieu veuille t'en donner le courage et la volonté ! J'en serai bien heureuse.

— Je n'ai pas besoin d'aide ; je me tirerai assez d'affaire par moi-même. — Il n'est pas venu de lettre pour moi ?

— Si fait : en voilà une vers les assiettes.

Paul la prit, déchira l'enveloppe et lut ce qui suit :

« Monsieur Paul Hermey.

» L'obligation hypothécaire de 2000 francs que vous me devez, étant échue depuis quelque temps, et l'intérêt au 5 % non payé, je viens par la présente vous aviser que j'exige le remboursement du titre pour le 25 octobre prochain. Veuillez m'accuser réception de cette lettre et agréer mes salutations.

» Nicolas Olmédan. »

— Voilà encore un brave avec les autres, dit Paul en jetant la lettre sur la table.

— Qu'est-ce qu'on te demande ?

— Rien que le remboursement, pour le 25 octobre prochain, des 2000 francs que nous devons à M. Olmédan.

— Ah ! quel malheur ! N'as-tu pas payé l'intérêt ?

— Non. Pour payer, il faut avoir l'argent. M. Olmédan ne peut-il pas attendre que j'aie vendu notre vin ? Ce n'est pas avant la vendange qu'on peut faire de l'argent.

— Que vas-tu répondre ?

— J'irai dire que je me mettrai en mesure, s'il veut absolument être remboursé. — Et si l'oncle refuse de me prêter ces 2000 francs, j'emprunterai une somme unique à la Caisse hypothécaire, et je rembourserai aussi les 5000 francs dus à M. Justin Clair en premier rang.

— Ça nous ferait bien des frais de notaire. Il faut tâcher que mon frère t'avance les 2000 francs pour M. Olmédan.

— J'irai dimanche les lui demander. Je veux aussi revoir Elisa et lui parler en particulier.

— Que le bon Dieu t'accompagne.

— Oui ; je t'ai déjà dit que je me tirerai assez d'affaire par moi-même.

Dans la soirée, Paul se rendit chez un homme du village qui lui faisait ses labours, et lui demanda s'il pouvait venir, le lendemain, avec son attelage, transporter du fumier sur un champ qu'il voulait semer. Le charretier répondit que les deux derniers jours de la semaine étaient déjà promis à un autre propriétaire ; mais qu'il viendrait le lundi suivant. On était au jeudi.

— J'irai à la vigne demain, dit Paul à sa mère. Elle doit avoir besoin d'un râtissage en quelques endroits, et peut-être aussi d'être rattachée, par-ci par-là.

— Tu feras bien, mon cher enfant ; mais va dormir. Tu dois en avoir grand besoin après la fatigue de tes longues courses.

Si Paul avait eu du vin à sa portée, il en aurait bien bu un verre ou deux avant d'aller dans son lit. Mais on se souvient que, depuis longtemps déjà, il n'y en avait plus dans la maison. Et c'était pourtant trop tard pour en aller chercher au cabaret.

Le lendemain, dès qu'il eut soigné sa vache et déjeuné, il prit un râtissoir, une liasse de paille et se rendit à sa vigne, dans la ferme intention d'y travailler. Il prit aussi son fusil et le chien, pour le cas où ce dernier ferait partir un lièvre, que lui Paul pourrait peut-être tirer, sans s'éloigner de sa place.

La vigne où Paul se rendait, — environ un demi arpent, — était dans un triste état. Ce n'était guère le moment de la nettoyer, puisque le raisin était presque mûr ; il aurait fallu y venir au commencement de septembre, au lieu d'employer le temps à la chasse. Le père de Paul l'avait plantée, à la sueur de son front, dans un terrain en pente où elle se trouvait seule et avait bien réussi. Le sol en était sain, profond, une terre forte, convenant bien au raisin blanc du canton de Vaud. Mais Paul la négligeait depuis plusieurs années, et elle rendait peu. Sa position isolée, voisine de champs en culture, favorisait les semis de graines ailées, que le vent y apportait. Le jour en question, de hauts laiterons et des chardons gigantesques montraient leurs tiges au-dessus des échalas. Puis, à ras le sol, des seneçons jaunes se touchaient presque tous en quelques endroits. Çà et là, des liserons tardifs entortillaient un cep et étalaient au soleil du matin leurs corolles d'un blanc de neige. Dans cette vigne, il y avait de l'ouvrage pour huit jours, tandis qu'il eût suffi, un mois plus tôt, de deux ou trois matinées à un homme actif, pour empêcher un tel désordre de se produire. La récolte, naturellement, en avait souffert.

Pour commencer, Paul se mit à arracher les plus grandes herbes. Par malheur, en prenant avec la main un grand laiteron branchu, il fit lever un levraut gîté au pied de la plante, et aussitôt de courir à son fusil, puis de mettre le chien sur la piste. Le petit lièvre se fit chasser pendant plusieurs heures, sans aller bien loin, mais déroutant vingt fois le chien par ses ruses. A la fin, il se laissa voir à portée de Paul, qui lui tira ses deux coups de fusil et le tua..Le chien faillit le prendre et l'emporter. Paul ne lui en donna pas le temps. Il releva la pauvre bête et donna un coup de pied au chien, qui faisait mine de la lui arracher à belles dents.

Au lieu d'avancer un peu à son travail de vigneron, Paul employa donc les trois quarts de la matinée à chasser ce petit lièvre, et revint dîner à la maison, sans avoir fait pour cinquante centimes d'ouvrage.

CHAPITRE XIII

Mesdames Ouébe et Ricolin.

Lorsque les deux pensionnaires de Mme Russel apprirent qu'Elisa entrait au service du docteur, au lieu d'accepter la place offerte chez Mme Jusquiâme, elles en furent bien étonnées. Cette détermination absolument inattendue leur parut, surtout à Mme Ricolin, peu judicieuse, imprudente même à bien des égards. Elisa était faite, pensaient-elles, pour un genre de vie bien différent de celui qu'elle aurait chez un médecin de village, d'un caractère honorable sans doute, de mœurs pures, mais bizarre dans ses habitudes, emporté souvent dans son langage et se permettant même de temps à autre un gros juron populacier. Elles en firent l'observation à Mme Russel, quand la maîtresse de pension essaya de leur montrer les bons côtés de la position dans laquelle sa protégée allait se trouver.

— Oui, madame Russel, répondit Mme Ricolin, je

conviens avec vous qu'une domestique honnête, brave et fidèle comme l'est sans doute Elisa, pourra se trouver heureuse chez un vieux médecin, veuf sans enfants. Mais que de tentations vont l'entourer, l'assaillir peut-être ! J'en frémis d'avance pour elle. D'abord, dans une maison où il n'y a pas de maîtresse, c'est ordinairement la servante qui dirige et fait ce qu'elle veut. Un homme n'entend rien aux affaires du ménage ; il laisse faire et, peu à peu, la domestique prend une autorité déplorable, là où elle devrait exécuter des ordres, si son maître était marié. C'est une très fâcheuse situation pour une fille de vingt-quatre ans, qui sera seule la moitié de la journée, et peut-être courtisée par quelque jeune voisin, sans que son maître en soit instruit. Et puis, cette même jeune domestique peut devenir, suivant le cas, tellement nécessaire à ce dernier, qu'il fasse la folie de l'épouser. Cela s'est vu plus d'une fois, lorsqu'un veuf âgé s'est mis sous la dépendance absolue d'une domestique astucieuse et intrigante. Nous avons dans l'Ecriture sainte des exemples frappants de la faiblesse humaine, à ce point de vue-là. Voyez les patriarches de l'ancienne Alliance : un Abraham qui, après avoir pleuré Sarah, épouse Kettura dans son extrême vieillesse et en a des enfants. Qu'était cette Kettura ? On n'en sait absolument rien. Voyez le petit-fils d'Abraham, ce Jacob, dont le caractère est parfois inexplicable, et bien d'autres. Non, ma chère madame Russel, vous auriez dû conseiller à Elisa de se décider pour les dames Jusquiâme, au lieu d'aller s'enterrer chez votre vieux docteur.

— Je lui ai dit ce que je pense, et je l'ai laissée libre. Au reste, elle n'est engagée qu'au mois, et il lui sera toujours facile de quitter la place, si elle ne lui convient pas. Mais je crois qu'Elisa s'y trouvera bien.

— Puisse-t-il en être ainsi, dit à son tour Mme Ouébe. Comme Elisa ne nous a pas consultées, nous ne lui parlerons pas de sa décision. Ce serait d'ailleurs inutile, et nous pourrions lui donner du regret.

— Je crois, en effet, que cela vaut mieux, dit Mme Russel.

Mme Ricolin et Mme Ouébe virent donc partir Elisa pour sa nouvelle destination, sans lui faire part de leur opinion intime. Elles lui donnèrent chacune 5 francs en récompense des services qu'elle leur avait rendus pendant que Mme Russel était impotente, à quoi les deux bonnes veuves ajoutèrent de la laine à tricoter, pour deux paires de bas. C'était bien joli de leur part. Les 10 francs furent portés à la mère d'Elisa par M. Argozat, dans la visite qu'il venait de lui faire, le jour où nous sommes arrivés dans le récit actuel.

Le lendemain, un vendredi, M. Russel amena les deux dames chez le docteur, à deux heures de l'après-midi. Elles rentraient dans leurs domiciles d'hiver, ayant combiné de passer par Civeret, Mme Ouébe pour payer sa note au docteur et le consulter encore une fois, et Mme Ricolin, toujours sceptique à l'endroit d'Elisa, pour la voir de près dans sa position nouvelle. Les malles des pensionnaires étaient derrière le banc du char et, suspendus au dossier rembourré du dit banc, les parapluies et les pliants. L'été finissait à la montagne, les pluies froides d'automne allaient venir ; il fallait rentrer chez soi sans retard. Mme Ouébe trouverait la Pirrochon dans son petit appartement, et Mme Ricolin reprenait sa chambre dans la pension Talmat-Olive, comme elle le faisait chaque année.

M. Russel arrêta le char dans la cour, descendit de la planche sur laquelle il était assis et vint sonner à la porte du docteur. Elisa ouvrit aussitôt, puis, comme elle aperçut les dames sur le char, elle courut à elles, après avoir salué M. Russel.

— Bonjour, mesdames.

— Bonjour, Elisa. Le docteur est-il chez lui ?

— Non, madame, il est au village ; mais il va rentrer. Veuillez descendre : je cours chercher une chaise.

La chaise n'était pas de trop pour Mme Ouébe, dont la jambe empaquetée exigeait des précautions, des ménagements dans le voisinage des roues.

Les dames entrèrent, M. Russel restant à la rue vers son cheval. C'était la première fois que les deux étrangères venaient chez le docteur. Elisa les conduisit à la chambre principale du rez-de-chaussée, où M. Argozat recevait ses clients.

— Nous n'avons qu'un moment, dit Mme Ricolin, car nous devons prendre le train à quatre heures.

— Monsieur va certainement rentrer, dit Elisa.

— Et comment vous trouvez-vous ici, ma chère ? continua Mme Ricolin.

— Très bien, madame, je vous remercie.

— Vous n'êtes pas trop fatiguée ?

— Oh ! pas du tout. J'ai peu à faire. Monsieur est

très simple, peu exigeant pour la cuisine, et la maison est facile à entretenir.

— En effet, je vois que c'est propre, quoique déjà un peu ancien. Où est votre chambre ?

— A l'étage, au levant. Celle de monsieur est au rez-de-chaussée, à côté de la pharmacie. Je n'ai que deux chambres à faire chaque matin, et celle-ci à épousseter. Au printemps et en été, je m'occuperai du jardin; je m'en réjouis, car j'aime la culture des légumes et des fleurs.

— Vous ne regrettez pas la place des dames Jusquiâme ?

— Non; si cela continue, je me trouverai très bien ici.

— Je désire, en effet, que cela continue, ma bonne Elisa; toutefois, il me semble que vous êtes bien seule, lorsque M. Argozat est absent. Avez-vous soin de tenir la porte fermée en dedans ?

— Toujours, madame, excepté lorsque je suis moi-même devant la maison.

— Vous n'avez pas peur la nuit ?

— Mais non, pourquoi aurais-je peur ?

— Moi, je ne voudrais pas être seule femme dans une maison, et moins encore dans un village, où tant de mendiants et de rôdeurs peuvent venir frapper à la porte.

— Je vous assure, madame, que je ne pense point à eux; et depuis que je suis ici, je n'en ai vu aucun. De temps en temps, mais rarement, un estropié, tournant la manivelle d'un orgue de barbarie, passe dans la rue. Je suis autorisée à lui donner 10 centimes, et il va jouer plus loin. Ou bien, ce sont de pauvres enfants qui demandent un morceau de pain. J'entends la voix de monsieur qui cause avec M. Russel.

En effet, le docteur était dans la cour. A la vue du char qui stationnait là, et des malles, M. Argozat eut un premier mouvement d'impatience.

— Qu'est-ce que c'est que ce bagage ? fit-il avant d'avoir reconnu le conducteur qui lui tournait le dos. Ah ! c'est vous, monsieur Russel. Votre serviteur !

— Bonjour, monsieur le docteur. Les dames Ouébe et Ricolin ont voulu passer chez vous en se rendant à la gare. Veuillez leur dire de se dépêcher. Nous avons peu de temps.

— Parfaitement. Ne voulez-vous pas entrer et prendre un verre de vin ?

— Merci, je reste vers mon cheval.

Elisa vint à la cuisine, où elle annonça au docteur les visites qui l'attendaient.

— Votre serviteur, mesdames. Restez assises, je vous prie. Comment allez-vous ?

— Pas trop mal, répondit Mme Ouébe. Nous avons passé chez vous, monsieur Argozat, moi, pour payer ma note, que voici avec l'argent ; et toutes deux pour dire aussi un petit bonjour à Elisa, avant de rentrer en ville.

M. Argozat mit la quittance au bas du compte, versa l'argent dans une poche de son gilet, sans le reconnaître, et remercia.

— Vous ne comptez pas les pièces ? dit Mme Ouébe avec étonnement. On voit bien que vous n'avez pas été dans le commerce.

— Effectivement, madame. Je me fie à vous : c'est plus simple et vite fait.

— Mais si je m'étais trompée à votre perte ?

— Il n'y a pas de risque. Mais je réfléchis que peut-être vous aviez mis plus qu'il ne faut, et alors je dois vous rendre : combien ?

— Non ; j'ai bien mis 24 francs 50 centimes.

— Etes-vous content d'Elisa ? demanda Mme Ricolin à voix basse, pour qu'on n'entendit pas de la cuisine.

— Oui, madame, répondit le docteur sans se gêner ; vous pouvez voir qu'elle tient ma maison en bon état, et qu'elle-même n'a pas mauvaise mine.

— Elle est fraîche comme une rose de mai, dit madame Ouébe, qui avait ouvert le gros volume d'Ambroise Paré. Quel épouvantable livre avez-vous là, je vous prie? C'est de la sorcellerie. On y trouve des figures de dragons ailés et d'affreux monstres de l'espèce humaine.

— En effet, ce n'est pas un ouvrage à parcourir sans discernement, surtout par une dame. Quoique fort ancien, puisqu'il a été publié sous Henri III, roi de France et de Pologne, ce vieux livre contient encore de bonnes directions chirurgicales. C'est Ambroise Paré qui, le premier en France, sut appliquer les découvertes anatomiques d'André Vésale. Avant lui, on n'avait pas l'idée de lier les artères dans une amputation. On les brûlait. Paré était protestant[1], un vrai croyant à

[1] Nommé, en 1552, chirurgien de Henri II, il garda ce poste sous ses trois successeurs et mourut en 1590. Ambroise Paré fut sauvé à la Saint-Barthélemy par Charles IX lui-même, qui le cacha dans sa chambre. (Voir l'article de Bouillet sur Ambroise Paré.)

l'Evangile. Cette édition de ses œuvres est la neuvième; elle fut imprimée à Lyon, en 1633.

— Merci de l'explication. — Pendant que je dirai quelques mots au docteur, madame Ricolin, allez avec Elisa faire un tour dans le jardin; cela vous fera plaisir.

Mme Ricolin sortit aussitôt et rejoignit la domestique à la cuisine.

— Montrez-moi un peu la maison, lui dit-elle.

— Très volontiers. La chambre de monsieur est ici derrière, avec une fenêtre ouvrant sur la montagne. A gauche est la pharmacie. Voulez-vous voir ma chambre?

— Certainement.

— Il faut monter l'escalier.

Elisa ouvrit la porte. Une jolie chambre, très simple, où tout était en ordre.

— Vous êtes bien logée, ma chère, dit Mme Ricolin. A la ville, une chambre pareille, à un premier étage, se louerait 200 francs. La serrure est bonne, quoique ancienne, dit-elle en faisant tourner la clef. — Y a-t-il d'autres chambres?

— Oui, madame; deux encore, qui ne sont pas occupées. Celle-ci, dit-elle en y conduisant Mme Ricolin, était celle de Mme Argozat; la seconde, de l'autre côté, était destinée aux personnes venant en séjour.

— Elles sont bien situées, avec de bons jours sur la campagne. — Pensez-vous que M. Argozat recevrait quelqu'un en pension pendant la belle saison? Je serais presque tentée de venir passer l'été ici, l'année prochaine, plutôt que de retourner à la montagne. Mme Ouébe viendrait sans doute avec moi.

— J'ignore absolument ce que penserait monsieur de cette idée. Il faut lui en parler.

— Pourriez-vous faire le ménage pour deux personnes de plus?

— Oh oui, facilement.

— Redescendons. Vraiment ces chambres me plaisent. Je prendrais la première que vous m'avez montrée.

Mme Ricolin revint au rez-de-chaussée, où elle trouva sa compagne prête à partir.

— Vous avez une agréable habitation, dit Mme Ricolin. Sur ma demande, Elisa m'a montré les chambres de l'étage, et il m'est venu, en les trouvant si bien situées, la pensée de vous demander si vous consentiriez à recevoir deux dames en pension, l'année prochaine, pendant la belle saison. La montagne commence à me fatiguer, et je crois que Mme Ouébe se trouverait bien ici.

— Vous êtes bien aimable, madame Ricolin, répondit le docteur; mais, à moins d'être talonné par la misère, je ne veux pas des étrangers à demeure chez moi. J'ai déjà bien assez à faire avec ma clientèle à recevoir, mes malades à visiter dans la contrée, sans me charger encore de pensionnaires dont il faudrait m'occuper chaque jour. Elisa non plus n'est pas de force à expédier seule un ménage plus considérable que le mien; elle retomberait bientôt dans l'état où elle se trouvait lorsqu'elle arriva chez Mme Russel.

Elle se porte bien, sans doute ; mais, pour continuer à être en bonne santé, il lui faut une vie facile et beaucoup de tranquillité. Donc, si je puis faire autrement, je ne prendrai pas de pensionnaires.

— Allons, n'en parlons plus. Cette idée m'était venue en parcourant vos appartements. J'aurais été charmée aussi de retrouver cette brave Elisa près de moi.

— Oui, c'est une bonne domestique. Votre serviteur, mesdames. Au revoir, madame Ouébe. N'oubliez pas mes recommandations.

— Merci, monsieur ; je vous écrirai une fois, en tout cas.

Elisa salua les deux dames, après avoir aidé Mme Ouébe à remonter sur le char. Quand elle rentra, M. Argozat causait tout seul dans sa chambre, dont la porte était restée ouverte.

— Oui, disait-il, oui, je vais recevoir des dames en pension ! Mme Ricolin me la chantait belle. Ma maison n'est pas une hôtellerie. Ce seraient des allées et des venues à n'en plus finir, sans parler des *amies* qui viendraient s'établir chez moi pendant des journées entières. Si j'avais vingt ans de moins et une femme, on pourrait voir ; mais un vieillard de mon âge serait fou s'il se mettait un pareil embarras sur le dos. — Elisa !

— Monsieur.

— Mme Ricolin se mettait bien dans l'esprit de venir passer l'été prochain ici avec Mme Ouébe ! Vous en a-t-elle parlé ?

— Oui, monsieur.

— Que lui avez-vous répondu ?

— Qu'elle devait s'adresser à monsieur.

— Est-ce que vous auriez consenti à faire le ménage pour tout ce monde ?

— Oui, si monsieur avait consenti à recevoir ces dames.

— Eh bien, moi, je ne l'aurais pas permis. Il paraît que j'ai plus de souci de votre santé que vous-même.

— Je vous en suis reconnaissante, monsieur ; mais je n'ai jamais été si forte que maintenant.

— C'est pour cela qu'il faut continuer. Je retourne chez la Crosse, qui est assez malade. Demain, je prendrai le char de Jacquot pour faire ma tournée habituelle du samedi.

CHAPITRE XIV

Chez l'oncle.

Le dimanche matin, lorsque Paul Hermey eut soigné la vieille vache, donné un coup de balai devant sa maison, il vint déjeuner avec sa mère. Le jour précédent, il avait pourtant travaillé à sa vigne ; mais il n'avançait guère, tant il y avait d'ouvrage pour la nettoyer. Par moment, la pensée des 2000 francs qu'il fallait se procurer pour le 25 octobre le tourmentait. Outre le capital, il devait encore l'intérêt : 100 francs. Où trouver tout cela dans un espace de temps si court ? Comme c'était une obligation hypothécaire en second rang sur ses immeubles, un prêteur serait peu disposé à s'en charger. Paul irait donc chez son oncle, pour lui demander le grand service de lui fournir cet argent.

Ayant pris son café, Paul se fit la barbe, s'habilla proprement et se mit en route pour Civeret. Dans un panier dont l'anse était passée à son bras gauche, il portait le levraut tué deux jours auparavant. Il voulait l'offrir à son oncle, qui sans doute n'avait pas souvent du gibier sur sa table. Sa mère envoyait aussi quelques œufs frais, sachant que son frère les aimait.

C'était un de ces beaux dimanches d'automne, où le soleil est si agréable, dès que les vapeurs du matin se sont retirées et laissent la vue libre partout sous l'horizon. Il y a comme un doux repos dans la nature. Les travaux du cultivateur sont suspendus jusqu'au lendemain. Au lieu de conduire son attelage au champ, le laboureur pieux se rend au culte public avec sa famille. Femme et enfants endimanchés, tous ont l'air contents. Ils jouissent d'entendre sonner les cloches qui les appellent à la maison de Dieu, où ils entendent une prédication appropriée à leurs sentiments, à leur intelligence, à leur belle et saine profession. Peut-être le pasteur parlera-t-il du champ qui est le monde, et de la semence divine, dont un grain en rapporte trente, un autre soixante et un autre cent, lorsqu'elle est reçue dans le cœur du chrétien et y fructifie.

Paul Hermey, comme beaucoup d'autres jeunes hommes, ne fréquente guère le culte public. S'ils s'en abstiennent déjà maintenant, s'ils oublient leur Créateur à cette époque heureuse de la vie, qu'en sera-t-il lorsque les années seront venues avec les jours mauvais, avec le désenchantement de tout, avec les infirmités de la vieillesse, avec la mort prête à les saisir?

Le neveu du docteur ne se laisse pas aller à des réflexions de cette nature; il songe à l'argent qu'il lui faut emprunter et aux éventualités que la présence d'Elisa chez son oncle peut faire surgir. Paul voudrait bien donner à sa vie une direction meilleure; mais pour cela le courage manque, l'énergie morale fait défaut. Il faudrait que sa mère lui fût d'un secours plus efficace, et qu'une forte affection l'attachât à une femme dont il serait aimé. Au lieu d'être appuyé de cette manière, il est seul, faible et léger, orgueilleux, livré à ses fantaisies, point habitué à considérer le temps comme une chose précieuse, que tout homme sage doit employer avec bon sens et une droite raison.

A peu de distance du village où demeure son oncle, Paul est rejoint par un homme qui, sortant d'un pré voisin, se met à cheminer avec lui.

— N'êtes-vous pas le neveu du médecin? lui demande cet homme, après qu'ils se sont salués réciproquement.

— Oui.

— Me semblait bien; je vous ai vu passer l'autre jour, avec un chien et un fusil. Vous allez faire une visite à l'oncle?

— Oui.

— Vous faites bien. Il n'a que vous pour héritier; c'est un brave et digne homme, qui gagne de l'argent et en a déjà bien amassé. Connaissez-vous sa servante?

— Oui, elle est de notre village.

— C'est vous qui la lui avez procurée? Vous avez bien fait, car, à son âge, votre oncle ne pouvait plus rester seul. Je trouve qu'il a bien vieilli depuis la mort de sa femme votre tante. On dit cette domestique charmante pour le caractère, et elle a bonne façon. Il la fallait comme ça pour servir chez un médecin. On ne la voit jamais s'arrêter dans la rue à causer avec des garçons, ni même avec des filles. A la *fruitière*, elle prend son lait sans rien dire, paye et s'en va, au lieu de se tenir là plantée à babioler, comme d'autres le font. Elle restera sans doute longtemps chez l'oncle. C'est une jolie place pour une fille qui aime la tranquillité. Mais il s'agit de marcher droit et d'être fidèle. Il y a longtemps déjà, — c'était encore du temps de sa femme, — M. Argozat avait pour servante une gaillarde qui mangeait les figues dont il se servait pour des remèdes. Un jour qu'elle en avait pris deux en balayant la chambre où il tient ses drogues, elle eut tout à coup mal au cœur et des vomissements. C'est que le docteur, qui se méfiait de la péronnelle, avait mis un semblant d'émétique dans ces deux belles figues. Ma foi, la leçon fut bonne, et la servante ne retourna plus mettre la main dans la boîte en question. Celle qu'il a maintenant est incapable de le tromper. Au revoir!

— Bonjour, répondit Paul au loquace combourgeois de son oncle, dont les racontages lui étaient peu agréables.

Arrivant à la maison, Paul frotta la semelle de ses souliers contre la lame du raclepied en fer, scellée dans le mur, et ouvrit la porte, cette fois sans sonner. La porte grinça sur ses gonds.

— Est-ce vous, Elisa? cria le docteur du fond de la cuisine.

— Non, c'est moi, répondit Paul en faisant quelques pas dans le corridor.

Il était onze heures et demie.

— Ah ! c'est toi, mon neveu, dit l'oncle : votre serviteur. Où vas-tu avec ce panier ?

— Je viens vous faire une visite. Ma mère vous envoie ses amitiés et quelques œufs de ses poules.

— Tu la remercieras. Mais elle ne devrait pas s'en priver. J'en trouve ici, quand j'en ai besoin.

— Je vous apporte aussi un levraut que j'ai tiré avant-hier dans ma vigne où j'arrachais de l'herbe.

— Que diable veux-tu que je fasse d'un levraut ? Je n'ai pas l'habitude de manger du lièvre. Elisa ne saurait pas l'écorcher, et je n'ai pas le temps de m'en occuper. Tu n'aurais pas dû l'apporter ; je ne sais qu'en faire. Il faut le vendre. Tu donneras l'argent à ta mère.

Paul ne répondit pas à son oncle, et posa le panier sur la table.

— Prends une chaise, lui dit le docteur.

Paul s'assit, toujours silencieux.

— Elisa est allée à l'église, reprit l'oncle ; mais je pense qu'elle va revenir. En l'attendant, il faut que je surveille le dîner. C'est mal commode lorsque le sermon est *au tard ;* ça dérange les domestiques. Mais je tiens à ce que ma servante aille au culte public ; moi, je ne puis y aller. On sonne à la porte. Va voir qui est là.

Paul revint en disant :

— C'est un homme, un Français, je crois ; il a l'accent franc-comtois.

— Dis-lui de s'asseoir sur le banc. Il peut bien attendre un moment. Mais je réfléchis : non, dis-lui d'entrer ; je l'expédierai avant dîner. Il n'y a pas moyen d'avoir un peu de tranquillité, même le dimanche.

L'étranger fut introduit.

— Bien le bonjour à monsieur le docteur, dit-il en ôtant son chapeau. Vêtu d'une blouse autrefois bleue, mais dont la couleur primitive avait passé au gris terne, l'habitant de Praz-Fanon apportait cette odeur de renfermé qu'on respire habituellement dans les demeures des natifs de la vallée des Dappes. Je viens pour la femme, reprit-il.

— Entrez ici, dit le docteur, ouvrant la porte de sa chambre de consultation.

Paul resta seul à la cuisine, où son oncle vint encore lui dire :

— Si la marmite cuit trop fort, soulève le couvercle. Je pense qu'Elisa sera bientôt là.

Ayant retiré la porte, le docteur écouta ce que le Bourguignon lui racontait de l'état de sa femme, après quoi il prépara une potion et écrivit la manière de l'employer.

Pendant qu'il faisait cela, le Franc-comtois était retourné dehors, sur le banc. Elisa revint du culte, l'air gracieux, dans une mise qui lui allait fort bien et faisait ressortir encore davantage la grâce de toute sa personne. Paul lui saisit une main et lui dit comme ils étaient encore seuls :

— Que je suis content de te revoir, Elisa ! Et comme tu es vraiment belle aujourd'hui ! Ecoute, fit-il à voix basse, j'ai apporté un levraut à mon oncle ; il ne s'en soucie pas : tâche qu'il ne me le fasse pas remporter.

Le docteur, sa bouteille à la main, revint à la cuisine et rappela le Franc-comtois.

— On vous a gardés longtemps à l'église, dit-il à Elisa. J'ai fait la soupe, voyez si elle va bien.

— Oui, monsieur, très bien.

— Voici votre affaire, Pierre-Séraphin, reprit le docteur en s'adressant au Français. Tout ira bien pour votre femme. La bouteille durera quinze jours. Quand elle sera finie, si votre femme n'est pas entièrement guérie, vous reviendrez. Ne vous pressez pas, allez doucement.

— Eh bien oui ; ça fait, monsieur le docteur, que je reviendrai si la femme a encore besoin de quelque chose ?

— Oui, vous allez manger un morceau à l'auberge, avant de remonter ?

— Naturellement. Bien le bonjour à monsieur le docteur.

L'homme parti, M. Argozat dit que ce Rebaloup était un brave homme, fabricant de tonneaux à fromages et de divers articles de boissellerie, puis aussi un peu voleur de bois dans les forêts. Mais Pierre-Séraphin paye toujours comptant la consultation et les remèdes.

— Combien lui demandez-vous ? hasarda Paul.

— Quatre francs pour le tout. Vous allez mettre la table, Elisa, pour mon neveu et pour moi. J'ai sorti une nappe et deux serviettes.

— Oui, monsieur, ce sera fait dans un instant.

— Mon neveu apporte des œufs qu'il faudra soigner. Quant au lièvre, tu me feras le plaisir de le reprendre.

— Au contraire, mon oncle, vous le garderez. Je l'écorcherai, et Elisa saura très bien le rôtir. N'est-ce pas, Elisa ?

— Je ferai ce que monsieur désirera, répondit la cuisinière. J'ai mis plusieurs fois du lièvre chez M%me% Russel, rôti ou en civet. Puisque monsieur votre neveu a pris la peine d'apporter celui-ci, dit-elle en prenant le levraut par les oreilles, — il pèse quatre livres, — il faut lui faire le plaisir de le garder.

— Monsieur mon neveu, reprit l'oncle, aurait mieux fait de le vendre. Mais puisque vous savez le cuire, gardons-le. Vous dites qu'il pèse quatre livres ? Tiens, voilà les 4 francs de Rebaloup, Pierre-Séraphin. Tu les donneras à ta mère.

— Merci. J'ai peut-être encore le temps d'ôter la peau avant de dîner. Il ne me faut qu'un quart d'heure.

— Va si tu veux. Tu peux faire cela dehors ; je ne tiens pas à voir ma maison ensanglantée.

— Donne-moi un plat, Elisa ; j'ai un couteau. Ce sera bientôt fait. Voulez-vous garder le sang ?

— Non ; jette-le. Le sang est une nourriture malsaine. Va, dépêche-toi, parce que je veux dîner. En t'attendant, je vais à la cave.

Et quand il fut de retour, le couvert étant mis, le docteur dit à sa domestique :

— Vous n'aviez pas besoin de dire qu'il fallait garder le levraut. Je ne tiens pas à avoir des obligations à mon neveu. Vous ferez deux tasses de café après le dîner.

— Oui, monsieur. Excusez-moi si j'ai eu tort en parlant du levraut. Nous avons peu de viande cette semaine. Le lièvre rôti, mangé froid, est très bon : il fera plaisir à monsieur.

— Je n'en sais rien. Allez voir si ce *patrouillage* est bientôt fini.

Elisa se rendit à la grange, où Paul achevait en ce moment son ouvrage; elle en rapporta le corps du petit lièvre, plié en rond dans un plat creux, et l'arrosa de vinaigre.

— Voyez comme il a bonne façon, dit-elle en le montrant à son maître.

— Oui, bonne façon ! il ressemble, au contraire, à un avorton. Otez-moi ça de par là.

Paul se lavait les mains tout ensanglantées; après quoi il vint prendre place à table, en face de son oncle, qui servait la soupe, une excellente soupe au bouillon de bœuf et au riz.

— Est-elle bonne ? demanda le docteur.

— Parfaite.

— C'est que je m'entends à faire la soupe, moi. En veux-tu une seconde assiette ?

— Non, merci ; je n'ai pas grand appétit, depuis quelques jours. Si je mange une bouchée de viande, c'est tout ce qu'il me faut.

— Tu n'es pourtant pas malade ? reprit l'oncle, d'un air un peu narquois.

— Oh ! non.

— Si tu travaillais davantage, au lieu de rôder à la chasse ou le long des ruisseaux, tu aurais un meilleur appétit. Qnand veux-tu te mettre décidément à cultiver ton terrain ?

— Je m'y suis mis et je veux continuer. J'ai le désir de me marier vers la fin de l'année, si je le puis.

— Te marier : mon cher, c'est une chose grave, très grave, dans ta position, à moins que tu ne trouves une brave fille qui t'apporte sept à huit mille francs dans son tablier. Sais-tu où la prendre ?

— Non. Si j'étais marié même avec une fille pauvre, mais active et de bonne conduite, je me tirerais beaucoup mieux d'affaire.

— Oui ; tu me la chantes belle ! Tu ne peux déjà pas payer les intérêts de tes dettes en vendant tout ce qui ne vous est pas absolument nécessaire, à ta mère et à toi ; comment donc les payerais-tu si vous aviez une personne de plus à nourrir, et peut-être un enfant à élever chaque année ? Ce serait bien impossible. Si tu veux te marier, tu dois épouser une femme qui puisse payer ce que tu dois, après quoi, tu lui feras un assignat sur tout ce que tu possèdes.

— Il faudrait m'aider à la trouver.

— Quand je verrai que tu prends décidément goût au travail ; quand tu auras renoncé à la chasse et à la pêche, si je peux te donner un coup de main, je le ferai. Mais commence par te réformer. Jusque-là, je ne me mêle pas de tes affaires.

Ici, le docteur fit résonner le timbre placé devant lui. Elisa vint desservir.

CHAPITRE XV

Fin contre fin.

Pendant que l'oncle et le neveu prenaient leur tasse de café noir, le vieux docteur se mit à raconter ses voyages. Dans sa jeunesse, il avait parcouru l'Italie, visité l'Espagne et le midi de la France, se souciant ainsi fort peu de l'Allemagne et de ses célèbres universités. Avant de s'établir à Civeret, poste fort modeste pour un médecin, il avait voulu voir de près le monde merveilleux qui l'attirait, et sentir son soleil sur ses larges épaules. C'était là une équipée à sa façon, comme d'autres jeunes praticiens en font à la leur, au double point de vue de la science et de leur fantaisie.

Selon M. Argozat, rien n'était comparable au littoral espagnol de la Méditerranée. Il le vantait outre mesure. Le marché de Malaga, par exemple, était une sorte d'idéal pour lui. Après quarante années, ses souvenirs étaient encore, à cet égard, d'une vivacité extraordinaire. Sur cette place du marché, ne vendait-on pas pour le quart d'un sou des bâtons de canne à sucre, du raisin exquis, des oranges sans pareilles ?

— Oui, disait M. Argozat, quand il lui arrivait de s'animer au milieu de ses comparaisons, l'Espagne ne ressemble pas à notre chien de pays. On y vit de rien, et le climat n'y est pas traître comme le nôtre. Là-bas, où a toujours une bonne chaleur, tandis qu'ici l'on brûle aujourd'hui, pour être gelé demain.

Paul écoutait son oncle sans le contrarier, bien qu'il ne crût pas la moitié de ce qui était affirmé devant lui de cette manière. Occupé de tout autre chose, il pensait aux 2000 francs dont il avait besoin prochainement, et peut-être plus encore aux beaux yeux gris d'Elisa. Celle-ci était montée dans sa chambre, d'où elle ne pouvait entendre ce que disait son maître, bien que la forte voix de celui-ci et ses éclats de rire résonnassent dans l'appartement. Comment Paul Hermey parviendrait-il à présenter sa requête ? ce n'était pas facile, assurément.

Tout à coup, changeant de sujet, l'oncle lui dit :
— Ce que je te raconte de l'Espagne ne paraît pas t'intéresser : à quoi penses-tu ?
— Mon oncle, je suis préoccupé de deux choses, mais je vous assure pourtant que j'aime bien à vous entendre parler de l'Espagne et de ce que vous y avez remarqué.
— Eh bien, voyons : qu'est-ce qui te préoccupe ? Tu m'as dit que tu voudrais te marier et tu sais ce

que je t'ai répondu. As-tu quelque fille en vue ? aurais-tu déjà une inclination ?

— Je pourrais en avoir une, si vous vouliez m'aider, m'encourager.

— De qui serait-il question ? demanda l'oncle, fronçant les sourcils et prenant une voix creuse. Je pense pourtant que tu ne ferais pas la sottise de vouloir t'adresser à ma servante ?

— *Que si*, répondit le neveu. Elisa me plaît ; si vous m'y autorisiez, je rechercherais sa main, et je crois....

— Va plutôt chercher la main du diable, s'écria le docteur dans un de ses emportements subits. Je me doutais bien un peu de tes intentions, d'après ce que ta mère m'a dit l'autre jour ; mais vraiment je ne t'aurais pas cru aussi stupide. Il est vrai qu'un garçon de vingt-huit ans, qui perd son temps à la chasse et à la pêche au lieu de travailler, est capable de s'amouracher d'une fille sans le sou, et de vouloir l'épouser, uniquement parce qu'il la trouve jolie, et alors que lui-même est plein de dettes comme un chien de puces. Mon cher neveu, je te l'ai déjà dit vingt fois : ne compte pas sur les héritages. Travaille ; deviens un homme, au lieu d'être un rôdeur pour ton plaisir ; surtout, ne va pas te mettre à boire comme tant d'autres. Quand je te verrai suivre un meilleur chemin, oui, je t'aiderai à trouver une femme qui puisse payer tes dettes. Jusque-là, tu ne dois pas songer à te marier, et surtout pas à épouser Elisa. Si elle écoutait tes cajoleries ou celles de n'importe quel garçon, je lui donnerais son congé le jour même où j'apprendrais la chose.

Je veux pour domestique une fille qui ne s'amourache de personne et sur laquelle je puisse compter. Te voilà suffisamment averti. Quelle est l'autre affaire qui te préoccupe ? Gageons que c'est une demande de remboursement ?

— C'est précisément cela, mon oncle. Je n'osais presque pas vous en parler ; mais puisque vous l'avez deviné, je ne veux pas vous le cacher. M. Olmédan, à qui nous devons 2000 francs, en seconde hypothèque, veut être remboursé le 25 octobre, dans trois semaines. Est-ce que vous auriez la bonté ?...

— Non, mon bon neveu ; non, je n'aurai pas la bonté de payer pour toi ces 2000 francs, et sans doute 100 ou 200 francs d'intérêt peut-être. Ah ! par exemple ! tu t'adresses bien. Ne venez pas me chanter *Floribus* et *Femmes sensibles !* J'ai autre chose à faire qu'à vous écouter. Crois-tu, par hasard, que 2000 francs se trouvent dans un pas de lièvre ou dans les branchies d'un poissonnet ? Votre serviteur ! Il me faut travailler plusieurs années pour avoir 2000 francs à ma disposition. Non, non, monsieur, procure-toi cet argent où tu pourras, mais ne compte pas sur moi.

— Il faudra donc, mon oncle, reprit Paul, à moitié consterné par cette dure réponse, que je fasse un seul emprunt sur notre terrain, pour tout ce que nous devons, car il serait difficile de trouver en second rang la somme en question, bien que mes immeubles soient d'une valeur triple de celle des dettes hypothécaires.

— Arrange-toi comme tu voudras ; je ne m'en mêle pas. Il y a trois mois, j'ai déjà sacrifié 200 francs pour te tirer d'embarras. Si je continuais aujourd'hui, ce serait toujours à recommencer. Je me fais vieux ; je peux tomber malade d'un jour à l'autre et avoir besoin du peu que j'ai épargné. En payant pour toi une grosse somme, je pourrais me trouver plus tard dans de beaux draps. Ne m'en parle plus : c'est inutile. Il te faut retourner chez vous, afin d'arriver à temps pour soigner ta vache. Oui, va ; je veux d'ailleurs dormir un moment, car je suis fatigué.

— N'y aurait-il personne au village qui pût me prêter 2000 francs ? demanda Paul d'un air à demi suppliant.

— Non, personne. Il ne manque pas d'emprunteurs ici, mais les prêteurs sont rares ; adieu ! Oui, retourne-t'en ; et ne t'arrête pas en chemin dans les cabarets. Bien des amitiés à ta mère.

Paul se leva, prit son panier et son bâton à la cuisine :

— Je voudrais saluer Elisa, dit-il, et lui demander si elle a une commission pour sa mère.

— Elle n'a point de commission, et tu n'as pas besoin de la saluer. Va seulement.

Paul sortit, plus triste qu'un vieux mur dépouillé de son lierre. Il ne pouvait pas même serrer la main à Elisa, et son oncle lui avait à peine tendu la sienne.

Mais durant cette dernière conversation, Elisa était venue dehors, sans que le docteur l'eût entendue descendre de sa chambre. Elle lisait, assise sur le banc où s'exerçait parfois la patience des clients. Voyant Paul qui partait, elle se leva, lui tendit cordialement la main et le chargea de remettre à sa mère un billet qu'elle venait d'écrire.

— Je puis au moins te dire adieu, ma chère Elisa, fit Paul de son air triste. Ah ! si j'avais pu causer avec toi un bon moment ! Au lieu de ce plaisir, je m'en vais sans t'avoir rien dit de mes sentiments. J'aurais tant besoin d'être encouragé, consolé ! Hélas, je n'ai personne sur qui je puisse m'appuyer. Mais je reviendrai et je te dirai alors ce que je pense. Si tu savais combien je t'aime déjà !

— Adieu, Paul. Merci de ta confiance. Tu as ta mère et ton oncle, qui peuvent te donner de meilleurs conseils que moi. Je ne saurais te dire qu'une seule chose : travaille ; ne perds plus le temps ; conduis-toi toujours comme en présence de Dieu. Reviens visiter ton oncle ; c'est ton devoir et un privilège aussi ; mais ne reviens pas pour moi : ce serait absolument inutile.

— Je n'accepte pas cette sentence. Adieu, et au revoir.

Elisa Morins n'était pas une fille romanesque. Assez intelligente pour comprendre les intentions de Paul, elle se garda bien de lui donner la moindre lueur d'espoir. Elle le connaissait. Douée de bon sens, mais sans rien de très distingué dans son développement intellectuel ; ayant le cœur absolument libre et se souvenant de sa promesse de ne pas nouer une inclination, elle resta ferme comme un roc devant les paroles insinuantes de Paul. Là où plus d'une jeune fille eût écouté avec le cœur, sinon avec curiosité tout au moins, les propos de ce garçon, Elisa ferma sa porte à toute velléité sentimentale. Elle sut plaindre Paul Hermey et lui parler franchement. Si plus tard le neveu du docteur se corrigeait, se réformait d'une manière efficace et solide, alors, peut-être, Elisa serait-elle moins opposée à un amour qui, pour le moment, n'était sans doute pour lui qu'une affaire de fantaisie, comme la chasse et la pêche, qu'il aimait aussi beaucoup. En outre, elle savait que Paul Hermey se trouvait, en grande partie par sa faute, dans une situation obérée, dont il lui serait difficile de sortir.

Le docteur avait donc fait un très mauvais accueil aux deux ouvertures de son neveu. Cette demande d'argent, mais plus encore la proposition relative à sa domestique, l'avaient contrarié d'une manière désagréable. C'était même beaucoup qu'il n'eût pas crié et tempêté de manière à ce qu'Elisa eût pu l'entendre, soit de sa chambre, soit du banc où elle lisait. Heureusement elle n'avait point prêté l'oreille à ce qui se disait dans l'intérieur de la maison, en sorte qu'elle ignorait complètement de quoi il avait été question. Elle n'avait donc pas à en parler à son maître, qui, de son côté, eut assez de prudence pour n'en souffler mot à la jeune fille.

Dans le courant de la semaine qui suivit, M. Argozat dut aller à la ville où demeurait le créancier de Paul. Ses affaires étant faites, il se rendit chez M. Olmédan, qu'il connaissait pour un homme intègre, mais sévère envers ses débiteurs. Il se trouva seul dans son bureau, entouré de papiers dont la plupart étaient des titres de valeur.

— Votre serviteur, monsieur Olmédan, dit le docteur en pénétrant dans le sanctuaire poussiéreux, où l'on respirait une forte odeur peu agréable, comme on sent le relent du lard dans les réduits où il séjourne en été, — vous avez écrit à mon neveu Paul Hermey pour lui réclamer le remboursement d'une obligation hypothécaire de 2000 francs?

— Oui, monsieur, et 100 francs d'intérêt, plus un prorata de 18 francs 50 centimes depuis l'échéance du dit.

— Auriez-vous l'obligeance de me montrer le titre?

— Avec plaisir. Le voici : Obligation hypothécaire, en faveur de Théodore-Agrippa Olmédan, contre Paul Hermey : Capital, 2000, — intérêt 5 %, — terme six ans.

— Parfaitement. Vous allez me subroger ce titre, dont je me charge dès aujourd'hui. Voici quatre billets de 500 francs, un de 100, et, dit-il en prenant sa bourse, 18 francs 50 centimes pour prorata d'intérêt.

— Avec le plus sensible plaisir, monsieur le docteur. Je comprends que, n'ayant que M. Paul Hermey, pour héritier, vous n'ayez pas hésité un instant à le libérer de cette petite dette. Votre prénom est Samuel, si je ne fais erreur.

— Oui, monsieur.

— C'est donc une affaire réglée, à la commune satisfaction des intéressés, reprit M. Olmédan en remettant la créance. Je vous remercie pour mon propre compte, monsieur le docteur.

— Ce n'est pas nécessaire ; le prêt que je fais de

ces 2000 francs, à mon neveu, me convient aussi ; comme vous le dites, ma sœur n'a pas d'autre enfant que lui. Je vous demanderai seulement de ne lui point écrire, et, si peut-être il venait vous parler, de ne pas lui dire en quelles mains se trouve actuellement sa dette.

— Parfaitement. C'est une surprise que vous voulez lui faire.

— Que ce soit une surprise ou pas, cela me regarde seul. Monsieur Théodore-Agrippa Olmédan, je vous salue.

— Pardon, monsieur le docteur, puisque j'ai l'honneur et le plaisir de vous voir chez moi, je veux profiter de cette bonne occasion pour vous prier de me donner un conseil. Depuis quelques jours, j'ai des tournements de tête, la bouche mauvaise, parfois aussi des pesanteurs à l'estomac après mon souper. Que pourrais-je prendre pour combattre cette disposition ?

M. Argozat tâta le pouls de ce client improvisé ; il examina ses yeux et son teint, se fit montrer la langue épaisse et blanche. Après quelques questions sur le genre de nourriture et les occupations de ce quasi malade, le docteur écrivit une ordonnance en signes pharmaceutiques précédés d'hiéroglyphes en latin.

— Voilà, dit-il, ce que vous remettrez à la pharmacie ; on vous indiquera la manière de prendre le remède. C'est quelque chose de très simple, dont votre estomac et votre tête se trouveront bien.

— Merci infiniment. Combien vous dois-je pour la consultation ?

— Cinq francs.

— Mais, plus du double de ce que demandent nos docteurs en ville?

— Cela m'est égal, monsieur Olmédan. Je ne fais pas de visite à une lieue de chez moi pour moins de cinq francs.

— C'est cher.

— Peut-être. Mais pas aussi cher, en tout cas, que les 18 francs 50 centimes exigés de mon neveu, pour prorata d'intérêt.

M. Olmédan paya, rendant ainsi un bel écu tout neuf, que M. Argozat venait de lui remettre.

L'ordonnance médicale prescrivait *six le soir et six le matin*, à prendre moitié le jour même. Cette drogue ne serait pas aussi agréable au créancier, que la rentrée des 2118 francs 50 centimes qu'il venait d'encaisser, mais dont l'effet rétablirait sans doute l'équilibre dans son état bilieux.

CHAPITRE XVI

Une tentation.

◄►

Ainsi qu'on a pu le voir déjà plus d'une fois, le premier mouvement du docteur Argozat n'était pas le *bon*. Sur ce point, comme sur beaucoup d'autres sans doute, il n'était pas d'accord avec le rusé diplomate d'où nous est venu le mot célèbre auquel nous faisons allusion. Par le caractère, il ressemblait davantage à ce fils dont il est parlé dans une parabole, lequel refusa d'abord d'aller travailler à la vigne de son père, et, qui, peu d'instants après, s'y rendit bel et bien. M. Argozat faisait souvent de même. — C'est ainsi que, réfléchissant à la triste position de sa sœur et à l'embarras dans lequel son neveu se trouvait, il n'hésita plus, au bout de quelques jours, à les sortir de peine, bien que maître Paul ne le méritât point. Il retira d'un dépôt qu'il avait à la banque les 2000 francs nécessaires pour payer M. Olmédan, et se fit subroger le titre, ainsi que nous l'avons raconté. Mais, de tout cela, il ne souffla mot à personne. Et si Paul apprenait d'une manière quelconque ce qu'il avait fait, lui, l'oncle, était bien capable de ne pas vouloir en convenir, jusqu'à ce que la chose devînt évidente.

Ne se doutant de rien, et comme le font la plupart des débiteurs en retard, Paul n'avait pas même répondu à la lettre chargée de son créancier. La fin de la semaine arrivait, et il fallait pourtant, ou écrire, ou aller parler à M. Olmédan. Mais premièrement il voulait adresser une lettre à Elisa, le samedi, afin qu'elle la reçût le dimanche matin. Il continua d'arracher l'herbe de sa vigne et la râtissa, tant bien que mal, jusqu'au vendredi, n'ayant été, pendant ces cinq jours, que deux fois à la chasse, pour ne rapporter aucun gibier. Son fusil était encore à baguette, transformé à percussion, après avoir servi assez longtemps comme une arme à silex. Les cheminées se trouvaient en dehors des platines et y faisaient une saillie désagréable. Le désir très vif de Paul était de se procurer un *Lefaucheux*, se chargeant par la culasse. Mais où prendre les 120 à 140 francs nécessaires pour un tel achat? Evidemment il n'y fallait pas songer avant l'héritage de l'oncle docteur. Et l'attente pouvait durer encore une vingtaine d'années. C'était bien triste.

Il pensait à cela, pendant qu'il arrachait l'herbe de sa vigne. Ah! s'il pouvait un jour se voir en possession d'un Lefaucheux de bon calibre, dont les canons d'un gris mat, ornés de dessins bizarres, étaient doux au toucher comme du verre poli, combien ce fusil le rendrait heureux ! Pour s'en procurer la fantaisie, il faudrait que sa vigne lui donnât, une autre année, pour 600 francs de vin. Lorsque ses intérêts seraient payés, il lui resterait la moitié de cette somme, et alors il prendrait 150 francs sur ce reste et se donnerait un Lefaucheux, dont il lui semblait déjà entendre le bruit sec et liant des ressorts. Cette année-ci, la chose était impossible, la récolte étant minime, le raisin mal à l'aise dans le fouillis herbeux qui lui prenait les rayons du soleil et lui donnait une apparence misérable dix jours avant de le cueillir. Le travail tardif de Paul autour des ceps pouvait même nuire à la bonne maturité des grappes, parce que nombre d'entre elles étaient meurtries par le frottement involontaire de l'ouvrier et de son outil.

Le vendredi, dans la soirée, il écrivit à Elisa la lettre suivante :

« Ma toute chère amie,

« Depuis que je t'ai quittée dimanche dernier, j'ai pensé à toi jour et nuit, et il faut absolument que je te le dise : il faut que tu m'écoutes et que tu me permettes de t'aimer toujours plus. J'ai suivi le bon conseil que tu m'as donné ; c'est-à-dire que je me suis mis au travail avec ardeur et persévérance. J'ai semé un champ et nettoyé ma vigne. Oh ! Elisa, si tu voulais me promettre de venir un jour partager ma vie, il n'y aurait pas sur la terre de mortel plus heureux que moi. Tu sais que je suis dans une bonne position et que j'ai en perspective un avenir assuré. Aucun garçon de notre village ne pourrait t'offrir un sort aussi agréable que celui que tu aurais chez nous. Ne me dis donc plus que tu ne veux pas te marier. Jolie et belle comme tu l'es, il est impossible que tu restes vieille fille. C'est bon pour les laides, pour celles d'un mauvais caractère ; mais pour toi ce serait vraiment pécher contre la nature que de passer ta jeunesse dans le célibat, et de finir ensuite tes jours toute seule. Promets-moi que tu ne le feras pas, et donne-moi de l'espoir, ô toi que j'aime.

» Si nous sommes bien d'accord nous deux, mon oncle finira par consentir à notre bonheur, je n'en doute pas. Donne-moi donc du courage, Elisa. Vois-tu, je veux me corriger de mes défauts, me réformer entièrement ; je deviendrai, grâce à ton influence, un homme nouveau, tu peux en être sûre. — Réponds-moi, sans que mon oncle sache que tu m'écris, et compte sur l'amour éternel de ton ami jusqu'à la mort.

» Paul Hermey. »

Cette épître cachetée, il mit l'adresse, contrefaisant son écriture, afin qu'on ne sût pas de qui elle venait. Il la jetterait à la boîte du bureau de poste de la ville où demeurait M. Théodore-Agrippa Olmédan, en allant lui parler le lendemain dans l'après-midi. Ce n'était qu'à demi-lieue du village ; les gens s'y rendaient à tout propos, souvent pour une simple commission, et ce n'était pas ce qu'ils faisaient de mieux. En général, il n'est pas bon que les campagnards aient de fréquents rapports avec les citadins ; ils en prennent vite les habitudes, les mauvaises surtout, et jusqu'au langage. Cela donne au villageois un air demi-monsieur qui le rend affecté et le sort plus ou moins de sa bonne vie simple et rustique. Il peut même arriver qu'il aille à la ville uniquement pour s'enquérir des nouvelles politiques, perdre ainsi un temps précieux et dépenser son argent.

En arrivant au bureau de M. Olmédan, Paul s'excusa de n'avoir pas répondu à la lettre reçue ; il dit qu'il irait chez un notaire pour lui proposer un emprunt sur ses immeubles, afin d'être en mesure de rembourser les deux obligations hypothécaires qu'il devait. En attendant que la chose eût lieu, il priait M. Olmédan de bien vouloir prendre patience, si l'emprunt tardait de quelques jours après le 25 octobre.

M. Olmédan le laissa dire jusqu'au bout, pour voir quelle espèce de chapelet le jeune débiteur défilerait devant lui. Quand ce fut fini, l'ex-créancier prit à son tour la parole :

— Vous venez un peu tard, dit-il à Paul ; ma lettre demandait un accusé de réception le jour même. Heureusement pour vous, monsieur Hermey, — et pour moi, — j'ai trouvé un capitaliste qui s'est chargé de mon titre. Je le lui ai subrogé pour la valeur totale des 2118 fr. 50 que vous me deviez. Comme c'est un brave et digne homme, il attendra sans doute que vous puissiez le rembourser. Je ne vous dis pas son nom. Il vous informera lui-même de ses intentions et vous donnera son adresse en réclamant l'intérêt qu'il m'a payé.

En écoutant ce que lui disait M. Olmédan, Paul, bouche béante, n'en croyait pas ses oreilles. Et comme il restait silencieux, l'ex-créancier reprit :

— Je suppose que vous êtes satisfait de mon explication ?

— Sans doute, monsieur ; je n'avais, en tout cas, aucun droit de m'y opposer ; et si, comme je le pense, c'est mon oncle le docteur Argozat qui a pris ma dette, je n'ai qu'à être bien content.

— J'ai promis de ne pas dire le nom de la personne entre les mains de laquelle est mon ancienne créance ; mais, quel que soit son nom, vous pouvez être reconnaissant à son égard.

— Merci, monsieur. Je vous salue.

Paul vint à la rue, l'esprit bien soulagé, le cœur touché d'une tendresse respectueuse, à la pensée que son oncle s'était ainsi mis à la brèche pour lui, après l'avoir si rudement repoussé le dimanche précédent. Ce retour à des sentiments protecteurs et affectueux lui promettait sans doute un appui solide pour la suite, et c'était l'indice de dispositions assurant son avenir. Paul se disait cela tout en marchant, ne regardant ni à droite ni à gauche.

Comme il passait devant la boutique d'un armurier, il s'entendit appeler. L'artisan était une connaissance de Paul. Celui-ci entra pour demander ce qu'on lui voulait.

— M. Hermey, lui dit l'armurier en lui donnant une poignée de main après avoir posé la lime dont il se servait, j'ai reçu hier un splendide et parfait fusil

Lefaucheux, de Liège, à si bon compte, que je ne puis m'empêcher de vous le montrer. Vous devriez l'acheter. Voyez cela, dit-il, en sortant d'une vitrine l'arme en question.

C'était, en effet, un fusil bien capable de tenter notre jeune homme. La couche de la crosse était précisément ce qu'il désirait; l'intérieur des canons, poli comme une glace; l'extérieur, embelli de fines rayures formant un fouillis inextricable, comme si le métal était pétri de mille morceaux d'acier et de fer doux. Ah! ce fusil donnait une terrible tentation à Paul! Et quels délicieux ressorts de platines!

— Je n'hésiterais pas à l'acheter, dit-il, si j'avais l'argent. Quel en est le prix?

— Cent vingt francs le fusil, et vingt francs pour les engins à part, avec les douilles.

— Cent quarante francs : je ne les ai pas. C'est dommage.

— Vous les aurez après la vendange, M. Hermey, ou quand vous voudrez. J'attendrai un mois pour le payement; six semaines si cela vous convient. Profitez de l'occasion. Elle ne se renouvellera pas.

— Eh bien, je réfléchirai.

Paul sortit.

Cinquante pas plus loin, il rencontra un ancien camarade, portant une scie et un rabot, l'air assez débraillé et les yeux rouges.

— Où vas-tu, ami Paul? lui dit le compagnon.

— Je retourne chez moi.

— Ne prend-on pas un verre? je te l'offre de bon

cœur. On ne se voit presque plus, nous qui étions si bons amis.

— C'est vrai, répondit Paul. — Prenons un verre, si tu veux.

Ils entrèrent dans une gargote où il n'y avait pas de buveurs en ce moment. Quand ils eurent trinqué deux ou trois fois, le citadin dit au campagnard :

— Puisque j'ai le plaisir de partager une bouteille avec toi, mon ami Paul, il faut me rendre un petit service. A mon tour, je pourrai en faire autant pour toi, quand tu en auras besoin. Voici ce que c'est, une affaire de rien : on me remettra 200 fr. à la banque, sous ta caution ; c'est pour trois mois seulement. Tu ne peux me refuser cela. J'ai besoin de cette petite valeur pour solder un parti de bois.

— Je ne cautionne pas volontiers, répondit Paul ; mais si tu me garantis que c'est pour trois mois seulement, je donnerai ma signature.

— Quand je te promets la chose, tu peux en être sûr. Eh bien, allons. En même temps, si tu as besoin de quelques sous, profite de l'occasion. Je te cautionnerai. Mais vous autres propriétaires campagnards, vous avez toujours de l'argent à votre disposition, tandis qu'à la ville, il faut attendre parfois des années avant qu'on nous paye. Les temps sont durs pour les maîtres d'état.

Ils allèrent. Chemin faisant, Paul se dit que, son oncle ayant remboursé les 2000 fr. à M. Olmédan, il pourrait bien emprunter 150 fr. à la banque, et acheter le fusil dont les canons damassés miroitaient constamment devant les yeux de son esprit. Il rembourserait cette petite valeur avec le prix de son vin. La tentation devint si forte, qu'il y céda. Il faut parfois si peu de chose pour qu'une décision fâcheuse soit prise par un caractère léger ou irréfléchi. Paul signa les deux billets à trois mois de terme, l'un comme caution, l'autre comme principal. Cela fait, nos deux hommes retournèrent boire une bouteille.

— Si tu te maries bientôt, disait le citadin, je ferai tes meubles à prix réduit. J'ai du noyer superbe, comme on n'en voit pas souvent. Mais il coûte bon.

— Nous verrons cela plus tard, disait Paul. Si j'ai besoin de meubles, je t'en parlerai.

Au lieu de prendre le chemin de son village, Paul retourna chez l'armurier.

— J'ai réfléchi, dit-il, et je me déciderai pour le fusil, si vous me le laissez pour 125 francs avec les accessoires. Je payerai comptant.

— Pas possible, mon cher M. Hermey ; c'est comme le pain chez le boulanger : prix fixe. Tout ce que je pourrais faire, dit-il en examinant la marque attachée au défaut de la crosse, c'est de vous ôter 5 francs.

— Je donnerai 130, reprit Paul, que la vue du séduisant fusil alléchait toujours davantage ; mais pas un sou de plus.

— Vous voulez donc me priver de mon petit bénéfice ? Promettez-moi au moins l'un des premiers lièvres que vous tuerez. Puisque vous payez comptant, je consens au marché, bien que ce Lefaucheux vaille 160 francs. Vous le payeriez 180 dans une grande ville.

Paul compta l'argent, dit que pour le lièvre demandé, on verrait cela plus tard, selon les circonstances ; il reçut l'objet de son ardente convoitise enfermé dans un fourreau de laine verte, et les accessoires dans une boîte faite ad hoc. Arrivant chez lui entre jour et nuit, il grimpa lestement dans sa chambre où il déposa ce qu'il apportait, avant que sa mère eût pu le voir.

Tel était le résultat de cet après-midi passé à la ville. Il avait suffi de deux rencontres fortuites pour lui faire commettre deux fautes, et le décider à une acquisition qui n'était point en rapport avec sa position financière.

Qu'aurait dit son oncle s'il avait eu connaissance de ce qui venait d'avoir lieu ? et qu'en aurait pensé Elisa ? Etait-ce de cette manière que Paul comptait se réformer ?

Le soir venu, il put raconter à sa mère ce qu'il avait appris de M. Olmédan au sujet de sa créance. La pauvre femme fut bien soulagée. Elle aurait voulu que Paul allât remercier son oncle dès le lendemain ; mais il dit qu'il fallait attendre ou que le docteur revînt, ou qu'il annonçât lui-même ce qu'il avait fait. Si l'on n'avait pas de nouvelles de lui pendant la semaine, Paul irait le voir le dimanche suivant.

Le véritable motif du renvoi était la lettre adressée à Elisa, dont il espérait une bonne réponse prochainement.

CHAPITRE XVII

Théophile Caux.

Dans la matinée du jour suivant, qui était un dimanche, M. Argozat consultait un vieux livre de médecine, dans lequel on trouve encore de bonnes directions, bien que la science médicale ait fait dès lors des progrès incontestables. C'était un des nombreux volumes de la *Médecine domestique* de l'anglais Buchan. Tout à coup il appela :

— Elisa !

— Monsieur, répondit la servante, occupée autour du foyer.

— Voulez-vous aller aujourd'hui à l'église ?

— Non ; ce serait d'ailleurs trop tard ; je ne suis pas prête et je ne puis guère quitter le dîner.

— Bien. Je crois qu'on a sonné. Allez voir qui est là ; et si c'est quelqu'un des environs, dites que je ne reçois pas.

Elisa vint ouvrir la porte d'entrée. Il y avait là un jeune homme d'environ vingt-cinq à vingt-sept ans, bien vêtu à la villageoise, ayant bonne façon et l'air poli.

— Monsieur le docteur est-il chez lui ? demanda-t-il.
— Oui : qui dois-je annoncer ?
— Théophile Caux, de Grange-Gui.
— Monsieur ne reçoit pas le dimanche les personnes des environs. A quelle distance est Grange-Gui ?
— A presque deux lieues, mademoiselle.
— Veuillez attendre un instant et vous asseoir sur ce banc.

Elisa vint dire au docteur le nom et le domicile du jeune homme.

— Vous savez que je ne reçois pas, le dimanche, les gens de la contrée qui peuvent venir un autre jour.
— Il y a deux lieues d'ici à Grange-Gui, reprit Elisa.
— Ça m'est égal. Que ce Théophile Caux revienne un autre jour : demain, par exemple.

Elisa se tenait là debout, silencieuse devant son maître, qui continuait à feuilleter Buchan.

— Allez donc, fit-il.
— Monsieur m'a pourtant reçue un dimanche, reprit-elle d'un air respectueux. Ce jeune homme est peut-être bien malade.
— Ah ! vous êtes ennuyeuse. Je ne peux pas avoir une matinée tranquille, fatigué comme je le suis. Allez donc lui dire d'entrer, à votre Théophile.

Elisa revint à la rue et fit passer devant elle cet inconnu qui venait de Grange-Gui.

— Votre serviteur, monsieur, dit le docteur en voyant le jeune homme. Voilà une chaise, et contez-moi vite ce qui vous amène. Ne saviez-vous pas que ma porte ne s'ouvre le dimanche que pour les étrangers venant de loin ?

— Non, monsieur le docteur ; je l'ignorais. Mais si je vous cause quelque dérangement, je reviendrai un autre jour. Fixez-moi le moment d'une entrevue. Je ne voudrais pas être indiscret. Veuillez, en tout cas, m'excuser.

M. Argozat se dit, en écoutant ce nouveau client, qu'il avait devant lui un homme poli, sans doute bien élevé.

— Je suppose, reprit le médecin, que vous n'avez pas fait une longue course à pied sans avoir de bonnes raisons. Voyons : de quoi s'agit-il ?

— Pour commencer, je vous dirai que je n'ai pas fait le trajet à pied. Je suis venu avec mon char et mon cheval, qui sont à l'auberge.

— Fort bien, continua M. Argozat en adoucissant sa voix, d'abord assez rude. Expliquez-moi ce que vous avez.

— Monsieur, j'ai vingt-six ans. Je vis à Grange-Gui avec ma mère, dont je suis le seul enfant. Mon père est mort jeune. Nous possédons un bien de terre peu considérable, dont je m'occupe ; mais je ne suis pas dans le besoin. Depuis quelque temps je souffre d'une gêne au cœur. Cela me prend surtout le soir, au moment où j'entre dans mon lit ; et cette gêne, ces battements irréguliers, tantôt lents et très forts, tantôt précipités, me tiennent éveillé pendant toute la nuit. Le lendemain seulement, dans la matinée, le cœur reprend ses pulsations régulières.

— Durant ces intermittences, souffrez-vous d'une douleur dans le voisinage du cœur ?

— Non ; mais cela me donne de l'angoisse, comme si la vie, une seconde suspendue, allait cesser tout de bon.

— Dans ce moment, vous avez le pouls régulier, à soixante, dit M. Argozat, après avoir posé la main sur l'artère du poignet gauche du jeune homme. Mais vous avez, je suppose, les impressions vives, les nerfs peut-être facilement ébranlés ?

— Oui, monsieur.

— Et vous avez bon appétit le soir ?

— Oui.

— Aimez-vous le vin ?

— J'en bois une bouteille par jour, en travaillant ; mais je ne suis point un homme de cabaret. Je n'ai jamais fait d'excès d'aucune sorte.

— Avez-vous eu peut-être un chagrin de cœur, supporté une crise morale ? Ne me répondez pas, si vous le préférez.

— Oui, monsieur ; je devais me marier avec une cousine. Nous étions fiancés, lorsqu'elle tomba malade et mourut. A cette époque, qui date l'hiver précédent, j'avais déjà la disposition dont je vous parle, mais moins souvent et moins forte que dès lors.

— Bien. Vous n'avez pas besoin de médicaments, et je ne pense pas que vous ayez un mal organique au cœur. C'est probablement l'estomac qui lui cause la gêne dont vous souffrez. A votre âge, quand on travaille de force, on a bon appétit. Essayez de manger moins le soir. Abstenez-vous des corps gras : beurre, lard, fromage. Je vais, au reste, vous tracer sur le papier quelques directions hygiéniques. Pendant que je les écrirai, allez vous chauffer vers le feu de la cuisine. Cette chambre est un peu crue, et les matinées sont déjà fraîches.

M. Argozat conduisit lui-même son client et dit à Elisa de lui donner une chaise près du foyer.

— En effet, dit Théophile à Elisa, quand il fut assis, j'ai un peu froid aux pieds. C'est bien étonnant que M. le docteur s'en soit douté. On m'avait dit qu'il vivait seul et n'avait pas de domestique.

— Je ne suis chez lui que depuis peu de temps.

— Vous n'êtes pas de ce village ?

— Non.

— Quand je reviendrai, s'il faut revenir, j'aurai soin de choisir un autre jour que le dimanche. Je crains d'avoir causé du dérangement à M. Argozat. Mais je vous gêne peut-être aussi, en me tenant près du feu, dit-il, voyant Elisa debout qui surveillait une marmite en ébullition.

— Non, monsieur ; restez seulement à votre place.

Théophile Caux ne put s'empêcher de voir que la jeune fille avait bonne façon, des traits charmants, les mains très propres, les poignets blancs et arrondis.

— Vous avez le bonheur, lui dit-il, de jouir d'une bonne santé ?

— Oui, grâce à Dieu. Mais j'ai été malade aussi, même gravement malade cette année, pendant plusieurs mois. Les soins et les directions de M. Argozat m'ont été bien utiles. Maintenant je me porte mieux que jamais.

— On le voit, mademoiselle.

Le docteur entrait ; il rappela son client.

— Voici ce que je vous conseille, dit-il à Théophile en lui remettant une grande feuille de papier pliée en quatre : Des bas de laine ; — manger peu le soir ; — des lavages d'eau froide sur l'estomac ; — ne pas faire des ouvrages trop fatigants, ni lever de pesants fardeaux ; — jamais aucun excès de boissons alcooliques ; — tâcher de se tenir l'esprit gai, par des récréations agréables. Etes-vous chasseur ?

— Non, monsieur.

— Vous faites bien. Les émotions et la fatigue de la chasse ne vous conviendraient pas. Aimez-vous à lire ?

— Oui, beaucoup.

— Ne pas lire trop longtemps, et pas des romans à sensation. Vous me comprenez. Voilà ce que je vous conseille. Vous allez reprendre votre char. Ne faites pas courir votre cheval trop vite, surtout sur le gravier. La gêne dont vous souffrez passera peu à peu.

— Merci, monsieur ; je vous suis reconnaissant de m'avoir reçu aujourd'hui.

Prenant un écu dans sa bourse, Théophile Caux le posa sans bruit sur la table.

— Je vous salue, monsieur, dit-il, et vous aussi, mademoiselle, ajouta-t-il en traversant la cuisine.

Quand Théophile Caux fut à la rue :

— Voilà un garçon poli et honnête, dit le docteur. On n'en voit pas de pareils par douzaines. Mais j'ai oublié de lui demander s'il est marié. Il faudrait pourtant le savoir. Il est probable qu'il reviendra dans quelque temps. Je vais au village pendant que vous faites la soupe et mettrez la table.

Elisa avait reçu la lettre de Paul, mais sans l'avoir lue encore. Elle profita de l'absence de M. Argozat pour en prendre connaissance. Au premier moment, cette lettre lui causa une émotion assez vive ; toutefois elle comprit bientôt ce qu'il fallait en penser. Le caractère de Paul lui était connu depuis longtemps, et la jeune fille savait que les propos d'amour ne coûtent pas grand'chose aux gens qui les débitent de cette manière. Son parti fut pris dès le jour même. Elle répondrait nettement ce qu'elle pensait de la déclaration de Paul, sans en parler ni à sa mère ni à personne.

Mais M. Argozat était trop habile physionomiste pour ne pas s'apercevoir, dès le lendemain, que sa domestique était préoccupée de quelque sujet important, qu'elle lui cachait. Avant de sortir pour sa tournée habituelle du lundi, il se tint un moment debout devant Elisa et lui demanda ce qu'elle avait :

— Etes-vous souffrante ? lui dit-il. Je n'aime pas à vous voir un air singulier ou mécontent. De quoi s'agit-il ? Voyons : je crois que vous pouvez m'accorder votre confiance.

— Oui, sans doute, monsieur. Mais ce qui me donne de la préoccupation ne vous sera probablement pas agréable.

— C'est égal : je veux savoir de quoi il est question.

— Eh bien, lisez la lettre que j'ai reçue hier matin : la voici.

Elisa la présenta tout ouverte.

— Ah! fort bien, dit le docteur en voyant d'abord la signature : elle est de mon cher neveu. Voyons ce qu'il chante. Parfaitement, reprit-il après avoir lu. Je m'y attendais. Que comptez-vous répondre aux belles phrases de cet imbécile?

— Voici ma réponse, écrite déjà hier au soir.

Le docteur lut :

« Monsieur Paul,

» J'ai reçu ta lettre, à laquelle je réponds le même jour. Sans doute, les sentiments que tu exprimes sont très honorables pour moi, mais il ne m'est pas possible d'y répondre selon tes désirs. Je n'ai d'inclination pour aucun garçon, et je ne songe point à me marier. Ce que je puis te dire, c'est que je tiens à rester dans ma place actuelle, qui convient à ma santé et me permet d'aider ma mère. Si j'acceptais ce que tu me proposes, et dont je te remercie sincèrement, je recevrais sans doute mon congé, et je me trouverais dans une position peut-être bien difficile. Il faut donc t'adresser ailleurs : tu trouveras facilement une femme meilleure que moi, plus forte, qui pourra t'être plus utile, de toutes manières. Je n'en suis pas moins, mon cher Paul, avec reconnaissance, ta dévouée

» Elisa Morins. »

Après avoir lu cette réponse catégorique, le docteur prit son mouchoir pour essuyer les verres de ses lunettes, et, par la même occasion, pour le passer sur ses yeux un peu troublés. Puis il rendit la feuille en disant :

— C'est très bien, Elisa. Mais vous pourriez effacer le *monsieur*, que vous n'aviez pas besoin d'employer avec mon neveu. C'est un pauvre garçon, ce Paul. Si réellement vous aviez tenu à l'épouser, je ne vous aurais pas gardée chez moi, c'est évident; mais je ne me serais pas opposé à votre mariage avec lui. Il serait parbleu bien trop heureux d'avoir une femme comme vous. C'est vous, au contraire, qui seriez peut-être malheureuse ; car je crains que ses belles promesses de se corriger n'aboutissent à rien de vraiment sérieux. Ma sœur l'a gâté par sa faiblesse maternelle, et maintenant elle n'a plus d'autorité sur lui. Une femme n'aurait pas non plus d'influence sur son caractère. C'est triste à dire, mais c'est comme cela. Si réellement il change de vie, si nous voyons qu'il devienne travailleur, sobre et rangé, eh bien, vous serez toujours à temps de réfléchir d'une autre manière et de prendre une autre décision. Mais tant qu'il restera ce qu'il est, vous seriez d'une imprudence extrême si vous lui donniez le moindre espoir. Voilà mon avis.

— Je vous suis reconnaissante, monsieur, de votre

bonté et de me parler aussi franchement. Vous voyez que je n'ai pas hésité à répondre nettement aussi. Je me trouve heureuse dans mon service chez monsieur, et je désire y rester si l'on est content de moi.

— Oui, Elisa ; je suis content. Continuez ainsi. Vous n'y perdrez rien. Je dois aller demain dans un village rapproché de celui de ma sœur, et je compte m'arrêter aussi un moment chez elle. Vous viendrez avec moi ; cela vous permettra de faire une visite à votre mère.

— Merci, monsieur. Sera-ce dans la matinée ?

— Non, vous ferez le dîner pour midi juste ; nous partirons tout de suite après. Figurez-vous que ce M. Caux, qui est venu hier matin, est un garçon très riche. Il a un beau cheval et un joli char à bancs, sur ressorts. On m'a dit cela au cabaret. J'ai aussi appris qu'il vit seul avec sa mère ; on dit qu'il voudrait se marier ; mais il faut premièrement qu'il guérisse, bien que, pour le moment, il n'y ait rien de fâcheux dans l'état de sa santé. Il vous faut expédier votre lettre à mon neveu, et reprendre votre air habituel. Je reviendrai dîner ; que mettez-vous aujourd'hui sur le feu ?

— Je pensais deux côtelettes de mouton, des pommes de terre et une salade. Monsieur veut-il une soupe blanche ou au légume vert ?

— Au légume, avec des porreaux, comme vous la faites : bien liée, les pommes de terre pilées. Vous y ajouterez du bouillon de bœuf.

— Au printemps, il faudra que monsieur se décide à avoir des poules. Nous avons des débris de ménage avec lesquels on les nourrirait.

— Peut-être : oui ; on pourra essayer. Mais ces gueuses de poules sont parfois bien ennuyeuses, surtout si elles deviennent familières. J'en trouve souvent jusque dans les cuisines des paysans, où elles laissent des traces de leur passage. Si vous voyez un char de belles poulettes dans le village, achetez-en quatre : ce sera bien assez pour nous. Je ne tiens pas à me mettre marchand d'œufs et de volailles.

CHAPITRE XVIII

Un neveu qui se réforme.

Elisa aurait bien joui de cette promenade en voiture, lors même que l'équipage ne se composait que de la carriole de Jacquot et de son vieux cheval, si elle n'avait pas eu le souci de rencontrer Paul Hermey. Depuis plusieurs mois elle n'avait pas vu sa mère, et elle se réjouissait de la rassurer par son air de santé et sa bonne mine. Elle espérait aussi la trouver en meilleur état que lors de sa dernière visite. La veuve Morins était alors atteinte d'une crise d'asthme qui lui causait une oppression pénible. L'idée que Paul ferait peut-être une scène, était d'avance bien désagréable à Elisa. Elle le savait très vaniteux. Il avait eu sa lettre dans la matinée, et qui pouvait savoir si, dans l'emportement de son caractère, il ne se livrerait pas à des paroles blessantes à son égard ? Avant de partir avec Elisa, le docteur avait recommandé à la jeune fille une grande prudence. Sans donner aucun espoir au garçon, tant qu'il ne changerait pas d'une manière sérieuse et soutenue, il fallait pourtant l'encourager dans la bonne voie. Et puisqu'il s'était mis à travailler, puisqu'il désirait se corriger, il était nécessaire de lui montrer une certaine confiance, dont il était déjà quelque peu digne. Elisa comprenait fort bien ces nuances. Mais le difficile serait peut-être de les présenter à un jeune homme passionné, sans se lier soi-même plus ou moins.

— Après tout, lui avait dit le docteur, si le sentiment que mon neveu dit avoir pour vous est assez puissant pour exercer sur lui une influence capable de l'amener à une vie honorable et bienfaisante, ce serait une belle victoire dont vous auriez été la cause. Mais s'il ne changeait pas, vous feriez votre malheur en l'épousant. Tenez-vous donc sur vos gardes.

— De ce côté-là, je suivrai toujours le conseil de monsieur, avait répondu la jeune fille. Pour le moment, je ne me sens aucune inclination ; ma liberté est entière.

— Tant mieux. Tâchez de la conserver.

Il était deux heures de l'après-midi lorsque Jacquot descendit de son siège, devant la maison Hermey.

— Mettez une couverture sur le dos de votre bête, lui dit M. Argozat. Nous ne voulons pas dételer. Donnez-lui de l'avoine. Dans une demi-heure nous repartirons. Et vous, Elisa, allez vite chez votre mère. Vous viendrez me rejoindre ici. Saluez-la de ma part. Vous l'inviterez à venir passer une semaine avec vous avant l'hiver.

Elisa fut bientôt à l'autre bout du village, où demeurait sa mère. L'appartement de la veuve Morins se composait d'une petite cuisine et d'une chambre tout aussi exiguë, les deux pièces plus basses que le sol d'un jardinet qui les touchait. C'était au levant, mais naturellement très humide, comme le sont, à la campagne, toutes les habitations d'un rez-de-chaussée non excavé, et parfois même lorsqu'il y a du vide au-dessous. — Pour une asthmatique, le local était mal choisi; mais il fallait bien s'en contenter, puisqu'il n'y en avait pas d'autre à louer au village, et s'estimer encore heureux de ne le payer que soixante francs. Les cinq carreaux du potager suffisaient pour les légumes de la locataire. — C'était donc là qu'elle vivait, passant les nuits à respirer avec peine, et le jour à coudre encore quelques chemises pour les gens de l'endroit. Elle tricotait aussi des *brostous* de laine pour les hommes. De cette manière, elle gagnait une partie de son entretien; le reste était fourni par sa fille. Comme Elisa, elle avait dû être bien attrayante dans sa jeunesse. L'asthme dont elle souffrait lui était venu à la suite d'un catarrhe, gagné en lavant des lessives par le mauvais temps. Elle fut bien heureuse de revoir sa fille, qui lui apportait quelques provisions de ménage et paraissait si contente dans sa place actuelle.

— J'espère au moins, lui dit-elle, que tu n'as l'occasion de faire aucune connaissance chez M. Argozat. Tu es encore bien jeune pour songer à t'établir, et d'ailleurs où prendrais-tu l'argent pour le plus petit trousseau?

Il faut profiter de tes bonnes années pour gagner quelque chose. Si au moins je ne t'avais pas pris jusqu'à présent presque tous tes gages ! Cela me tourmente parfois de te dépouiller de cette manière.

— Ne te fais aucun souci à cet égard, ma bonne mère ; je suis trop heureuse de pouvoir t'aider un peu. Et puis, sois tranquille aussi sur l'autre sujet dont tu parles. Je n'ai pas la moindre envie de me marier. Mais comme une demi-heure est vite passée ! Il faut que je retourne rejoindre M. Argozat chez sa sœur.

Pendant qu'Elisa faisait sa visite à sa mère, il se passait de jolies choses chez Mme Hermey. En entrant dans la maison, le premier objet qui frappa les regards du docteur fut la lettre d'Elisa, non ouverte encore et posée sur la tablette d'une fenêtre.

— Où est Paul ? demanda-t-il.

— Je pense qu'il va être là, car il n'a pas l'habitude de rester dehors aussi longtemps. Ce matin, comme il prenait le fossoir pour arracher des pommes de terre, un chasseur est venu le détourner de son travail, et ils sont partis ensemble. C'est un jeune homme de la ville. Ah ! cette chasse m'ennuie bien ! déjà hier, il y a passé la matinée. Gronde-le, mais pas trop fortement, car j'ai toujours peur qu'il ne se fasse un mauvais coup, dans un moment de colère. Après ce que tu as fait pour lui, il t'écoutera mieux que moi. Au fond, c'est un bon garçon. Voilà encore son dîner, qui l'attend vers le feu. Ah ! pourtant, le voici.

Paul arrivait, son beau fusil neuf à l'épaule, le cigare à la bouche, chapeau sur l'oreille et sac vide.

— Eh! bonjour, mon oncle! dit-il en entrant. Quelle surprise de vous voir! Certes, si j'avais pu penser que vous étiez ici, je serais revenu plus tôt. Mais quand on est deux à la chasse, on ne peut pas quitter aussi vite qu'on le voudrait. J'ai tiré un bien beau lièvre, que Thierry a emporté. Nous avons mangé un morceau à Grentet en passant; c'est ce qui m'a retardé. Vous allez bien, mon oncle?

M. Argozat regardait son neveu au blanc des yeux, sans lui répondre. Un air de mépris douloureux se lisait dans ce regard.

— Eh bien! qu'est-ce qu'il y a donc? reprit Paul, sur un ton assez hautain. Ne dirait-on pas?...

— Tais-toi, malheureux, lui dit enfin son oncle. Retourne d'où tu viens, ou va cuver le verre de vin que tu as encore de trop dans l'estomac. Ah! je te plains, ma pauvre sœur, de n'avoir pour appui dans tes vieux jours qu'un fils sans énergie, un paresseux qui ne pense qu'à s'amuser, au lieu de gagner honnêtement son pain et le tien. Après ce que j'ai fait pour lui dernièrement, — mais plus encore pour toi que pour lui, — et ce qu'il a eu l'audace d'écrire à Elisa, dont je vois la réponse sur cette tablette de fenêtre, j'espérais qu'il prendrait enfin le bon chemin. Au lieu de cela, je le retrouve sans respect pour sa mère, et presque insolent envers moi. Continue, Paul; continue. Tu te prépares un sort auquel tu ne t'attends pas.

— Mon oncle, pardonnez-moi, je vous en supplie; pardonnez-moi, si j'ai eu tort. Mais je vous assure que je voulais travailler ce matin, lorsque Thierry est arrivé. Je ne pouvais pourtant pas lui faire l'affront de ne pas l'accompagner.

— Tu pouvais lui exprimer tes regrets et lui dire que le devoir t'appelait ailleurs ; ou, si tu l'accompagnais, revenir au bout d'une ou deux heures. Hier déjà tu as perdu la moitié du jour à courir les bois.

— Hier, je voulais essayer mon fusil.

— Un fusil neuf ! c'est encore mieux. Est-il payé ?

— Oui, certainement.

— Avec quel argent ?

— Avec le mien.

— Puisque tu avais de l'argent, pourquoi ne payais-tu pas l'intérêt de ta dette à M. Olmédan ?

— Parce que vous aviez eu la bonté de le payer pour moi, ainsi que le capital.

— Et tu montres ta reconnaissance, tu nous fais des protestations pleines de promesses, juste au moment où, pour céder à ta fantaisie, tu dépenses 100 ou 150 fr. à l'achat d'un fusil dont tu n'avais pas le moindre besoin ! C'est comme cela que tu te réformes ! Je suis indigné d'un tel manque de cœur et de conscience. Tu ne te connais absolument pas, mon pauvre Paul, dit l'oncle en se radoucissant : je te plains plus encore que je ne te blâme, bien que je te blâme formellement.

Paul allait répondre, non pour se justifier complétement, — c'était impossible, — mais pour essayer d'expliquer sa conduite récente, lorsqu'on vint frapper à la porte. C'était une femme du village.

— Monsieur le docteur, dit cette personne, lorsque j'ai su que vous étiez ici, je suis entrée pour vous prier de venir un moment chez nous. Mon mari vient de prendre mal en travaillant ; nous vous serons bien reconnaissants de nous dire ce qu'il faut faire pour le soulager.

Un médecin, dans un cas pareil, ne refuse jamais de se rendre où le devoir l'appelle. M. Argozat suivit aussitôt cette femme. En l'accompagnant où elle le conduisait, il rencontra Elisa qui venait le rejoindre.

— Je reviens dans un moment, lui dit-il.

Puis, d'un regard qu'elle connaissait, il semblait ajouter : Soyez ferme et prudente.

Elisa trouva Paul, sa lettre ouverte à la main, pâle et mordant sa lèvre inférieure. Il était seul. Comme elle lui tendait la main en arrivant, il la serra convulsivement, au point de lui faire mal, et dit d'une voix sourde :

— Il n'y a donc rien à espérer de toi, pas plus que de mon oncle ?

— Je ne te comprends pas ; explique-toi.

— Oui, je vois que vous ne vous souciez pas de moi, ni l'un ni l'autre : mon oncle, parce que j'ai été aujourd'hui chasser avec un ami, au lieu d'arracher quelques hottées de pommes de terre ; toi, parce que je ne vaux pas la peine qu'on s'attache à un garçon qui donnerait sa vie pour celle qu'il aime.

— Je ne te demande pas ta vie, Paul, je te demande simplement, avec ton oncle et ta mère, de la mettre en accord avec le devoir, c'est-à-dire avec le travail et un bon emploi du temps. Est-ce te demander trop ? n'est-ce pas, au contraire, t'encourager, te pousser dans le chemin le plus honorable pour toi et le plus heureux ?

— Il ne peut pas y avoir de bonheur pour moi tant que tu ne m'auras pas promis de devenir ma femme. Promets-le-moi, et dès aujourd'hui je deviens esclave de tous mes devoirs ; je fais tout ce que vous voulez, mon oncle et toi.

— Vois-tu, Paul, si je te faisais la promesse que tu me demandes, je me mentirais à moi-même; je pécherais contre ma conscience. Il m'est impossible aujourd'hui, — je dis aujourd'hui, — de promettre quoi que ce soit. Je désire que tu sois heureux, que tu trouves la paix qui te manque, mais ne puis aller au delà. Il faut que tu m'intéresses déjà beaucoup, pour que je me permette, moi pauvre fille, de te donner un tel conseil. Ni mon cœur, ni ma position actuelle, ni ma place de domestique chez ton oncle, rien ne m'autorisait à te répondre autrement que je ne l'ai fait dans ma lettre. L'avenir peut changer mes sentiments ; mais l'avenir ne m'appartient pas.

— Eh bien, je me soumettrai, j'espérerai et j'attendrai, dit-il en reprenant la main qu'elle avait retirée dès le début de la conversation ; mais il faut me permettre de t'embrasser. Ce sera sceller ma promesse.

— Non, Paul ; je le refuse absolument, et je trouve étonnant que tu me le proposes, après ce que je viens de te dire. Je veux aller encore plus loin, afin que tu connaisses bien mes intentions futures : Tu me parais agité en ce moment ; ta respiration annonce que tu n'es pas à jeun de vin ; or, sache-le une fois pour toutes : jamais je n'épouserai un homme qui ne serait pas sobre à l'égard de la boisson, fût-il millionnaire, et eût-il d'ailleurs beaucoup d'autres qualités. Nous nous sommes maintenant expliqués suffisamment. Je pense que M. Argozat va revenir, et je voudrais pourtant saluer ta mère.

— Ah ! je vois trop bien que je n'ai rien à espérer de toi. Une fille qui a quelque amitié pour un garçon ne lui parle pas de cette manière, et ne se *cotte* pas comme tu le fais. Si je ne vaux rien, eh bien, il se trouvera peut-être une bonne âme qui m'acceptera quand même. Au reste les femmes sont trompeuses, et peut-être que tu as déjà une inclination dont tu ne veux pas parler.

— Merci, Paul, de la bonne opinion que tu as de moi. Ceci dépasse tout le reste.

— Enfin, quand tu me traites sans pitié, comme si j'étais un....

— Plus un mot. Nous ne nous comprenons pas.

La mère de Paul revint. Elisa l'embrassa cordialement :

— Comme il te fait bon voir, ma chère Elisa, lui dit la pauvre mère. Eh ! que je serais heureuse d'avoir une fille comme toi ! Tu es tout à fait guérie ?

— Oui ; je me porte bien.

— C'est sûr que tu as une jolie et bonne place, chez mon frère le docteur. A-t-il bien des malades maintenant ?

— Comme à l'ordinaire : quatre ou cinq par jour ; quelquefois moins, quelquefois davantage. Puis, monsieur a ses visites dans les villages.

— Crie-t-il toujours autant, quand les gens des environs viennent pour le consulter le dimanche ?

— Il ne crie pas précisément et finit presque toujours par les recevoir. Au fond, malgré son air rude au premier abord, il est si bon. La première fois que je suis venue chez lui, étant malade, c'était un dimanche. Il me reçut pourtant, et c'est grâce à lui que ma santé s'est rétablie.

— Oui, je sais : ta mère me l'a raconté, quand elle tricotait un brostou pour Paul. Alors, tu te trouves heureuse chez mon frère ?

— Oui ; c'est un service facile que le sien, et je tâche de m'en acquitter en conscience.

— Il y a peu à faire, bien sûr.

— Quand on veut tenir une maison propre et en ordre, qu'il y a un ménage à soigner, des gens à recevoir qui souvent salissent avec leurs chaussures, il faut encore bien du temps pour venir à bout de tout cela. Puis, je travaille un peu à l'aiguille, pour monsieur et pour moi.

— Sans doute ; sans doute. Enfin, je suis bien contente que mon frère ait une brave domestique chez lui. S'il prenait mal, comme ça, pendant la nuit, tu pourrais au moins lui tendre secours, ou appeler un voisin.

— J'espère qu'il n'en aura jamais besoin.

— Oui, sûrement. Mais on ne peut répondre de

rien, surtout à son âge. Notre père, qui était grand et vigoureux comme lui, est mort à soixante-cinq ans : il ne fut malade que peu de jours, pas seulement une semaine, et c'était la première fois de sa vie. — Je pense que Paul est allé soigner la vache, puisqu'il est sorti quand je suis venue : Que t'a-t-il dit pendant que vous causiez là vous deux ?

— Pas grand'chose.

— Et pourtant il t'a écrit ?

— Oui ; je lui ai répondu.

— Est-ce que vous vous conviendrez ?

— Je ne pense pas ; du moins pas pour le moment. Du reste j'ai autre chose à faire qu'à songer au mariage. Et quand je vois combien peu de femmes sont heureuses à la campagne, je suis toute décidée à rester vieille fille.

— C'est vrai qu'on voit des femmes, même des femmes de riches paysans, traitées comme des esclaves ; mais pourtant il y en a qui sont dans le bien-être. Une fois marié, je crois, par exemple, que Paul serait tout autre et prendrait goût à l'ouvrage, plus qu'il ne le fait en restant garçon. Aujourd'hui, il est un peu dérouté, parce qu'un ami, venu de la ville, l'a entraîné à la chasse, juste au moment où il allait arracher des pommes de terre. C'est d'autant plus fâcheux que cela lui a attiré une bonne morale de son oncle. J'espère que ça n'arrivera plus, car Paul est un brave enfant. — Voici mon frère qui revient, et Paul aussi.

L'oncle et le neveu rentrèrent ensemble.

— Nous allons repartir, dit le docteur. Ce pauvre

Jaquenoud a une légère attaque. — Elisa, êtes-vous prête ?

— Oui, monsieur.

— Vous voulez pourtant prendre quelque chose, dit la mère. Je ferai vite une tasse de thé ; l'eau est bouillante.

— Non, merci ; je n'ai plus le temps. Je suis déjà resté à peu près une heure. Adieu, ma sœur. — Elisa, allez toujours.

Demeuré seul avec sa sœur et son neveu, M. Argozat leur dit encore quelques mots, auxquels Paul répondit en faisant des excuses à son oncle, et lui promettant qu'il n'aurait plus les mêmes reproches à lui adresser.

— C'est ce que nous verrons, dit M. Argozat. Tâche qu'il en soit ainsi, car tu m'as fait bien de la peine aujourd'hui.

— Sois sûr, dit la mère, qu'il en a un profond regret. Tant merci de ta bonne visite et de ce que tu fais pour nous, mon frère.

CHAPITRE XIX

Rencontre dans les bois.

Elisa ne fut pas étonnée de la manière dont Paul avait reçu sa lettre et lui avait parlé. Elle le connaissait de longue date ; et si M. Argozat lui avait raconté la petite scène passée entre lui et son neveu ; si elle avait su que le docteur avait payé dernièrement une grosse dette de Paul et que celui-ci faisait, le jour même où il l'apprenait, un emprunt pour s'accorder une fantaisie, après avoir cautionné un soi-disant ami, elle lui aurait dit des choses encore plus sérieuses sur ses sentiments et sa conduite. Mais c'était déjà bien assez qu'il se fût montré dans son caractère de jeune homme égoïste, poussant l'audace jusqu'à vouloir lui prendre un baiser pour sceller une promesse qu'il ne tiendrait pas. En effet, Paul continuait son même genre de vie. Comptant sur un héritage qui, semblait-il, ne pouvait lui manquer, il escomptait d'avance les trente à quarante mille francs de son oncle, et ne travaillait que par demi-journées, et encore pas toujours. Sa véritable activité se montrait dans l'ardeur qu'il mettait à la chasse, d'où il ne rapportait qu'un misérable lièvre, de temps en temps. Il forçait sa vieille mère à se lever avant le jour, pour lui préparer son déjeuner et la soupe du chien; puis, quand il était de retour l'après-midi, incapable de prendre sérieusement un outil et d'aller à son ouvrage, il se rendait à la ville, passant le reste du jour à lire les journaux ou à causer dans un café. Comment une jeune fille intelligente et consciencieuse pourrait-elle accepter la position et la vie qu'un tel mari lui ferait? Celle qui s'en contenterait, celle qui lui donnerait son affection et lui promettrait sa main, tant qu'il resterait le même, serait, ou bien légère, ou bien aveugle. Et pourtant, combien qui se bercent de l'espoir qu'elles auront assez d'influence sur leur époux, pour l'amener à une vie de devoir, à se trouver toujours heureux au foyer conjugal! Combien qui, dès la première année de leur mariage, n'ont pas tardé à être traitées comme des bêtes de somme, si même elles n'ont pas été accablées d'injures et maltraitées, par celui qui s'était engagé solennellement à les rendre heureuses!

Et puis, Elisa se souvenait aussi de ce qui était arrivé à sa mère. Celle-ci était domestique depuis sept ans dans une honnête famille de propriétaires campagnards; elle avait pu, pendant ce temps-là, épargner sur ses petits gages la somme nécessaire à l'achat d'un modeste trousseau. Recherchée par un garçon du même village, domestique aussi et qui ne possédait non plus que ses bras, ils se marièrent, bien décidés à travailler tous les deux. Il leur vint deux enfants dans les premières années de leur mariage. Le père tomba malade, au moment où le produit de son travail était le plus nécessaire ; il traîna ainsi longtemps, puis il mourut, laissant sa veuve avec un garçon de douze ans, et Elisa qui en avait dix à peine. Il fallut que la pauvre femme trouvât le moyen de nourrir ces deux bouches et de payer un petit appartement. Puis, lorsque le fils eut seize ans et que, sortant de l'école, il allait pouvoir gagner sa vie, il s'échauffa en courant à un incendie, prit là un mauvais coup de froid qui dégénéra en hydrocéphale, et mourut bientôt dans les bras de sa mère. Telle avait été la vie de la veuve Morins. Il est permis de penser que cette vie eût été bien différente si la pauvre femme avait continué à servir de bons maîtres, au lieu de se marier dans sa jeunesse. Aussi ne pouvait-elle s'empêcher de dire à Elisa : « Fais-toi un sort honnête par ton travail, mais ne te marie pas. » Hélas ! ce sort honnête, il fallut bientôt y renoncer pour venir en aide à sa mère, atteinte elle-même d'une pénible infirmité.

Durant le reste du mois d'octobre, Paul ne revint pas chez son oncle. Il fit sa récolte de vin, en vendit pour 150 francs seulement, et n'en garda qu'un tonnelet pour le ménage. Ayant été négligée, mal nourrie d'engrais et vieille, cette vigne ne pouvait produire ce qu'elle eût donné en d'autres mains. Au lieu de porter à la banque les 150 francs qu'il devait, Paul voulut s'en servir pour les besoins de la maison et ses propres dépenses. Evidemment il s'endurcissait dans une voie mauvaise, plutôt qu'il ne s'efforçait de revenir au bon chemin.

Vers le milieu de novembre, un jour que le brouillard couvrait le lac, et la plaine jusqu'aux premiers abords du Jura, Elisa demanda la permission de se rendre à Montaubois dans l'après-midi, pour y revoir Mme Russel une fois avant l'hiver. M. Argozat lui dit qu'elle pouvait aller, mais qu'il fallait revenir de jour. Elisa se mit en chemin tout de suite après le dîner. De Civeret à Montaubois, il faut une heure et demie pour gravir les sentiers qui conduisent au montagneux village; pour descendre, beaucoup moins de temps naturellement. Elle suivait des passages dont la trace ne pouvait l'égarer, bien qu'elle ne les connût pas. Il n'y avait qu'à marcher où d'autres piétons avaient marché avant elle. Elisa jouissait beaucoup de cette traversée des bois en plein soleil d'arrière-automne. Les arbres étaient dépouillés. Leurs feuilles, rougies par les gelées blanches, formaient un tapis sur le sol caillouteux, d'où sortait, çà et là, quelque bloc erratique, montrant les plaques vertes ou grises des lichens que le granit alpin apporte toujours avec lui. Il n'y avait plus d'oiseaux dans ces pentes forestières, à moins qu'une gélinotte solitaire ne traversât, comme une flèche, le sentier que la jeune fille gravissait d'un bon pas. Elisa se rappelait cette première montée en voiture, alors que M. Argozat la conduisait chez Mme Russel; et son état de faiblesse extrême, comme si la vie allait lui échapper. Et maintenant, c'était tout autre chose. La marche ne la fatiguait point sur ces côtes rapides. Combien ne devait-elle pas de reconnaissance à son Père céleste, et à M. Argozat dont la sympathie s'était montrée si active et si délicate à son égard !

Dans un petit panier, elle portait une douzaine de poires de beurré blanc, que le docteur envoyait à Mme Russel. Ces poires excellentes venaient d'un espalier du jardin ; en novembre, leur chair fine, sucrée et juteuse, est une perfection.

Arrivée à mi-côte, comme elle avait chaud, Elisa s'assit un moment sur une pierre, au bord du sentier. De cette place on ne voyait absolument que les taillis voisins, à droite et à gauche, dans l'épaisseur desquels on entendait le tintement irrégulier, mais persistant d'une clochette de cuivre. Un chien blanc, marqueté de taches brunes, sortit tout à coup du fourré, entra dans le sentier un peu plus haut qu'Elisa, et fut bientôt suivi d'un chasseur qui, descendant, se dirigea du côté où se tenait encore assise notre promeneuse. C'était Paul Hermey. Le chien qui le précédait avait une sonnette à son collier.

— Oh ! quelle chance de te rencontrer ici ! dit-il en accourant, dès qu'il eût reconnu la jeune fille. Mais, je t'en prie, que fais-tu là toute seule au milieu des bois ?

— Je vais au village, plus haut. Et toi, Paul, comment se fait-il que tu sois ici, à deux lieues de chez vous ?

— C'est le moment du passage des bécasses. Mon

ami Genouillet m'a prêté son chien d'arrêt, et je chasse, comme tu vois.

— Depuis ce matin?

— Oui; j'ai quitté la maison au petit jour; je rentrerai à la nuit.

— Ainsi, tu passes la journée entière dans les bois?

— Sans doute, il faut profiter du *passage*. Le mois prochain, il n'y en aura plus. Je n'ai d'ailleurs ce chien que pour trois semaines.

— As-tu réussi aujourd'hui?

— J'ai deux bécasses dans mon paletot; je vais t'en donner une pour mon oncle. A propos, comment va-t-il?

— Le brouillard que nous avons à la plaine l'éprouve un peu ces jours-ci. Il ne quitte pas volontiers le village.

— Paul retira de derrière son dos une des deux bécasses, toute chiffonnée, les plumes retroussées et le bec ensanglanté.

— Tiens, dit-il, tu lui porteras celle-ci, et tu lui feras mes amitiés.

— Pourquoi n'irais-tu pas la lui donner toi-même, dit Elisa. Ce serait mieux que de m'en charger.

— Non, cela me détournerait trop. Et puis, mon oncle me ferait peut-être un sermon pareil à celui que j'ai dû entendre la dernière fois qu'il est venu chez nous. J'en ai assez comme cela.

— Tu es donc toujours le même?

— Si je le suis, c'est ta faute, Elisa. Tu n'as rien voulu me promettre, tu m'as traité durement, au lieu de m'encourager, quand je te faisais la promesse de me dévouer pour toi, corps et âme. Je t'ai dit que je t'aimais d'un grand amour, et tu es restée froide comme la glace. Je ne vois pas pourquoi je renoncerais à ce qui me fait plaisir. Tu continues ton chemin et moi le mien.

— Et tu dis que tu m'aimes, que tu m'as aimée ! Quelle illusion tu t'es faite ! Heureusement, je ne me suis pas fiée à tes paroles. — Mais il faut que je me remette en marche. — Je ne prends pas ta bécasse, parce que je devrais dire à M. Argozat que je t'ai rencontré dans les bois, et cela ne lui serait peut-être pas agréable. Ainsi, adieu.

Reprenant son panier, Elisa se leva et allait continuer à monter dans le sentier, lorsque Paul lui prit sa main libre.

— Est-il donc possible, lui dit-il en la regardant, qu'une fille aussi jolie, qui a les plus beaux yeux du monde, soit dure à ce point-là ! Voyons, Elisa : oui, je t'aime. Promets ici, où nul être vivant ne nous voit excepté ce chien, promets que tu ne seras qu'à moi.

— Non, Paul. Tu me demandes une chose à laquelle je ne m'engagerai certainement pas. Bien au contraire, je te dirai que je suis décidée à rester célibataire. Ainsi, ne pense plus à moi, dit-elle en retirant sa main.

— Eh bien, reprit Paul, c'est donc fini entre nous ?

— Oui, répondit Elisa d'une voix triste : Adieu !

— Adieu donc de même : quitte à quitte, ajouta le garçon.

Ce fut ainsi qu'ils se séparèrent, lui, pour descendre le sentier ; elle, pour continuer à le monter.

Au premier moment, cette rencontre fortuite et bizarre avait donné de l'émotion à Elisa. Toute jeune fille à sa place en aurait eu ; et l'idée de se trouver seule au milieu de grands bois avec un jeune homme passionné, n'était pas de nature à la rassurer. Elisa put rester calme cependant, parler nettement et à cœur ouvert. Il paraît que maître Paul comprit qu'il serait inutile d'insister davantage ; ou peut-être que, depuis un mois, la grande passion dont il se disait atteint s'était déjà quelque peu refroidie. Son beau fusil neuf et le plaisir de chasser la bécasse étaient probablement aussi pour quelque chose dans cette espèce de recul.

Elisa ne s'était point attendue à pareille aventure. Mais elle éprouvait un véritable soulagement à la pensée que tout était maintenant abandonné de part et d'autre.

Mme Russel la reçut à bras ouverts. Une tasse de bon thé la remit vite de sa fatigue ; puis elles causèrent ensuite comme d'anciennes amies. Les questions et les réponses se succédaient sans interruption, pendant qu'Elisa se reposait et que Mme Russel filait du lin récolté dans le jardin. Elisa demanda de pouvoir essayer de filer au rouet ; elle apprit tout de suite à tirer les brins de la quenouille et à former un fil égal, serré, mais non trop tordu.

— Il faudra, dit-elle, que je demande à M. Argozat de me laisser filer du chanvre l'hiver prochain, quand je n'aurai pas d'ouvrage pressant à faire. Il y a un joli rouet dans le grenier de la maison.

Un peu avant de repartir, Elisa voulut dire bonjour à Marion Quichette, chez qui elle fut reçue aussi avec bonne amitié, la vieille femme lui donnant deux gros baisers.

— Eh ! ma chère, qu'il fait bon vous voir ! Vous n'êtes plus *la pauvre fille malade,* comme on vous appelait au mois de juillet, quand vous vous traîniez languissamment dans notre village. Quelles bonnes joues vous avez ! Ma fion, il est sûr que le docteur a fait une belle cure en vous soignant. Aussi, est-ce juste que vous soyez devenue sa domestique. On voit que vous êtes à une bonne crèche : restez-y longtemps, à moins que le mari-age ne vous paraisse préférable. On a dit par là, — je ne sais pas chez qui, — que le neveu de M. Argozat vous fait la cour et que ça finira par une noce. Tant mieux, si cela vous convient. On dit ce neveu tant soit peu *breluron ;* ça lui passera quand il sera marié. Il est sûr que ce serait pour vous une belle positi-on, car le docteur doit être riche, depuis si longtemps qu'il amasse de l'argent. Il n'a pas d'autres héritiers que sa sœur et son neveu. Excusez-moi si je vous dis un mot sur ce chapitre ; mais puisqu'on en a parlé dans une maison du village, je puis bien profiter de l'occasi-on pour vous dire mon sentiment.

— Je vous remercie, madame. Si l'on vous en parle de nouveau, dites que tout cela n'est qu'une pure supposition. Je n'ai d'engagement avec personne, et mon désir est de rester vieille fille.

— Ah! bien oui, par exemple ! rester vieille fille quand on est aussi jolie, aussi belle et en bonne santé ! ça ne se peut guère dans ce bas monde. Et si le cœur s'en mêle une fois, adieu la vieille fille ! On devient jeune femme avec les bons et les mauvais côtés de la positi-on. Etes-vous venue à pied ?

— Oui.

— Tout du long ?

— Sans doute, et je retourne de même.

— N'avez-vous rien peur de faire *un* mauvais rencontre ? Dans cette saison, les bois sont pleins de chasseurs. Il y en a pardine trois à Montaubois, qui sont venus dernièrement de Genève pour tuer des bécasses. Ils sont en pensi-on à l'auberge. Ma fion, les bécasses leur coûtent bon, au moins dix fois plus qu'elles ne valent. Il vous faut, ma mie, prendre bien garde aux coups de fusil qui pourraient partir dans votre directi-on, en descendant le sentier. Il suffit d'un petit grain de plomb comme la tête d'une épingle pour vous crever un œil. Ça s'est vu plus d'une fois. Quel dommage s'il vous arrivait un accident! Si vous entendez la sonnette d'un chien, il vous faut crier : Ho ! ho! faites voir attenti-on par là avec votre grenaille ! Défunt mon mari qui était chasseur m'a dit que cette chasse aux oiseaux dans les bois est très dangereuse. Lui, ne tirait que sur les lièvres, les renards et les *tassons*[1] ; mais alors il prenait beaucoup de grives et de *poulaillettes*[2] avec des lacets de crin. A présent, on n'en prend plus de cette manière; c'est défendu,

[1] Blaireaux. — [2] Gélinottes.

à ce que dit monsieur le pasteur. Vous voulez déjà partir ? Accepteriez-vous une *croûte* au beurre ? Nous en avons du tout frais de ce matin.

— Merci ; j'ai mangé chez Mme Russel.

— C'est clair. A-t-elle eu des nouvelles des deux dames *Vouèbe* et *Racolin* qu'elle avait en pensi-on en même temps que vous ?

— Oui ; elles sont assez bien maintenant.

— C'est ça, des *quinquernes !* Bien sûr qu'elles reviendront l'été prochain, quand elles auront passé l'hiver et le printemps à la ville. Tout de même, ça lui fait un bel argent à la Russel.

— Ces deux dames ont été bien bonnes pour moi.

— Tant mieux, ma chère. Oui, on a dit par là qu'elles vous auraient placée chez une dame *Gensquiare*, si vous n'aviez pas été chez le docteur Argozat. Eh bien, bon retour à la maison. Saluez votre monsieur de ma part. On ne l'a pas vu ici depuis le jour où il vint vous chercher. Il n'y a pas eu de malades au village, heureusement.

Elisa revint sans encombre, et de jour encore. Aucun chasseur ne lui creva un œil en tirant des bécasses dans le bois. Elle n'en vit point et n'entendit pas un seul coup de fusil. Le vent qui descendait de la montagne faisait seul envoler les feuilles qui bruissaient devant les pieds de la jeune fille. Parfois on entendait dans l'air, à une grande hauteur, comme un sifflement de tempête. C'était une volée nombreuse de pigeons qui passant rapidement, se dirigeaient vers le sud. Ils fuyaient à l'approche de l'hiver, avant que la neige vînt les chasser brusquement, sans même leur permettre de trouver en chemin leur nourriture.

C'est le moment où ceux qui possèdent des doubles fenêtres se hâtent de les placer. C'est aussi le moment où ceux qui n'en ont pas continuent à s'en passer. Au village, on ne les emploie guère ; mais cela viendra. Du reste, si l'on a un bûcher bien garni de hêtre sec, on peut aussi narguer les frimas en faisant de bons feux dans les poêles et les cheminées.

CHAPITRE XX

La fin de l'année.

En hiver, M. Argozat sortait peu de chez lui. A moins de maladie grave, d'un accident, de la rupture d'un membre, il refusait de se rendre à quelque distance de son village. « Je suis vieux, disait-il, usé ; si je prends un catarrhe, j'en ai pour six semaines ; et quand le rhumatisme se met de la partie, il me tient compagnie jusqu'au printemps. Le pays ne manque pas de jeunes médecins ; ils n'ont rien de mieux à faire qu'à courir, en char ou à pied, là où on les demande. J'ai fait mon tour quand j'avais leur âge. Ne venez pas me chanter *Floribus.* »

Mais s'il refusait carrément de se mettre en route dans la carriole de Jacquot, ou sur un traîneau qui n'était qu'une *luge* rustique, il recevait volontiers les gens qui venaient le consulter pour eux-mêmes ou pour d'autres personnes. Dans ces occasions-là, il recommandait à Elisa de leur dire de ne pas entrer sans avoir ôté la crotte de leurs souliers, ou la neige qui s'y était attachée. A la porte, il y avait un raclepied et une natte grossière, sur lesquels il était facile de nettoyer la chaussure. Ma maison, ajoutait-il, n'est ni un cabaret, ni une écurie. Après avoir donné essor à son premier mouvement de mauvaise humeur parce qu'on venait le déranger, le fatiguer, quand il avait besoin de repos, il finissait par s'adoucir, et même il pouvait devenir très gentil avec les pauvres diables qui réclamaient de lui un conseil ou des médicaments.

— Allez vous chauffer à la cuisine, où ma domestique vous donnera une chaise près du fourneau, pendant que je préparerai ce qui vous est nécessaire, leur disait-il.

Et lorsque le client partait :

— Ne vous inquiétez pas : tout ira bien ; allez doucement, sans vous fatiguer.

Il recevait deux francs pour la consultation, autant pour les remèdes fournis, après quoi il rentrait dans sa chambre, où deux bûches de hêtre brûlaient lentement dans la cheminée.

Elisa filait du chanvre roui et sérancé, qu'on nomme de la *ritte* et qui vient des environs de Bologne, dans un pays merveilleux, où le sol est si riche que tout y pousse d'une manière luxuriante. Mais l'air y est si mou, si dépourvu de tonicité, qu'on y manque absolument d'appétit. Un ami qui possédait une grande terre dans cette contrée, me disait qu'il lui suffisait de voir ce qu'on mettait sur sa table, pour être déjà rassasié.

On vit de soleil, là-bas, mais on n'y mange pas. Il faudrait y envoyer les goinfres qui, dans notre pays, n'ont jamais assez absorbé de nourriture.

Le jour où Elisa rencontra Paul dans les bois, elle ne put faire autrement que de le dire à son maître, puisqu'il la questionna sur les gens qu'elle avait vus.

— Je m'attendais, lui dit-il, à ce que cela finirait ainsi entre mon neveu et vous; il n'est pas d'un caractère à renoncer facilement à son genre de vie. Au lieu d'un sentiment profond, ce qu'il éprouvait pour vous n'était qu'un caprice, une fantaisie. Ma sœur l'a gâté dès son enfance; elle en souffre maintenant, mais c'est trop tard pour le corriger. Je vous dis cela, Elisa, parce que vous le connaissez depuis longtemps. Vous seule, peut-être, auriez pu l'amener à mieux employer le temps, à se faire une position meilleure. Il n'a pas voulu vous écouter; c'est sa faute et il en portera la peine. J'espère que vous n'avez pas de regret de votre décision.

— Non, monsieur, aucun, excepté le chagrin que j'éprouve pour M. Paul et pour ses parents, de ce qu'il n'est pas plus heureux lui-même, et du peu de satisfaction qu'il donne à sa famille. Veuillez m'excuser si j'ose dire cela.

— Vous faites très bien, au contraire, de l'affirmer. Je crains qu'il ne se corrige jamais.

Un jour de décembre, par un pied de neige, deux chevaux attelés à un élégant traîneau s'arrêtèrent devant la maison du docteur. Un homme enveloppé d'une pelisse en descendit et vint frapper à la porte. Elisa alla répondre. C'était M. Duclerque.

— Bonjour, Elisa, lui dit son ancien maître : M. Argozat est-il chez lui?

— Oui, monsieur.

— Je lui amène mon jardinier qui s'est fait une entorse.

— Veuillez entrer, monsieur; j'irai vous annoncer.

Elisa conduisit M. Duclerque à la cuisine et lui offrit une chaise.

— Comme il fait bon ici! dit l'arrivant. Et vous êtes en bonne santé maintenant?

— Oui, monsieur; je vous remercie.

— Qui est là? demanda le docteur à voix basse, lorsque la domestique, ayant heurté, eut refermé la porte après elle.

— M. Duclerque amène son jardinier qui s'est fait une entorse.

— Je ne suis pas un rhabilleur. Pourquoi ce monsieur ne s'adresse-t-il pas à son docteur ordinaire? Faites-le entrer.

— Monsieur, veuillez m'excuser si je vous importune, dit le nouveau venu, — il avait entendu les derniers mots de M. Argozat; — mais mon jardinier s'est foulé un pied, il a demandé d'être amené chez vous tout de suite. Je crains qu'il n'ait une luxation grave.

— Très bien. Où est-il?

— Dans le traîneau, devant votre maison.

— Parfaitement.

Le docteur sortit avec M. Duclerque et vint jusqu'au

traîneau. Le jardinier était de petite taille, mince et fluet ; il paraissait souffrir beaucoup.

— Pouvez-vous marcher ? lui demanda M. Argozat.

— Non, monsieur ; impossible de m'appuyer sur le pied droit.

— Eh bien, voyons : levez-vous.

En moins de rien, le docteur le prit dans ses bras et l'emporta chez lui, comme s'il s'était agi d'un garçon de douze ans.

L'éclopé fut déposé à la cuisine, où il faisait chaud. Le pied examiné, l'os remis à sa place, non sans faire pousser des gémissements et des cris au patient, le docteur massa doucement toute la partie en souffrance, puis il l'affermit au moyen d'une bande de toile dont il avait toujours une provision. Cela fait, il entoura la jambe d'une fourrure apportée par M. Duclerque, et dit au jardinier de se tranquilliser.

— Donnez-lui un verre de vin, Elisa ; et vous, monsieur, veuillez entrer ici, où vous pourrez vous chauffer avant de repartir.

— Vous êtes bien bon et honnête, répondit M. Duclerque, en passant devant le docteur, qui avait ouvert la porte. Je vous suis reconnaissant de vos soins pour mon jardinier. C'est un brave jeune homme, qui *commence*. Il a glissé en portant une charge et s'est tordu le pied en tombant. Combien vous dois-je pour lui, monsieur, et aussi pour les soins donnés à notre femme de chambre l'été dernier ?

— Pour ma domestique vous ne me devez rien.

Pour votre jardinier, si c'est lui qui paye, c'est 5 francs la bande comprise.

— Parfaitement. Cela me regarde : voici 20 francs pour le tout.

— C'est trop, monsieur ; reprenez la moitié de cet argent.

— Non pas, si vous le permettez. Si vous n'acceptez pas la pièce entière, vous donnerez à notre ancienne Elisa ce que vous jugerez à propos. Elle a été malade chez nous et a dû se faire soigner. Nous la regrettons encore. Ma femme voudrait bien l'avoir, au lieu de celle qui l'a remplacée. Nous n'avons jamais eu de fille d'un caractère aussi agréable et aussi sûr.

— Oui, c'est une bonne domestique. Le service qu'elle a chez moi convient mieux à sa santé que celui qu'elle avait dans votre maison. Vous avez vu comme elle a bon visage maintenant.

— Oui, elle a aussi très bonne façon. Si elle devait vous quitter, nous la reprendrions tout de suite.

— Je pense bien. Mais elle ne me quittera pas, à moins qu'elle ne veuille se marier. Je vous remercie pour elle, monsieur. Je vais reporter votre jardinier dans le traîneau. Il faut éviter qu'il ne prenne froid en route et chez vous.

Lorsque le docteur rentra, après avoir vu partir le traîneau, il dit à Elisa qui avait déjà balayé la cuisine et remis tout en ordre :

— Il est aimable, votre M. Duclerque. Je suis bien aise d'avoir fait sa connaissance. Voici 10 francs qu'il m'a remis pour vous, en souvenir de votre maladie.

— Mais pourquoi ces 10 francs ? Il ne me devait rien.

— Prenez-les toujours. Vous les donnerez à votre mère, si vous ne les employez pas d'une autre manière. Vous avez frotté et ciré assez de parquets, lorsque vous étiez chez Mme Duclerque.

Dans la semaine de Noël, par un temps assez joli, mais sec et un peu froid, Théophile Caux revint chez le docteur avec sa mère, qui voulait demander une consultation pour elle-même. M. Argozat étant au village lorsqu'ils arrivaient, ce fut Elisa qui les reçut pendant un quart d'heure. La mère Caux eut du plaisir à voir de près cette fille, dont son fils lui avait parlé; elle causait avec Elisa pendant que Théophile parcourait un almanach nouveau, qu'il ne connaissait pas encore : l'almanach *Le Bon Messager*. On entendit bientôt le pas du maître dans le corridor, puis il entra.

Voyant là une étrangère qui se levait à son approche, il fut tenté de lui dire : qui êtes-vous ? de sa voix toujours brusque et rêche au premier moment. Mais il aperçut aussitôt Théophile qui, le chapeau à la main, lui présenta sa mère, désireuse de le consulter.

Au lieu de la question brutale qu'il avait été sur le point de lâcher, M. Argozat salua gracieusement la veuve.

— Madame, prenez la peine d'entrer, lui dit-il; et vous, M. Caux, vous voudrez bien attendre ici, en vous chauffant, que nous ayons terminé avec votre mère. Allez-vous mieux ? Mais vous me direz cela dans un moment. — Elisa, donnez une chaise à M. Caux.

En prenant la chaise, la main droite de Théophile

rencontra celle d'Elisa, qui tenait encore la traverse supérieure du dossier. Il sentit que cette main était douce et n'avait rien d'osseux ; il s'aperçut même qu'elle était fine, ne ressemblant point aux mains rayées de stries noires, comme le sont celles des filles chargées de faire un ménage entier, en hiver surtout.

— Merci, mademoiselle, lui dit Théophile, qui était naturellement poli. Avez-vous été en bonne santé, depuis ma première visite ?

— Oui, monsieur ; et vous aussi, j'espère ?

— Les conseils du docteur m'ont, en effet, procuré du soulagement ; peu à peu l'indisposition dont je souffre encore parfois, diminue. J'espère qu'elle passera complètement. Aimez-vous la campagne ?

— Beaucoup. Je n'accepterais pas une place à la ville, tant que je pourrais faire autrement.

— Je vous comprends. Nous avons aussi une jolie campagne, où nous sommes très heureux, ma mère et moi ; seulement ma mère est seule à la maison, quand je travaille aux champs.

— Vous n'avez pas de domestique ?

— Si bien. Nous avons un homme pour le bétail. Je prends aussi des ouvriers pour le moment des gros ouvrages.

Ramenée par le docteur, Mme Caux vint à la cuisine où elle prit la chaise de Théophile et s'assit en face d'Elisa, pendant que le jeune homme entrait à la chambre.

— Est-ce que vous vous trouvez bien ici ? demanda la mère.

— Oui, très bien.

— C'est vous qui faites tout le ménage ?

— Oui, madame. Le ménage de monsieur est peu de chose ; mais j'ai la maison et le linge à tenir en ordre, les commissions à faire et les personnes à recevoir à la porte.

— Vous voyez ainsi beaucoup de gens, bien des figures nouvelles ?

— Oui, sans doute ; cependant il y a des jours où monsieur n'a pas de malades en consultation. Alors, quand j'ai du temps libre, le soir surtout, je me mets au rouet.

— J'aimais aussi beaucoup à filer autrefois, quand j'étais moins âgée. Maintenant, mon fils ne sème plus de chanvre. Je trouve plus simple d'acheter une pièce de toile, quand j'en ai besoin. Je n'ai pas d'autre enfant que Théophile, un bien aimable garçon. — Quel âge avez-vous ?

— Vingt-quatre ans et demi.

— C'est l'âge de la forte jeunesse chez une femme. Je fais bien des vœux pour votre bonheur, mademoiselle. Avez-vous encore vos parents ? des frères, des sœurs ?

— J'ai encore ma mère, et elle n'a plus que moi. J'avais un frère, qui est mort à seize ans.

— De quoi est-il mort ?

— Des suites d'un coup de froid, pris dans un incendie. Le mal se porta au cerveau et il y succomba.

Théophile revint à son tour, ayant à la main une ordonnance médicale pour la pharmacie.

— Votre serviteur, madame Caux, dit le docteur ;

ne vous faites pas de souci, et vous, mon cher monsieur, continuez le traitement indiqué. Oui, bonjour ; Dieu vous conduise.

— Merci, monsieur. Théophile, as-tu payé ?

— Oui, oui, c'est en règle, madame Caux.

— Bonjour, mademoiselle, dit la mère ; je veux vous serrer la main, car j'ai eu du plaisir à causer un moment avec vous.

— Bonjour, ajouta Théophile, en jetant un regard furtif sur les yeux gris foncé de la jeune fille : voulez-vous aussi me donner une poignée de main ? Je suis déjà pour vous une vieille connaissance.

Les poignées de main échangées de part et d'autre, la mère et le fils reprirent la direction de l'auberge où était leur cheval.

— Cette fille me plaît beaucoup, dit la mère Caux, tout en marchant. Elle a une charmante expression, et les mêmes yeux que notre pauvre Isaline.

— C'est bien comme je t'avais dit, n'est-ce pas ? ajouta Théophile.

— Oui, complètement.

Quelques jours après cette visite, comme les chemins étaient secs, le ciel sans brouillard, M. Argozat fit venir Elisa à la chambre, et là il lui dit.

— Que vous reste-t-il de vos trois mois et demi de gages ?

— Trente francs, et les 10 francs de M. Duclerque.

— Ça fait donc 40. Allez les chercher.

Elisa les apporta, sans comprendre où son maître en voulait venir.

— Voici, monsieur, dit-elle.

— J'ajoute 60 francs, dont 40 pour vos étrennes, et 20 francs que j'avance pour le mois prochain. Vous allez porter le tout à la Caisse d'épargne. Je n'entends pas que les gages de ma domestique s'en aillent en fumée. Si votre mère a besoin de quelques sous, je vous les avancerai. Dépêchez-vous d'aller et de revenir. Vous achèterez deux livres de macaronis de Naples, et quelques oranges, dans le magasin qui fait angle du côté de la place : vous savez.

— Je remercie beaucoup monsieur ; mais vraiment je suis confuse. Il y a si peu de temps que je suis à la maison !

— Oui, c'est bon. Soyez toujours une brave fille, et continuez à remplir vos devoirs. Je vais chez Christian l'ivrogne, dans cinq minutes je serai là ; soyez alors prête à partir.

— Oui, monsieur.

Ce même jour, dans la soirée, Mme Ricolin et deux autres amies se réunissaient chez Mme Ouébe. Une fois par semaine, cette réunion avait lieu, tantôt chez l'une, tantôt chez l'autre des quatre dames. Mme Ricolin, qui était dans la pension Talmat-Olive, recevait dans sa chambre. Ces soirées étaient employées, à quoi ? devinez, ami lecteur. A jouer quelques parties de cartes.

— Mais il est entendu, mes chères, disait toujours Mme Ouébe, que nous jouons pour un gâteau de biscuit, et non pour les pauvres. Quand il y aura 2 francs sur table, la Pirrochon ira chercher l'objet chez Mme Caramel.

— Oui, madame Ouébe, comme la dernière fois, répondaient en chœur les dames Ricolin, Pinchaud et Quillert.

Ces deux dernières étaient de respectables demoiselles, retirées d'un commerce de laines et autres articles, dans lequel elles avaient gagné une jolie fortune.

Pendant que les quatre amies faisaient leur partie, Elisa était de retour depuis longtemps, ayant rapporté son livret de Caisse d'épargne, les macaronis et les oranges. Elle avait repris sa quenouille et le rouet. M. Argozat lisait la *Gazette de Lausanne* au coin de sa cheminée; la mère Morins tricotait un brostou brun à bord vert pour quelque fils de bon paysan; et la pauvre sœur du docteur gémissait en attendant son fils, qui pérorait dans quelque café de la ville, buvant sans avoir soif, uniquement par plaisir, et s'inquiétant fort peu de l'état de ses affaires. Depuis le 15 décembre, la chasse était finie; mais la pêche, fermée le 1er octobre, serait ouverte le 1er janvier. Cette perspective souriait à Paul, infiniment plus qu'un minage à faire, pour renouveler une portion de sa vigne délabrée, où les ceps chargés de mousse n'avaient plus même la force de pousser du bois.

Quand nous le retrouverons dans quelque temps, nous donnerons de ses nouvelles au lecteur, et aussi de celles des autres personnes de cette histoire.

TROISIÈME PARTIE

CHAPITRE XXI

Paul et Herminie.

Au moment de reprendre la plume pour continuer notre récit, la première chose à dire à nos lecteurs, c'est que Paul est marié depuis six mois. Voici comment le fait s'est passé :

Lorsque la chasse aux bécasses fut finie, peu de jours après celui où Paul rencontra Elisa dans les bois, il rendit à Genouillet le chien d'arrêt qu'il lui avait prêté. C'était un dimanche. Les Genouillet demeuraient à Borréal, village de la contrée. Ils étaient fermiers. La famille se composait du père et de la mère, du fils Albert que Paul connaissait, et de deux filles. La cadette, assez laide, servait de domestique dans la maison ; l'aînée, Herminie, était femme de chambre, précisément chez Mme Duclerque, où elle avait succédé à la remplaçante provisoire d'Elisa. Le dimanche où Paul vint à Borréal avec le chien qu'il ramenait,

Herminie y arrivait aussi, dans l'après-midi, ayant obtenu de sa maîtresse la permission de faire une visite à ses parents. Paul ne la connaissait pas. C'était machinalement, dans une rencontre en chemin, qu'Albert Genouillet avait offert à Paul de lui prêter son chien, dont il ne se servait pas cet automne. Les deux jeunes hommes étaient de simples connaissances, mais non pas des amis.

Herminie était une assez belle fille, de vingt-trois ans, ayant une forte santé, les traits mobiles, la voix haute et rêche quand elle s'animait. Elle ne manquait pas de moyens et disait volontiers le mot pour rire. Mais c'était un caractère ambitieux, disposé à l'avarice. Le contraire d'Elisa, absolument. Bonne travailleuse, vive et alerte, elle pouvait plaire à un jeune homme superficiel, qui ne regarderait pas aux qualités du cœur et de l'âme, mais avant tout à celles de l'extérieur et d'une certaine gentillesse d'esprit. Herminie Genouillet fut du goût de maître Paul, qui venait de rompre avec Elisa une relation à peine commencée. Il s'enticha d'Herminie comme il s'était entiché d'Elisa, dont il n'avait aimé, en réalité, que les beaux yeux gris et les traits charmants. Paul Hermey vivait de fantaisies. Ce qui pour lui était la règle, eût été pour d'autres un dérèglement positif. — Bref, Herminie lui plut. La jeune fille n'était pas assez nigaude pour ne pas le comprendre, et, comme elle désirait se marier, elle engagea sa mère à inviter Paul, à une fête de jeunesse qui devait avoir lieu à Borréal le premier dimanche de janvier. Elle y viendrait, s'étant réservé trois jours de congé dans ce but, lorsqu'elle s'engagea chez Mme Duclerque.

Durant cette première visite, la mère Genouillet fit plusieurs questions à Paul sur son oncle le docteur, qui avait soigné sa fille cadette, Bertha, lorsqu'elle eut une gastrite avec complications, à dix-sept ans.

— M. Argozat est bien le frère de votre mère, n'est-ce pas? demanda-t-elle à Paul.

— Oui, son unique frère.

— Alors, vous êtes son unique neveu, puisque votre mère n'a pas eu de sœur?

— Sans doute.

— Votre oncle n'a pas d'enfant?

— Non.

— C'est vous qui serez son héritier?

— Moi ou ma mère, probablement. Mais mon oncle peut se remarier.

— Quel âge a-t-il? soixante ans, peut-être?

— Il a soixante-quatre ans.

— Et combien y a-t-il de temps qu'il est veuf?

— Trois ans.

— Oh! bien, soyez sûr qu'il ne se remariera pas. S'il avait eu l'idée de reprendre une femme, ce serait fait depuis deux ans. On voit des veufs qui se remarient au bout de six semaines. C'est un homme qui doit gagner beaucoup d'argent, car on dit qu'il a une nombreuse clientèle. Et il exerce la médecine depuis si longtemps.

— Mon oncle a sans doute de la fortune; mais il n'est pas riche comme on le suppose. Bien des gens ne le payent pas, ni pour les consultations, ni pour ses visites, ni même pour ses remèdes.

— Que me dites-vous là? Nous avons pourtant bien payé sa note pour Bertha : 34 francs, je crois. Et encore qu'on lui donna un beau rayon de miel. — Si vous aimez la danse, il vous faut venir le premier dimanche de janvier. La jeunesse de Borréal a mis une annonce dans le journal, pour les 6, 7 et 8 janvier. Herminie y viendra aussi, et c'est la musique Solfado qui jouera.

— Merci. Je viendrai avec plaisir, dit-il en regardant Herminie, rougissant sous ce regard qui lui disait déjà bien des choses.

Paul vint donc à la fête, où il se montra ostensiblement amoureux d'Herminie Genouillet. Il dansa tant qu'il voulut avec elle; puis, sur le minuit, comme il la ramenait à la maison, il lui fit une déclaration en règle, laquelle fut acceptée, et scellée de part et d'autre par le baiser qu'Elisa avait autrefois refusé si nettement à son adorateur d'un jour. — Paul retourna le lendemain à Borréal, et encore le jour suivant, pour faire sa demande aux parents. Le mariage fut décidé pour la fin de mars, soit dans trois mois. — La cause première de cet événement avait donc été le prêt d'un chien d'arrêt. A quoi tiennent parfois les choses d'une importance capitale dans la vie humaine!

Paul écrivit à son oncle, pour lui dire qu'il était fiancé avec Herminie, et qu'il irait la lui présenter un dimanche après-midi, quand les jours seraient plus longs. Il ne tarissait pas sur les qualités de sa future, et se déclarait le plus heureux des mortels.

— Connaissez-vous cette Genouillet? demanda le docteur à Elisa, en lui faisant part du prochain mariage.

— Non ; je sais seulement qu'elle m'a remplacé chez Mme Duclerque. On dit que c'est une forte fille, active et bonne travailleuse.

— Ma foi, tant mieux! — Pourtant, M. Duclerque m'a donné à entendre qu'on vous regrettait encore, et que Mme Duclerque vous reprendrait volontiers si vous deviez me quitter.

— Qu'est-ce que monsieur a répondu, si j'ose le demander?

— J'ai répondu que, si vous ne vous mariez pas, vous resteriez chez moi. Est-ce bien ainsi?

— Oui, je remercie monsieur d'avoir répondu de cette manière.

M. Argozat écrivit quatre lignes à sa sœur, pour lui dire qu'il espérait que Paul faisait un bon choix, et que sa future belle-fille lui serait une aide agréable. A Paul, il ne répondit rien directement.

Un dimanche de février, vers la fin de ce mois où fleurissent les perce-neige dans les combes ensoleillées des bois, Paul et Herminie arrivèrent chez le docteur. Déjà les grives chantaient; les ramiers roucoulaient. Le pic épeiche creusait le trou rond de son nid, dans la tige de quelque arbre dont le bois mort ne résiste pas au bec tranchant de l'oiseau grimpeur. Le roulement sonore qu'il produit en travaillant s'entend à une assez grande distance. La saison des amours recommençait dans la nature; la sève printanière gonflait les boutons à fleurs. Mais des giboulées reviendraient sans doute; peut-être même des gelées en avril, et alors tout ce précoce travail d'enfantement serait perdu. Pour l'homme aussi, bien souvent, les joies de la jeunesse, la perspective d'un bonheur anticipé sur lequel il compte, se changent en amertumes, en glaçons de tristesses et de regrets. Le printemps est une saison trompeuse; il ne peut produire que des fleurs passagères.

Evidemment, Paul Hermey ne se livrait pas à des réflexions de cette nature. Quand il entourait de son bras la taille d'Herminie Genouillet, il se trouvait réellement très heureux. Et lorsqu'il présenta sa fiancée à Elisa, il avait presque l'air de lui dire : Tu vois! si tu l'avais voulu, tu serais à sa place, tandis que tu restes ici, pauvre servante comme devant. Mais la jeune domestique n'avait rien à regretter de ce côté-là; elle le sentait vivement.

L'oncle fut aimable avec sa future nièce. Contre l'ordinaire, il n'eut pas de premier mouvement fâcheux en recevant les fiancés.

— Ma foi, mademoiselle, dit-il à Herminie, je vous trouve bien courageuse. Mais j'espère que mon neveu se mettra tout de bon à ses affaires, quand il sera marié, et que vous le ferez marcher d'un bon pas. Je crois bien que c'est un bon garçon, auquel j'ai toujours dit de ne compter que sur lui-même. Si vous pouvez le décider à ne plus chasser, ni perdre son temps à la pêche, vous vous en trouverez bien tous les deux.

— Oui, monsieur; je suis absolument de votre avis, et j'ai déjà dit à Paul mon sentiment à cet égard. Il m'a promis de renoncer à ces fantaisies de jeune homme. Quand on se marie, c'est, avant tout, pour tâcher d'augmenter ce qu'on possède et se créer ainsi une bonne position pour l'avenir.

— Vous avez parfaitement raison.

— Nous aurons le plaisir de vous avoir à notre noce, mon oncle, n'est-ce pas? dit Paul.

— Ah! par exemple! Si tu crois qu'un vieillard de soixante-quatre ans, dans ma position et encore en deuil, va se rendre à une noce, tu te trompes d'une belle manière. Ne viens pas me chanter *Floribus*. J'ai bien autre chose à entendre. Non, non, je ne vais plus à aucune noce, et je crois même que, si je faisais la folie de me remarier, — ce qui certainement n'arrivera pas, — je n'irais pas même à la mienne.

A ces derniers mots, Herminie partit d'un éclat de rire, qui ne laissa pas d'égayer aussi le malicieux docteur.

— Que voulez-vous manger et boire? demanda-t-il aux fiancés. Chez moi, dans la maison d'un pauvre vieux solitaire, on n'a jamais grand'chose à offrir. J'ai pourtant là du vin et des bricelets qu'Elisa a faits hier. Si vous préférez du thé, j'en ai à votre service. Il sera prêt dans cinq minutes.

— Merci, monsieur, répondit Herminie; nous ne voulons vous causer aucun dérangement. Pour boire à votre santé avant de repartir, nous accepterons un demi-verre de vin.

Quand ce fut fait, l'oncle dit à Paul:

— Tiens, voilà un bricelet pour ta noce. Bien que

ceux d'Elisa soient assez bons, celui-ci est pourtant meilleur.

Le bricelet en question était un petit papier que Paul mit dans une poche de son gilet après en avoir senti le poids et remercié son oncle.

— Votre domestique a l'air d'une gentille personne, dit Herminie. On m'en a parlé chez Mme Duclerque, où je lui ai succédé comme femme de chambre. Mais elle est d'une santé bien délicate, n'est-ce pas ?

— Comment donc! elle est saine comme une cloche et fait tout l'ouvrage de ma maison sans se fatiguer. Elisa a été assez gravement malade il y a une année, c'est vrai; maintenant, elle se porte aussi bien et même mieux qu'un grand nombre de filles de son âge en bonne santé. — Vous partez, monsieur et mademoiselle. Merci de votre visite. N'allez pas trop vite, afin de ne pas vous échauffer en chemin.

Le petit papier donné à Paul contenait 200 francs en or, qui lui venaient bien à point pour ses frais de mariage.

— Comment trouvez-vous ma future nièce? demanda le docteur à Elisa, lorsque les fiancés furent partis.

— Très bien; elle a bonne façon. C'est une belle personne.

— Oui, dit l'oncle d'une façon fort laconique.

Puis il ajouta mentalement pour lui seul : si cette Herminie n'a pas le poignet solide et le verbe haut, à moi la peur! Avec elle, il faudra que Paul marche droit, ou qu'il dise pourquoi. Au fait, c'est ce qui pouvait lui arriver de mieux.

Eh bien, dans les premiers temps du mariage, cela n'alla point mal. La mère de Paul laissait gouverner le ménage par sa belle-fille. En général, l'autorité dans la maison, est ce qui plaît le mieux à une jeune femme d'un caractère décidé et quelque peu tranchant. Rares sont les belles-filles qui, sur le point en question, admirent beaucoup leurs belles-mères, lorsque celles-ci conservent la dictature et tiennent le manche de la cuiller. Et puis, chez Paul, on avait des provisions restées de l'hiver, du salé de porc, du beurre et du lait, des pommes de terre. La chasse n'étant pas ouverte, Paul se contentait d'aller pêcher des truites, qu'on vendait, et dont Herminie gardait l'argent pour elle. Mais cet argent ne valait pas le quart du temps qu'il exigeait du pêcheur. Et quand Paul revenait d'une longue tournée aux bords des ruisseaux, il était fatigué, ahuri, incapable de se mettre à l'ouvrage de la campagne. Sans en rien dire, il allait se réconforter au cabaret. Le lendemain, si l'envie lui venait de reprendre sa ligne, pour tâcher de sortir de l'eau quelque truite ayant cassé le fil de mortapêche et emporté l'hameçon, Herminie ne trouvait pas la chose bonne, d'autant plus qu'elle avait du noir et souvent mal au cœur. Elle ignorait que Paul, en se mariant, avait fait un nouvel emprunt à la banque, pour lui acheter une montre avec sa chaîne, une broche et un châle ; puis l'intérêt de la dette hypothécaire de 5000 francs allait être échu. Avec quoi le payer ? Le produit du lait se dépensait dans le ménage ; le potager, comme à l'ordinaire, était mal cultivé. Dans son état de grossesse, Herminie n'aurait d'ailleurs pas été capable de porter des légumes au marché pour les vendre. Ils n'avaient pas de ces primeurs qui sont recherchées et font de l'argent. Peu à peu, Herminie avait vu que la situation véritable de Paul et de sa mère était fort loin de l'aisance large sur laquelle elle avait compté en se mariant. De là, des moments de mauvaise humeur, et plus tard des accès de colère, de véritables scènes dans lesquelles les reproches et les gros mots commencèrent à s'échanger entre les époux, au grand scandale de la mère, et même de voisins qui, sans se montrer, prêtaient l'oreille au bruit des disputes, cachés derrière quelque fenêtre borgne. Voilà où le jeune ménage en était venu au bout de six mois.

Le premier septembre arrivant, Paul prit un permis de chasse, malgré tout ce que sa femme put lui dire à ce sujet.

— Je sais ce que j'ai à faire, lui répondit-il ; tu seras bien aise la première d'empocher le prix de mes lièvres.

— Mais, Paul, ta vigne est en désordre ; nos pommes de terre étouffées par la mauvaise herbe ; le regain n'est pas fauché.

— Tout ça se fera ; ne t'en inquiète pas. Crois-tu, par hasard, que je veuille passer tout mon temps à la chasse ? Je sais me conduire, pourtant.

— Oui, d'une belle manière ! Ah ! si j'avais su réfléchir à temps ! Mais c'est trop tard, maintenant. Sans l'enfant qu'il me faudra mettre au monde à la fin de l'année, je te planterais là, et je retournerais en place.

— Est-ce que je t'ai promis de te faire manger l'or à la cuiller ?

— Non, mais tu as promis d'être un bon mari et de me fournir les choses nécessaires à la vie.

— Que te manque-t-il ? as-tu jamais eu faim, depuis que nous sommes mariés ? Et d'ailleurs, qu'as-tu apporté en venant ici ? six chaises et une table. Un beau *venez-y-voir !*

Voilà comme ils se parlaient déjà, mais sans se fâcher d'une manière plus grossière.

Mais lorsque, plus tard, Paul revenait sans gibier et que, s'arrêtant dans quelque village, il restait à boire au cabaret, de manière à sentir le vin à son retour, sa femme ne se gênait pas de lui dire :

— Te voilà, bandit ! oui, tu as bien employé la journée, depuis ce matin ! Vilain monstre d'homme ! Il faut qu'il vienne encore apporter ici l'odeur du schnaps qu'il a bu à la chasse. Oui, va te cacher.

— Cache seulement ta mauvaise langue, toi. Et ne me fais pas mettre de travers. Je ne suis déjà pas trop de bonne humeur. Si tu n'étais pas dans une position intéressante, je te flanquerais un soufflet, pour t'apprendre à modérer tes paroles.

— Flanque-le, si tu l'oses, rôdeur que tu es ! Va ; j'avertirai ton oncle de ta belle conduite.

— Mon oncle ! il se fiche pas mal de toi.

Vous pensez peut-être, ami lecteur, que j'exagère en rapportant ici des propos pareils ? Ah ! j'en ai bien entendu d'autres, et des paroles plus laides, accompagnées de coups donnés et rendus, de vaisselle brisée, et de tout le reste. Voilà ce que deviennent parfois, au bout de peu de temps, de jeunes ménages chez lesquels tout devrait être joie et paix, tendresse réciproque, crainte filiale et amour de Dieu dans le cœur. Et quand ce sont des époux au fort de la vie, entourés d'enfants qui poussent des cris d'épouvante, au milieu d'une scène ignoble entre père et mère, dites que les vendeurs d'eau-de-vie ne sont pas des empoisonneurs publics, et que ceux qui la boivent ne deviennent pas de monstrueux fous qu'il faudrait enfermer.

Jeunes filles, jeunes filles! jusqu'à quand serez-vous assez lâches de caractère, assez aveugles, assez folles vous-mêmes, pour épouser de jeunes hommes que vous aurez vus se livrer à des excès de boisson, à la colère, aux propos grossiers ou inconvenants?

CHAPITRE XXII

Une double consultation.

⋖⋗

Peu après le mariage de Paul et d'Herminie, Elisa Morins eut à soutenir un combat dont elle sortit victorieuse, mais qui ne laissa pas de la préoccuper vivement. Théophile Caux était revenu consulter le docteur deux fois, depuis le jour où il amena sa mère, et comme il avait pu causer en particulier avec Elisa, il lui avait laissé voir qu'elle lui plaisait, et qu'il désirait faire connaissance plus intimement avec elle. A de si honorables avances, Elisa répondit, assez troublée d'abord, que sa position de simple domestique, de fille sans fortune quelconque, lui imposait une grande réserve dans toute sa conduite, et particulièrement dans une relation qu'elle considérait comme au-dessus de ce qu'elle était et faisait; mais qu'en tout cas elle prendrait l'avis de sa mère et de son maître actuel.

Théophile l'assura que ses intentions étaient pures,

dictées par un sentiment qui grandissait en lui chaque fois qu'il la voyait, et que sa mère était dans les mêmes idées.

— Entre vous et moi, dit-il à Elisa, il ne doit pas être question de fortune; je suis assez dans l'aisance pour pouvoir épouser une fille qui ne le serait pas. Je ne me suis, d'ailleurs, pas informé de ce qui peut vous concerner à cet égard; c'est à vous-même que je m'adresse, non à ce que vous possédez ou ne possédez pas en fait de biens temporels. Vous avez le temps de réfléchir, de bien penser à ce que je vous propose. Le mariage est une chose trop sérieuse pour qu'on prenne une décision hâtive, qui ne serait pas mûrie à fond. Quand je reviendrai, si vous le permettez, j'entrerai dans les détails que vous devriez nécessairement connaître.

— Je vous suis reconnaissante, monsieur, et je me sens très honorée par ce que vous venez de me dire. Lorsque nous nous reverrons, j'aurai pris conseil de ma mère, de M. Argozat, et aussi de moi-même, s'il plaît à Dieu.

— J'ai aussi demandé conseil à l'Etre tout-puissant, auquel je confie mes pensées et dont j'attends la direction suprême, ajouta Théophile Caux.

Cette première ouverture si parfaitement correcte, avait été faite avant le retour de M. Argozat, qui était au village en ce moment-là.

— Votre serviteur, monsieur Caux, dit le docteur en trouvant le jeune homme à la maison, causant avec Elisa dans la cuisine. J'ai reconnu votre char devant l'auberge et j'ai bien pensé vous trouver ici.

— Elisa, vous auriez dû faire entrer M. Caux à la chambre.

— Je le lui ai proposé, mais il a préféré rester où il y a du feu.

— Soit. Entrez maintenant, monsieur Théophile. Veuillez vous asseoir et dites-moi comment va le cœur. Mais d'abord : votre mère ?

— Beaucoup mieux ; elle se dit presque entièrement guérie du mal qui l'inquiétait.

— Bon. Il faut qu'elle continue, mais à plus petite dose, ce que je lui ai prescrit. Et vous, mon cher monsieur ?

— Eh bien, moi, j'ai deux espèces de cœur. L'ancien, qui me tracasse encore de temps en temps par des intermittences contre lesquelles rien n'agit, excepté la patience et le calme d'esprit. Parfois, il se permet des soubresauts qui me réveillent subitement et me mettent en transpiration, après quoi cela passe. Puis, j'ai l'autre cœur, celui qu'on ne voit pas, mais qui désire s'ouvrir à vous aujourd'hui avec confiance, si vous consentez à l'écouter ?

— Avec les deux oreilles, mon cher jeune homme. J'irai même au-devant de ce qu'il peut avoir à me dire : n'est-ce pas qu'il s'est laissé prendre aux charmes extérieurs et au caractère d'une aimable fille qui se nomme Elisa, et qui pourrait presque entendre ce que nous disons, fit-il à voix très basse. Est-ce que je fais erreur dans ma supposition ?

— Non, monsieur ; c'est bien cela. Mais comment

avez-vous pu découvrir un secret dont ma mère seule est instruite ?

— Mon très cher, il y a des yeux qui parlent aussi bien que la bouche, pour celui qui connaît un peu leur langage mystérieux. J'ai compris vos sentiments, dès le jour où vous êtes venu avec votre mère, et je crois, je crains, devrais-je dire, que ma domestique ne les ait compris aussi bien que moi. Lui avez-vous parlé aujourd'hui ? C'est probable. J'ai vu à son air, quand je suis entré, qu'elle a quelque chose de particulier à me dire.

Théophile raconta au docteur, presque dans les mêmes termes, la conversation qu'il avait eue avec Elisa. Quand il eut fini :

— C'est très bien, dit M. Argozat. Je m'attendais à la réponse qu'elle vous a faite, car c'est une fille vraiment distinguée et très sage. Mais il y a d'autres questions à examiner, soit pour elle, soit pour vous. Pour elle, il y a sa mère, à qui elle passe la moitié de ses gages, afin que la pauvre femme ait le nécessaire. Si Elisa se marie, il faut qu'elle puisse continuer, et cela ira en augmentant, à mesure que viendront les années. Avez-vous pensé à cela ?

— Non ; je l'ignorais ; mais rien ne sera plus facile. Je ferai une pension convenable à Mme Morins.

— Parfaitement. Vous êtes un homme généreux et délicat, qui comprend les circonstances du prochain. Maintenant, voyons un peu ce que dit le vieux cœur.

Après un moment d'examen, auquel succéda une

auscultation régulière de la poitrine, le docteur dit gravement :

— Assez d'hommes se marient dans le même état que vous. La poitrine est bonne, bien que le côté gauche soit un peu déprimé, l'épaule étant plus saillante; mais il y a quelque chose au cœur que je ne m'explique pas encore très bien. Toutefois, je persiste à penser que ce n'est pas un mal organique. La gêne qu'il éprouve de temps à autre, lui vient d'une cause qu'il faut découvrir et combattre. Nous en viendrons à bout; ce n'est point quelque chose qui menace la vie. Avec une disposition pareille, on peut arriver à quatre-vingts ans. Vous n'avez jamais eu d'enflure aux jambes?

— Non, monsieur.

— Oui, on voit qu'elles sont sèches. Cependant, je crois qu'il serait bon d'attendre longtemps encore, et quand je dis longtemps, je veux parler de huit ou dix mois, même d'une année, avant d'allumer le flambeau de l'hyménée, comme disait Hippocrate.

— Je puis attendre le temps que vous jugerez nécessaire.

— Et moi, mon cher monsieur Caux, pensez-vous qu'il ne me faudra pas prendre patience aussi, et même plus longtemps que vous ? Mais non ; mon reste de vie sera probablement court. J'ai fait mon compte et, au premier jour, je vais mettre ordre à mes affaires. Sans être prophète, sans empiéter sur les droits de l'Eternel qui m'a donné l'existence et à qui je dois la rendre, j'ose dire que je mourrai comme mon père est mort; et j'ai déjà dépassé l'âge qu'il avait lorsqu'il fut rappelé subitement.

Si Elisa se décide en votre faveur, je ne reprendrai probablement pas une nouvelle domestique. Où trouverais-je sa pareille? Vous avez bien pu juger qu'il n'y en a pas deux. Si donc elle devient votre femme, je resterai seul, comme ci-devant, à moins qu'elle ne me procure une personne capable de la remplacer. Mais si vous m'en croyez tous les deux, il faut attendre au moins une année avant de vous unir.

— Je vous suis, cher monsieur, bien reconnaissant de tout ce que vous avez l'obligeance de me dire et de me conseiller. Pourrai-je continuer à être reçu dans votre maison?

— Pour des consultations médicales, tant que vous voudrez. Pour voir Elisa, cela dépendra de sa réponse. Je la laisse libre. Je me mets bien à votre place, puisque, moi aussi, je me suis marié, mais à trente-cinq ans seulement, à mon retour du Midi et de l'Espagne. A trente-cinq ans, c'est déjà un peu tard, quand on est comme vous fils unique et qu'on a de la fortune. Il vaut mieux s'établir sept ou huit ans plus tôt. Toutefois, si les célibataires ne goûtent pas les joies du foyer conjugal, ils n'éprouvent pas non plus les amertumes de la séparation. — Allez causer encore un moment avec Elisa, pendant que je réfléchirai à ce que vous pourriez prendre pour chasser ces diables de soubresauts et les intermittences.

La prescription étant écrite, le docteur rappela Théophile, qui vint aussitôt, reçut l'ordonnance, et, comme à l'ordinaire, posa un écu sur le tapis de la table.

— Non, dit M. Argozat; point de payement aujourd'hui. Reprenez cet argent. Nous avons causé de choses qui nous intéressent tous les deux. Une autre fois, à la bonne heure.

— Je ne puis assez vous remercier, cher et honoré monsieur....

— Oui, oui, c'est bon. Allez seulement. Ne faites pas courir trop fort votre cheval, et saluez votre mère. Elle doit continuer son remède, à demi-dose, comme je l'ai dit.

— Bonjour, mademoiselle, disait Théophile en partant. J'attendrai donc votre réponse.

— Oui, monsieur, aussitôt que je pourrai vous la donner.

— Eh bien, Elisa, dit le docteur, lorsque la porte se fut refermée et Théophile parti, c'est comme cela que vous tenez votre promesse! Vous vous étiez engagée, en venant chez moi, à ne pas nouer une inclination.

— Je n'ai pas d'inclination, monsieur.

— Comment donc! vous me la chantez belle! Est-ce qu'un garçon du caractère de ce Théophile et dans sa position de fortune peut être refusé?

— Oui, monsieur.

— Ce n'est pas possible.

— C'est possible. Je suis au service de monsieur tant qu'il aura besoin de moi, bien qu'il soit facile de me remplacer avantageusement.

En écoutant ce que disait cette fille au caractère fort et dévoué, le vieux docteur sentit son cœur se gonfler. Il revint à la chambre, où il laissa couler quelques larmes qu'il eût été honteux de montrer à sa domestique. Cette émotion passée, il se mit à siffler l'air d'une vieille chanson, afin de donner le change à ses idées. Puis il reparut bientôt à la cuisine.

— Je ne veux pas, dit-il à Elisa, qu'à cause de votre place chez moi, vous refusiez une position unique entre toutes pour vous, à moins que le mariage ne vous soit antipathique. S'il en était ainsi, vous feriez une exception des plus rares. La frayeur de rester vieille fille pousse une quantité de vos semblables à accepter des unions qui ne peuvent être que malheureuses. Combien ne voit-on pas de ces bécasses, de ces personnes absurdes, qui consentent à épouser des hommes pleins de défauts et même de vices; des ivrognes, des mal-embouchés, des êtres de mœurs corrompues! Elles deviennent leurs femmes, uniquement par peur de rester célibataires. Ah! elles le payent cher! Mais avec Théophile Caux, vous n'auriez rien de semblable à risquer. Seulement, si sa maladie de cœur devenait grave...

— Ne m'en dites pas davantage, monsieur. Je vous donnerai ma lettre à lire. J'ai dit qu'il est possible de refuser. Refuserai-je? Je ne puis rien décider aujourd'hui. Ce que je répète, c'est que je suis, avant tout, au service de monsieur, tant que vous aurez besoin de moi. Dois-je mettre pour ce soir des côtelettes?

— Comme vous voudrez, Elisa. Je n'ai pas grand'

CHAPITRE XXII

faim aujourd'hui. Peut-être que la marche que je vais faire jusqu'à Mérand me donnera de l'appétit. Si l'on vient me demander, dites que je serai de retour à cinq heures.

Huit jours après, Elisa écrivit à Théophile :

« Cher et honoré monsieur,

» J'ai promis de vous écrire. Voici ma réponse à votre proposition : j'ai besoin d'une année avant de prendre une décision définitive. Pouvez-vous attendre ce terme, qui porterait au mois de mai de l'année prochaine ? Dites-moi aussi votre pensée très franchement. Vous n'ignorez pas que M. le docteur Argozat s'est montré pour moi, depuis longtemps déjà, comme un père envers son enfant. Il m'a soignée pendant une grave maladie, et, après Dieu, c'est à lui que je dois d'être aujourd'hui en bonne santé, probablement aussi d'avoir conservé la vie. Je serais donc une ingrate, si je quittais sa maison, tant que je puis lui être utile. J'ai aussi ma mère, dont je dois m'occuper. Par ces divers motifs, comme pour obéir à mon propre sentiment, je désire avoir du temps au-devant de moi, avant de trancher une question de si grande importance.

» Quelle que soit votre réponse, cher monsieur, je demeure

» votre dévouée et reconnaissante,

» Elisa Morins. »

Le lendemain, le télégraphe apportait ces deux mots à Elisa :

« Attendrai. Merci. »

— Allons, dit le docteur, nous sommes tous contents. Mais je pense que le second cœur de Théophile va bientôt lui prouver qu'il a besoin d'une consultation,... avec vous, bien entendu, car ce n'est pas un cœur de pierre. Il faudrait seulement que l'autre cœur soit en aussi bon état que celui dont je parle.

— Pensez-vous donc, monsieur, qu'il y ait quelque chose de sérieux à redouter pour lui ?

— J'espère que non ; mais dans le fait, je n'en sais rien. En médecine, tout est conjectural. Sauf les cas absolument visibles, le plus habile docteur peut se tromper. Vous savez que le cœur est logé dans une cavité profonde, où l'œil de l'homme ne peut pénétrer ; l'autre cœur, celui qui est le siège des passions, est encore plus caché, plus mystérieux. Prenez garde au vôtre, Elisa, afin qu'il ne batte pas non plus, ni trop fort, ni trop vite. Pour le moment, vous allez avoir de l'occupation sur laquelle vous n'avez pas compté. Demain, vous irez avec le char de Jacquot chercher votre mère. Vous l'amènerez ici, où elle passera quelques semaines avec vous. Nous la conduirons ensuite à Montaubois, chez Mme Russel, où je veux essayer pour elle une cure d'air de montagne. On n'a jamais rien fait pour la débarrasser de son asthme, qui pourtant n'est pas constitutionnel, ni chronique par conséquent. Il est possible qu'un séjour un peu long en plein Jura fasse disparaître sa difficulté de respiration, ou tout au moins la diminue. Elle habite à l'ordinaire une espèce de cave dont l'humidité ne peut lui convenir. Vous irez tout de suite après le dîner.

— Oui, monsieur. Je vous remercie de votre bonne pensée. Ma mère en sera bien heureuse. Elle pourra m'aider à tourner des draps de lit qui ont grand besoin d'être réparés. Je les ai mis à part lors de la dernière lessive ; et je comptais le faire moi-même dès que j'en aurais le temps.

— Qu'est-ce que vous me chantez-là ? Mon linge doit être en bon état. Je ne veux pas qu'on aille rien couper à ces draps. Laissez-les tranquilles. C'est comme mes bas : vous êtes toujours à y passer des fils, comme s'ils en avaient besoin.

— Monsieur peut être assuré que je me borne à ce qui est nécessaire en fait de raccommodages. Ma mère s'y entend très bien. Elle pourra aussi tricoter quelques paires de bas de laine pour l'hiver. Si madame était encore vivante, et moi ici, je suis sûre qu'elle m'ordonnerait de faire ce que je propose.

A ces derniers mots, le docteur regarda sa domestique et ajouta simplement :

— Ah ! oui, si elle était là ! mais elle n'y est plus et n'y reviendra jamais. Vous ferez ce que vous croirez bon pour le linge, Elisa.

Il fut donc décidé que la veuve Morins serait installée dans la chambre que Mme Ricolin destinait à Mme Ouébe, l'année précédente, lorsque les deux douairières visitèrent la maison du docteur.

On était à la fin de mai. Paul et Herminie achevaient le dernier quartier de leur lune de miel. Dans un chapitre précédent, nous avons vu que leur ciel conjugal s'était dès lors chargé de nuages noirs, dont les flancs contenaient déjà des grondements de mauvais augure.

CHAPITRE XXIII

Le scrofoloso de Madame Duclerque.

— Si vous rencontrez ma sœur, vous lui direz mes amitiés ; mais ne vous arrêtez pas chez elle, avait dit le docteur à Elisa, au moment où celle-ci partait en char pour aller chercher sa mère. Jacquot, vous ne ferez que tourner bride et reviendrez immédiatement. Il faudra me conduire à Mérand demain matin.

— Oui, monsieur, avait répondu le loueur du vieil attelage.

Durant le trajet, pour lequel il fallait presque une heure par des chemins mal entretenus, Elisa se livrait aux pensées nouvelles dont son esprit et, jusqu'à un certain point son cœur, étaient occupés depuis la veille. Il n'était pas possible qu'il en fût autrement. Seule au fond du cabriolet, la jeune fille se demandait pourquoi, dans une position aussi chétive que la sienne, un jeune campagnard, riche et indépendant, s'adressait à elle, lui offrant de partager sa vie, alors qu'il pouvait choisir une héritière et doubler la fortune qu'il possédait déjà. Et ce Théophile n'était point un garçon vulgaire, dépourvu d'intelligence ou dont l'éducation et l'instruction eussent été négligées. Sans être d'une beauté remarquable, il se présentait bien et avait bonne façon. « Qu'est-ce donc qui peut l'attirer du côté d'une pauvre fille comme moi ? » se disait-elle. Si le cœur d'Elisa ne bondissait pas encore à l'idée de devenir un jour la compagne de cet excellent Théophile, il est de fait qu'une telle perspective lui souriait énormément. Mais il faudrait abandonner le maître si bon pour elle, au milieu de ses originalités de caractère. Depuis bientôt une année, il avait été son protecteur et lui avait presque servi de père. De ce côté-là, elle ne se sentait pas libre. Il en serait ce que Dieu voudrait. Simple dans sa foi chrétienne, Elisa était bien décidée à tout remettre aux mains de son Père céleste. Il lui fallait prier pour quelqu'un de plus, et c'est ce qu'elle faisait déjà cordialement.

Toutes ces pensées l'empêchaient de jeter les regards à travers la campagne, si belle en ce moment. Les arbres achevaient de fleurir ; les prairies étaient déjà pleines d'une herbe odorante ; les blés, d'un vert foncé, dressaient leurs tiges multiples et serrées, où l'épi se montrerait dans quelques semaines. C'était la belle et vigoureuse sève dans la nature, comme la jeunesse chez une fille de vingt-quatre ans.

Seul aussi dans son cabinet de consultations, où il avait fait un sommeil d'une heure, le docteur pensait à l'avenir, et bien plus encore à sa fin qu'il croyait prochaine. Il voulait régler ses affaires, ainsi qu'il l'avait dit. Il fallait y réfléchir et ne pas perdre de temps. Evidemment, Elisa finirait par se fiancer avec Théophile et l'épouserait. Pour se présenter dans sa nouvelle famille, un trousseau convenable était de rigueur. Il lui donnerait donc la somme nécessaire, personne ne pouvant le faire que lui. Cette somme, soit 1500 fr., il l'avait toute en écus de cinq francs, et il la tenait en lieu sûr, dans une marmite de fer, dont on ne se servait plus, parce qu'elle était trop grande pour son petit ménage. Autrefois, quand la domestique nourrissait un porc, on y cuisait les feuilles de choux et les pommes de terre destinées au gros mangeur. Enfin, on verra tout ça, se disait notre docteur, si je suis encore de ce monde. Et en attendant, je donnerai à Elisa, par testament, la marmite N° 25, avec son contenu.

On voit que les pensées du maître et de la domestique se dirigeaient du même côté, sans se ressembler en rien. M. Argozat en avait d'autres encore, qui lui étaient venues depuis la veille, au sujet de la santé de Théophile, et qui ne laissaient pas de lui donner quelque inquiétude. Pendant l'année qui devait s'écouler avant toute décision, on verrait ce qu'il en serait.

Comme le char de Jacquot passait devant la maison de Paul, Herminie se rendait à la fontaine.

— Eh! voici l'oncle docteur, dit-elle en s'approchant du véhicule : Bonjour, mon oncle! On ne pouvait voir qui était là.

— Bonjour, madame, répondit Elisa en s'avançant.

— Et mon oncle, où est-il ? reprit Herminie.

— Il vous fait bien saluer tous, et envoie particulièrement ses amitiés à madame sa sœur.

— Comment ! il n'est pas avec vous ?

— Non ; je vais chercher ma mère. M. Argozat l'invite à passer quelques jours avec moi.

— Oh ! c'est vraiment curieux.

— Oui, c'est bien aimable de la part de monsieur. Il veut essayer d'un traitement contre l'asthme. Allez-vous bien tous, madame ?

— Oui. Beaucoup d'amitiés à mon oncle.

— Au revoir, madame. Je ne dois pas m'arrêter.

Le char continua, Herminie restant bouche béante et se disant : « Quel drôle d'oncle nous avons ! C'est bien lui qui nous chante *Floribus* et *Femmes sensibles*. Il promène sa domestique en cabriolet, et ne nous a pas même invités une seule fois depuis notre mariage. »

A cette époque-là, Herminie et Paul ne s'adressaient pas encore des injures.

Elisa ramena donc sa mère, qui depuis des années n'avait fait une promenade en voiture. Ce que la veuve apprit des intentions de Théophile à l'égard de sa fille lui causa une vive émotion, suivie d'un tremblement nerveux, que la course en char finit pourtant par dissiper. Aussi était-elle tout heureuse en prenant possession de la bonne chambre qu'on lui destinait. Il lui semblait déjà qu'elle y respirait mieux que dans son triste logis. « Mais quelle affaire pour Elisa ! » se disait la pauvre femme, à la pensée de la demande du riche garçon.

Le lendemain, dans la matinée, le docteur se rendit chez M. Duclerque, qui l'avait fait prier de venir le voir. Le propriétaire de la jolie villa *Sitelle*, — c'était le nom de l'habitation, — souffrait d'un dérangement bilieux auquel il n'était pas sujet, et qui lui donnait du noir. Contre l'avis de Mme Duclerque, il voulait consulter un médecin campagnard. Depuis que M. Argozat s'était montré si expert dans la cure d'Elisa, puis aussi pour le pied du jardinier, M. Duclerque avait pris en estime le docteur aux allures rudes et fantasques. Mme Duclerque, de son côté, laissait l'ancienne homéopathie pour s'adonner aux spécifiques Mattéi, dont elle chantait merveille. Tout cela montre bien la bizarrerie humaine en ces sortes d'appréciations. Un docteur qui n'emploierait que l'eau froide pour tous les maux guérirait probablement autant de maladies qu'avec toute la pharmacopée des médecins en renom. Voilà ce que disait un homme rendu à la santé simplement par des bains de jambes d'eau froide. Un autre nous affirmait qu'il ne souffrait plus de cruelles névralgies à la tête, depuis qu'il était devenu végétarien.

Au bout de cinq minutes d'examen de son nouveau client, M. Argozat s'était formé une opinion sur la cause de l'indisposition et sur sa nature.

— Vous avez une nourriture trop succulente, lui dit-il, trop abondante en sauces grasses. Votre constitution, du reste très bonne, se trouverait bien de mets simples, non chargés d'épices. Peu de viande, assez de légumes, et beaucoup d'exercice en plein air. Voilà ce qu'il vous faut. Ce qui serait excellent pour vous, monsieur, c'est un peu de travail manuel, chaque jour. La Providence ne nous a pas donné des bras pour les avoir pendants ou les mains dans nos poches, ni des jambes pour monter en voiture seulement. Sciez votre bois et fendez-le, si cela ne vous ennuie pas trop, et faites à pied de bonnes promenades. Vous vous en trouverez bien.

Puis, prenant dans une poche de son gilet une petit boîte de carton, semblable aux anciennes boîtes de capsules Gevelot pour les fusils à piston :

— Voici, monsieur, continua le docteur, des pilules de ma composition. Vous en prendrez six le soir en vous couchant, et six le matin en vous levant. Une demi-heure après ces dernières, vous boirez du bouillon fait avec des légumes verts et un peu de beurre frais. Faites cela deux ou trois jours de suite en vous nourrissant comme je vous le conseille. Vous me donnerez plus tard des nouvelles de votre santé.

Mme Duclerque assistait à la consultation. Elle ouvrit la boîte, et, à la vue des boulettes grises, grosses comme des poisettes, elle s'écria d'un ton lamentable :

— Mais, monsieur, ces pilules sont énormes ! M. Duclerque est fort douillet ; je ne me représente pas qu'il consente à les avaler. Oh ! s'il avait confiance dans le scrofoloso ! Comme il s'en trouverait mieux !

— Madame, reprit le vieux médecin campagnard, si j'étais un habile homme, comme le comte Mattéï, ou un ignoble charlatan, comme on en compte plusieurs dans notre canton, j'aurais fait une fortune avec mes *six le soir et six le matin*. Pour cela, il n'y avait qu'à emboucher la trompette dans les journaux. Mais j'ai préféré ne pas vanter mon remède au delà de ses mérites. Et si je gagne fort peu d'argent, je tâche au moins de rester un honnête homme et d'être utile à mes malades.

— Mais, monsieur, le *scrofoloso*, l'*antiangiotico* font des cures merveilleuses dans certains cas. Nous avons dans le village un charretier que j'ai guéri par l'antiangiotico d'une irritation chronique du larynx.

— Ne venez pas me chanter *Floribus*, madame Duclerque. Le charretier, je le connais, — c'est Daniel Kübli, — avait un rhume qui aurait passé tout seul au bout de huit jours. Si vous lui aviez fait prendre, dès le début de son refroidissement, vingt gouttes d'aconit dans un verre d'eau froide, son rhume eût été coupé dans la journée même. Je ne donnerais pas un teton de puce, — mille pardons, madame ! — de toute votre pharmacologie microscopique.

Ces derniers mots firent partir d'un bon éclat de rire M. Duclerque, qui n'avait fait que broyer du noir depuis quelques jours.

— Je prendrai les pilules, dit-il, et, si je me sens débarrassé de mon malaise, j'irai vous remercier en me promenant.

— J'espère, — c'est-à-dire, monsieur, je pense qu'elles ne contiennent pas de toxiques ? demanda Mme Duclerque.

— Soyez sans inquiétude, madame ; mes pilules en

contiennent probablement moins que vos granules de scrofoloso.

— Notre ancienne Elisa Morins est donc bien guérie ? continua la dame de céans.

— Oui, et même c'est une fort jolie fille maintenant.

— C'est bien aussi ce que dit mon mari. Monsieur Argozat, vous me prenez mes meilleures femmes de chambre. Voilà votre neveu qui s'est marié avec Herminie Genouillet, il y a trois mois. Est-ce que le ménage va bien ? Ces jeunes gens sont-ils heureux ?

— Je crois que oui. Mon neveu ne m'a pas demandé conseil. En général, il fait volontiers ce que la tête lui chante. Sa femme est d'une forte santé ; on la dit aussi bonne travailleuse.

— C'était une bonne domestique, plus robuste, en effet, qu'Elisa, mais d'un caractère difficile. Elle ne supportait pas les observations sans répliquer.

— C'est bien possible ; comme Elisa, qui ne réplique jamais, ne supporterait pas une grande fatigue sans en souffrir. Chez moi, elle a un service qui lui convient mieux que celui de votre maison.

— Lorsque vous êtes absent, elle reste seule : n'est-ce pas une position bien dangereuse pour une jeune fille ?

— Pas plus dangereuse qu'ailleurs, madame. Elisa a du caractère, et c'est une fille parfaitement sage, qui ne perd point son temps. En ce moment, elle a sa mère en séjour chez moi.

— On avait parlé d'un mariage avec votre neveu ; cela ne s'est donc pas arrangé ?

— Non, madame, et je pense que cela ne regarde

personne. Excusez-moi si je vous dis mon sentiment à cet égard. — J'espère, monsieur, avoir le plaisir de votre visite dans quelques jours. Faites ce que je vous conseille. Buvez peu de vin, surtout pas de ces affreux vins rouges soi-disant de France. Les nôtres sont au moins du vin pur. Le petit blanc de la dernière récolte est diurétique ; il vous convient. Madame et monsieur, je vous salue.

Lorsque la porte de la maison fut refermée et Jacquot parti avec sa jument :

— Quel drôle de docteur ! dit Mme Duclerque à son mari. J'espère au moins que tu ne prendras pas ces horribles pilules ?

— Je les prendrai bel et bien. J'ai plus de confiance en M. Argozat, qui dit franchement ce qu'il pense, et qui réussit avec les campagnards, que dans toute la scrofoloserie Matteï.

— Libre à toi, mon cher ami ; mais dans le cas où ces pilules exerceraient une influence délétère sur ton estomac, tu te souviendras que je me suis opposée à leur absorption.

— Oui, ma bonne amie. N'oublie pas un grand pot de bouillon aux herbes, demain matin. Je veux faire la chose dans les règles.

Huit jours après, M. Duclerque vint à pied chez le docteur. Il avait une tout autre mine et ne pouvait assez remercier le vieux médecin.

— Vos pilules, lui dit-il, sont un peu désagréables à avaler, mais je me trouve parfaitement bien de leur effet. Je veux en avoir toujours à la maison.

— C'est bien facile ; toutefois, il ne faudrait pas en abuser. Si votre indisposition reparaissait à la suite de la même cause, vous ne risqueriez rien de vous en administrer. En général, il faut être extrêmement sobre de remèdes. Au revoir, monsieur.

La mère d'Elisa avait déjà retourné plusieurs draps de lit et restoupé des bas de laine. De temps à autre, elle faisait le tour du village, son tricotage aux mains. C'était une femme encore très active. L'air lui convenait ; son asthme était moins pénible. Elle pouvait, sans avoir trop de peine à respirer, se baisser au jardin et arracher la mauvaise herbe dans les jeunes légumes. Elisa s'entendait aussi fort bien à ces petits travaux. Un ouvrier avait bêché les carreaux du potager. La mère et la fille étaient bien heureuses d'être ensemble. Ce bonheur ne leur avait pas été accordé depuis longtemps.

Dans quelques jours, on conduirait la bonne femme à Montaubois. Mme Russel avait répondu qu'elle pouvait la recevoir. Théophile n'était pas revenu et n'avait écrit qu'une courte lettre, à la suite de son télégramme. On pensait pourtant le voir arriver avant le départ de la mère d'Elisa. Mais celle-ci ne voulait pas se prodiguer en fait de correspondance. Bien décidée, au contraire, à demeurer dans une sage réserve, elle attendrait les démarches de son prétendant, beaucoup plus qu'elle ne les provoquerait. Peu de jeunes filles dans sa position auraient agi comme elle.

CHAPITRE XXIV

Jeunes et vieux.

◄►

La semaine suivante ayant été pluvieuse, il ne fut pas question de conduire à Montaubois la mère d'Elisa. On attendit le retour du beau temps, en sorte que le mois de juin était presque fini, lorsque Jacquot dut préparer son véhicule pour le jour où le docteur et la veuve prendraient le chemin de la montagne. Une mère de famille du haut village avait fait prier M. Argozat de passer chez elle, lorsqu'il viendrait en ces parages. Il fut décidé, un samedi, qu'on irait le lundi suivant, dans la matinée. Ce n'était pas une course à faire le dimanche, puisqu'il n'y avait pas nécessité.

Ce même samedi, sitôt après sa méridienne, le docteur était allé dans une maison située entre Mérand et Civeret, au milieu d'une prairie, pour y soigner un jeune homme qui s'était cassé une jambe en tombant d'un cerisier. La fracture était réduite depuis quelques jours et il fallait faire un pansement. En se rendant où ses fonctions l'appelaient, le docteur rencontra Théophile, qui venait chez lui. On ne l'avait pas vu depuis sa demande à Elisa, et celle-ci trouvait que trois semaines étaient longues, dans la situation actuelle. Théophile arrêta son cheval.

— Votre serviteur! répondit M. Argozat à la salutation toujours respectueuse du garçon. Est-ce pour moi que vous venez?

— Je viens toujours pour vous, monsieur; mais j'avoue qu'aujourd'hui, c'est avant tout pour Mlle Elisa.

— Vous trouverez sa mère à la maison. Je vous rejoindrai dans une demi-heure. Elisa est allée à la boucherie; mais elle sera bientôt de retour. Allez seulement. Votre cheval a chaud; faites-le *bouchonner* en arrivant. Combien l'avez-vous payé?

— Quinze cents francs.

— C'est une jolie bête.

Théophile fut donc reçu par la mère d'Elisa, qui le fit entrer à la cuisine, en attendant l'arrivée du docteur.

— Vous êtes sans doute au courant de ce qui me concerne et de mes intentions, dit-il après les premières salutations.

— Oui; ma fille m'a fait part de ce que vous lui avez proposé.

— Je serai bien heureux si Mlle Elisa peut me donner une réponse favorable, au terme qu'elle a fixé pour sa décision. Je voudrais qu'il lui fût possible de ne pas attendre une année; mais, d'un autre côté, je comprends qu'elle ne peut quitter M. Argozat, sans lui laisser tout le temps dont il a besoin pour la remplacer convenablement, si, comme je l'espère, elle veut bien accepter ma proposition.

— Je pense aussi comme vous à cet égard, dit la mère. Pourriez-vous m'expliquer ce qui vous a poussé à demander Elisa ? Vous savez que nous sommes pauvres toutes deux, très pauvres.

— Ce qui m'a plu chez elle, c'est tout d'abord son air aimable, sa manière modeste et réservée, son intelligence nette et ferme, enfin tout le charme de sa personne. Il m'importe fort peu qu'elle n'ait pas de fortune ; j'en ai assez, grâces à Dieu, pour deux et pour un plus grand nombre. Votre fille a des dons très supérieurs aux biens matériels. Je dois vous avouer aussi qu'elle ressemble beaucoup à une cousine avec laquelle j'étais fiancé et que la mort m'a ravie. Je n'ai pas encore pu raconter à Mlle Elisa ce douloureux événement. C'est à la suite de ce grand chagrin que ma maladie a fait des progrès. Les émotions, les secousses de l'âme ne me sont pas bonnes. J'ai sans doute le système nerveux très impressionnable. Mais puisque vous parlez de fortune, il est nécessaire, peut-être, de vous mettre au courant de ma position. Ma mère possède quelque bien à elle, et mon père m'a laissé, outre nos immeubles, une centaine de mille francs. Il me sera donc facile de faire à ma femme une position aisée, large et assurée, dans la vie qu'elle aura. Faites part de ces détails à Mlle Elisa. Mais je crois que la voici.

En effet, Elisa rentrait, un panier au bras, de

superbes couleurs au visage, les cheveux abrités sous un chapeau de paille.

— Tu as eu bien chaud, lui dit sa mère.

— Un peu ; mais je ne crains pas la chaleur. Comment allez-vous ? dit-elle à Théophile en lui tendant la main.

— Bien ; merci. Je ne vous demande pas des nouvelles de votre santé ; ce n'est pas nécessaire.

— Et madame votre mère ?

— Bien aussi. Elle vous fait saluer affectueusement. J'ai rencontré M. Argozat dans le chemin ; il m'a dit que vous étiez sortie et que je trouverais ici votre mère. J'ai eu bien du plaisir à faire sa connaissance. Il me tardait beaucoup de revenir. Nous avons été occupés aux premiers foins et à cueillir des cerises. Vous voyez que j'en ai encore les mains rougies.

La mère d'Elisa se leva et vint à la rue, comprenant que sa présence gênait peut-être les deux jeunes gens. Ce que Théophile venait de lui dire sur sa position temporelle était pour elle quelque chose de si extraordinaire, que la pauvre femme en était comme éblouie. Avoir pour gendre un riche propriétaire, possédant plus de 150 mille francs, c'était comme si sa fille allait devenir une princesse. Pendant que tout cela miroitait aux yeux de la veuve, Théophile et Elisa causaient.

— Oui, chère mademoiselle, je languissais de vous revoir, disait l'heureux garçon ; et cependant, je dois être sobre de visites, tant que je n'ai pas de réponse décisive à attendre de votre part. Je ne veux absolument pas qu'on s'occupe de nous dans le public. Ainsi, lorsque je resterai un peu longtemps absent, vous n'en serez pas étonnée. Cela me coûtera; mais il faut se conduire avec sagesse.

— Vous aurez certainement raison d'agir ainsi, répondit Elisa. Il est bien entendu que nous gardons l'un et l'autre notre liberté pendant une année. Ce temps écoulé, si vous êtes toujours dans les mêmes intentions à mon égard, je vous donnerai une réponse définitive. Pour le moment, je ne décide rien de plus. Mais, si l'on ne se voit pas souvent, on peut s'écrire. C'est une bonne manière aussi d'apprendre à se connaître.

— Oui, sans doute. C'est charmant à vous de me l'offrir et je vous en suis reconnaissant. Toutefois, je ne sais pas mettre, comme je le voudrais, mes sentiments sur le papier. Je n'en ai jamais eu l'habitude. Vous excuserez mes fautes de français et mon mauvais style. Je voudrais bien avoir votre facilité pour tenir la plume.

— Est-ce que vous vous moquez, M. Théophile? je ne vous croyais pas complimenteur à ce point.

— Je parle très sincèrement. Oh! oui, appelez-moi par mon nom, toujours, et supprimez le *monsieur*, je vous en prie.

On entendit le pas du docteur, ce qui mit fin à la conversation.

Il y avait quelque chose de singulièrement contenu et en même temps de très franc dans le langage de Théophile Caux. Il restait bien dans l'esprit et la lettre de l'engagement libre qui existait entre Elisa et lui.

Mais on entrevoyait le sentiment fort, qui déjà occupait sa vie et qu'il ne voulait pas déclarer à fond. Le grand chagrin qu'il avait éprouvé un an auparavant le retenait dans une réserve qui n'est point habituelle aux amoureux ordinaires. C'était un caractère solide, assez semblable par ses qualités et ses défauts à celui d'Elisa.

— Avez-vous besoin de moi, M. Caux? lui demanda le docteur.

— Pour quelques minutes seulement, répondit Théophile.

— Eh bien, venez, dit le docteur en ouvrant la porte de la chambre. Vous avez eu un peu d'émotion en revoyant Elisa. Cela ne m'étonne pas; il faut tâcher de dominer vos impressions.

— Je fais ce que je peux pour cela; mais les impressions sont involontaires. A la longue, je m'y ferai. Et puis, je ne viendrai que rarement. Elle ne vous a rien dit de plus à mon égard que sa lettre?

— Non; mais je sais qu'elle a pour vous une haute estime. Si cela vous est possible, tâchez de rester avec elle dans une réserve très calme.

— Oui, je sens qu'il le faut. Merci, monsieur, de votre bonté, de votre intérêt pour moi. Que penseriez-vous de quelques plongeons dans l'eau froide, pendant la bonne saison?

— Quand vous éprouvez de la gêne au cœur, ou une sensation désagréable sur le poumon gauche, non, absolument pas. Dans votre état de santé, il faut éviter toute surprise, tout ce qui peut provoquer une commotion. Des travaux qui ne fatiguent pas, des promenades à pied ou en char, de la distraction, voilà ce qui vous convient beaucoup mieux que des bains froids, tant que les palpitations ou les intermittences reparaissent.

— Merci ; je suivrai votre conseil. Aujourd'hui, vous me permettez ?...

Théophile prit son porte-monnaie.

— Oui, deux francs, et non cinq, s'il vous plaît.

Théophile vint saluer Elisa et sa mère, leur dit encore quelques mots, puis il repartit.

Le lendemain, M. Argozat conduisit la veuve Morins chez Mme Russel. C'était la première fois que la pauvre femme voyait de près la montagne. Elle admirait les grands bois tout feuillés, les roches nues qui surplombaient au-dessus de la route, cette nature si différente des espaces planes et cultivés des environs de son village. Dans les versants du Jura, la main de l'homme ne se montre guère que pour éclaircir les forêts avec la hache, sur un sol dur et caillouteux ; tandis qu'à la plaine, le cultivateur conduit la charrue dans ses champs, manie le sécateur dans sa vigne, et plante les dents d'un sarcloir dans ses cultures potagères.

Mme Russel, qui était bonne et sympathique, on s'en souvient, reçut la mère comme elle avait accueilli la fille un an auparavant. Elle lui donna la même chambre, s'excusant de ne pouvoir la loger dans un étage qui fût moins haut ; mais les deux pièces libres encore attendaient les dames Ouébe et Ricolin le jour suivant. Malgré les rampes d'escalier à monter, la mère Morins se trouva délicieusement dans son grenier, d'où la vue était si agréable et où elle respirait bien, à l'air léger de la fenêtre.

En la voyant dans la salle à manger, lorsque les deux pensionnaires arrivèrent le lendemain, Mme Ouébe prit à part Mme Russel pour lui demander qui était cette personne et si elle devait manger à leur table.

— C'est la mère d'Elisa ; une brave et digne femme. Elle prend ses repas à la cuisine.

— A la bonne heure, Mme Russel ; car, voyez-vous, il me serait impossible d'avaler une bouchée en entendant sa respiration gênée. Elle est asthmatique ?

— Oui. Le docteur espère qu'elle se fera du bien à la montagne.

— Heureusement son mal n'est pas contagieux. Vous vous souvenez de mes craintes au sujet de la présence d'Elisa dans votre maison l'année dernière ? Il y avait, certes, de quoi s'inquiéter, à la vue de cette pauvre jeune fille si malade. Est-elle toujours chez le docteur Argozat ?

— Sans doute ; c'est lui qui nous a amené la mère hier matin.

— Hier ? Mme Russel : quel dommage que je n'aie pas été ici pour lui montrer ma jambe ! elle va beaucoup mieux, grâce au traitement d'eau froide qu'il m'avait indiqué. Figurez-vous, ma chère Mme Russel, que nous avons été sur le point.... — Comment va votre mari, toujours le même bûcheron, bien sûr ? — que nous avons été sur le point d'amener avec nous, Mlles Pinchaud et Killert. Mais, au dernier moment, ces deux dames ont préféré attendre le mois de juillet.

— Elles ont bien fait. Je n'aurais pas su où les loger. Vous savez que je n'ai pas de place.

— Elles auraient loué deux chambres dans le village, et vous leur auriez donné la pension. Nous nous serions réunies le soir chez vous.

— Nous verrons cela plus tard. Pour le moment, il faut songer au dîner.

— Oui, Mme Russel; nous avons grand'faim, ayant déjeuné de si bonne heure, et mangé seulement quelques petits pains au beurre en chemin.

Dans le voisinage, on sut bientôt que cette femme de soixante ans, dont la respiration était gênée en marchant, était la mère de cette gentille Elisa qui avait passé l'été précédent à Montaubois chez Mme Russel. Marion Quichette ne fut pas la dernière à tâcher de lier conversation avec la veuve asthmatique.

Un jour que, de son banc où la Marion se tenait la moitié du jour, elle la vit passer dans la rue, elle ne put s'empêcher de l'appeler.

— Eh! madame! venez vous asseoir un moment vers moi pour vous reposer; vous avez l'air fatigué. Vous verrez qu'on n'est pas mal sur ce banc, la tête à l'ombre et les pieds au soleil.

— Vous êtes bien aimable, madame, répondit la veuve en s'avançant du côté de la maison. Elisa l'avait mise au courant du babil curieux et incessant de la vieille femme.

— Oui, tenez : *assoyez*-vous là. Je connais votre charmante fille. C'est elle, n'est-ce pas, qui fait la cuisine chez le docteur Argozat?

— Oui, madame, et le reste du ménage.

— Pardine, je l'ai vue souvent l'année dernière, quand elle était chez la Suzette Russel pour sa santé. Ma fion, la pauvre enfant avait l'air d'une mourante quand elle est arrivée ; et deux mois après, on aurait dit un papillon. C'était une complète transformati-on. Et encore plus tard, vers la fin de l'automne, elle revint un jour et me fit une visite. A-t-elle toujours sa bonne mine et son joli visage ?

— Oui ; elle est en bonne santé.

— Ma fion, tant mieux ! C'est une personne qui a laissé un bon souvenir dans notre village. On ne peut en dire autant de toutes les filles de chambre que les dames amènent avec elles dans la saison d'été. Mais, dites-moi : vous avez bien de la peine à respirer ? Que vous est-il arrivé ?

— J'ai pris de l'asthme, à la suite d'un refroidissement.

— Ça doit être bien pénible. Pour moi, j'ai une bonne respirati-on. Ce sont les jambes qui ne valent plus rien. Il est vrai qu'elles me portent depuis soixante-huit ans, et que je les ai trop fait trimer par les montagnes. — Dites-me-voir : ce mariage de votre fille avec le neveu du docteur n'a donc pas eu lieu, puisque ce Paul Hermey a épousé une Genouillet de Borréal, — au moins à ce qu'on a dit par là, mais je ne sais pas chez qui. — C'est dommage que la chose ait tourné de cette manière, car M. Argozat doit être riche, et il n'a que ce neveu pour héritier. — Excusez-moi si je vous en parle ; mais, comme je vous le dis, des gens de par là s'en sont occupés.

— Ma fille m'a chargée de ses salutations pour vous, madame, si je vous rencontrais.

— Bien obligée. Vous lui ferez aussi mes amitiés. Venez vous asseoir de temps en temps sur notre banc, quand vous passerez par là. J'aurai toujours du plaisir à vous entendre. Mais que cette respirati-on doit donc être pénible! Je vous plains vraiment beaucoup d'avoir le souffle si embarrassé. Moi, je pourrais causer du matin au soir sans être fatiguée ; **mais** alors il me serait impossible de marcher jusque chez la Russel sans mes béquilles. On me trouverait par terre à dix pas d'ici.

— C'est une bien grave infirmité, peut-être encore plus difficile à supporter que la mienne, dit la mère d'Elisa.

— Oh! bien, reprit la Marion, j'en prends mon parti. J'ai bon estomac et je peux lire sans lunettes. Pourvu que ça continue ainsi, je me trouve encore contente.

— Au revoir, madame.

— Oui, revenez souvent; vous me trouverez toujours là.

CHAPITRE XXV

Réflexions et conseils.

Les personnes atteintes d'infirmités, visibles ou non, mais douloureuses, sont bien à plaindre. Elles ont grand besoin de sympathie et qu'on leur témoigne une sollicitude affectueuse. En toutes choses, Jésus nous est un exemple. Sa compassion envers les malades, envers les infirmes, envers les malheureux tourmentés de maux connus ou inconnus, se montra toujours prête à soulager, à guérir, même à chasser la mort ayant déjà saisi sa proie. Toutes les misères humaines le trouvèrent disposé à étendre sa main sur elles pour les dissiper. Et quand l'heure fut venue de remporter la victoire sur notre plus terrible ennemi, il n'hésita pas à donner sa vie.

Rappelons-nous ce qu'il a fait, ce qu'il a souffert, chaque fois que nous sommes en présence de notre prochain souffrant dans son corps ou angoissé dans son âme.

Les crises d'asthme sont parfois bien douloureuses. Si elles n'amènent pas la mort de celui qui en est atteint, elles tiennent, pour ainsi dire, sa vie en suspens minute après minute. Ne pas pouvoir respirer sans de grands efforts, c'est presque une agonie. J'ai connu un homme au fort de l'âge, d'une santé de fer à d'autres égards, mais qui, atteint d'asthme, passait quarante nuits consécutives sous le manteau d'une cheminée de cuisine, où le courant d'air qui se produisait dans le noir canal, lui permettait de sommeiller de courts moments, la poitrine appuyée au dossier de la chaise sur laquelle il était assis. Le matin venu, il se rendait à son travail dans la campagne. Le soir, il reprenait sa place de la nuit précédente, et c'était à recommencer le lendemain.

La mère d'Elisa se trouva bien de son séjour à la montagne. Il faut dire que, outre l'air plus léger qu'elle y respirait, elle avait une nourriture meilleure et plus régulière que dans sa vie de veuve pauvre et solitaire. Une femme seule se nourrit mal, si elle doit préparer elle-même ses aliments. C'est ce qui arrivait souvent à la veuve Morins. Il ne valait pas la peine, pensait-elle, de mettre une marmite sur le feu, excepté pour faire de la soupe, qu'elle réchauffait ensuite plus d'une fois avant de l'avoir finie. Son café le matin et l'après-midi était son repas le plus substantiel. Le soir, elle ne mangeait pas.

Pour montrer qu'elle avait bien profité du temps passé à Montaubois, elle descendit à pied la montagne, le jour de son retour chez le docteur. Il y avait donc, au bout de six semaines, une amélioration positive dans son état de santé. La brave femme en était toute heureuse, et d'autant plus qu'ayant aidé Mme Russel dans son ménage et travaillé à l'aiguille pour elle, la maîtresse de pension ne voulut pas entendre parler d'un payement. Elle prétendait même que, pour être juste, il faudrait donner dix francs à la veuve. Il va sans dire que celle-ci refusa de recevoir cet argent. Sans cette difficulté de respiration, Mme Ouébe elle-même aurait proposé à la mère d'Elisa de remplacer la Pirrochon, celle-ci devant la quitter en automne. Mais il ne fallait pas y songer. La présence du brouillard dans une rue où règne en hiver une atmosphère crue, n'aurait fait qu'augmenter le mal de la pauvre femme et le rendre chronique. Il valait mieux retourner à son petit logis abandonné depuis deux mois.

Le docteur, qui n'avait pas vu sa sœur de tout l'été, voulut reconduire lui-même la mère d'Elisa dans sa demeure habituelle. Il profiterait de l'occasion pour faire une visite aux Hermey et reviendrait en passant dans un village où on le demandait.

C'était précisément le lendemain d'un jour où avait eu lieu entre Paul et Herminie une scène du genre de celle que nous avons rapportée plus haut.

M. Argozat vit tout de suite, à l'air de sa nièce, que les choses allaient mal dans la maison; mais il ne fit aucune question à cet égard. Il félicita la jeune femme sur l'espoir qu'elle avait d'être mère dans quelques mois et dès la première année.

— Il vaut mieux, lui dit-il, avoir les enfants tout

de suite, pendant qu'on est jeune et fort, que plus tard.

— Oui, sans doute, répondit Herminie ; mais, dans une position gênée comme la nôtre, il serait à préférer de n'en point avoir.

— Comment donc! reprit l'oncle : est-ce que vous ne vous réjouissez pas de ce qui vous arrive ? Vous seriez la première femme qui ne considérerait pas comme une bénédiction l'espérance d'avoir un enfant.
— Mais, où est votre mari, ma nièce ?

— Où il est ? Est-ce qu'on sait jamais où il se dirige quand il ne va pas où il devrait aller, c'est-à-dire à son travail ? S'il est à la ville, je suppose qu'on le trouverait dans quelque café, où il parle de chasse et s'occupe de politique avec d'autres oisifs. Non, voyez-vous, mon oncle, la vie n'est plus tenable avec un homme pareil. Je vous déclare que, sans ce qui m'attend dans quelques mois, je le quitterais pour retourner en service.

— Paul ne s'est donc pas réformé ?

— Réformé ! il devient chaque jour plus mauvais. Mais il faudra que cela finisse.

— Vous voyez les choses trop en noir, dit la belle-mère. Sans doute, Paul pourrait être plus assidu à son ouvrage ; aller moins souvent à la ville, à la pêche et à la chasse ; mais il tient à faire honneur à ses engagements ; et s'il sort souvent, c'est pour tâcher de se créer une position.

— Oui, répliqua la belle-fille, vous le soutenez au lieu de m'appuyer ; et vous n'oseriez pas dire que vous n'avez pas même une paire de souliers ; que moi je suis sans argent, et que nous avons un gros intérêt à payer. Voilà la vraie position qu'il nous fait, ce malheureux.

— Vous le connaissiez pourtant, lorsque vous l'avez épousé? demanda l'oncle.

— Non, je ne le connaissais pas pour ce qu'il est réellement. D'ailleurs, il m'avait fait les plus belles promesses et n'en a pas tenu une seule. C'est un être sans cœur, un paresseux, un franc égoïste.

— Je suis bien peiné de ce que vous me dites, ma nièce ; mais véritablement je n'y puis rien. Il vous faut tâcher de lui donner le bon exemple, et surtout ne pas lui adresser des reproches quand il est mal disposé.

— C'est bien sûr, dit la mère ; tandis que...

— Tandis que quoi? interrompit la belle-fille.

— Eh oui, ma chère ; c'est toujours vous qui commencez.

— Et c'est Paul qui continue, reprit l'oncle. Si j'ai un conseil à vous donner, ma nièce, c'est de ne rien dire qui puisse fâcher votre mari. Puis, si vous le pouvez, tâchez de prendre peu à peu la direction de ses affaires ; je vous aiderai par quelque secours en argent. Si vous parvenez à montrer que vous vous entendez mieux que lui à faire cultiver votre terrain, cela pourra peut-être avoir sur lui une bonne influence. Mais si vous vous mettez en colère, si vous lui adressez de sanglants reproches, quelque mérités qu'ils puissent être, vous n'avancerez à rien. Ce sera, au contraire, comme si vous jetiez de l'huile sur le feu. Il faut vous

y prendre autrement, soyez en sûre. — J'ignore ce qui se passe entre vous et lui; mais je ne serais pas étonné si, de part et d'autre, vous vous adressiez des mots injurieux. Entre mari et femme c'est horrible, et plus mal encore de la part de la femme que du mari.
— Vous me dites que ma sœur n'a pas de bons souliers. Je vais vous laisser quelques sous pour lui en acheter une paire, et vous employerez le surplus pour ce qui peut vous être nécessaire. Voilà un billet de 50 fr. — Adieu, maintenant; il faut que j'aille à mes affaires. J'ai ramené la mère d'Elisa; elle est presque guérie de son asthme. C'est une brave femme, encore très active. Elle a tricoté des bas et fait beaucoup d'autre ouvrage chez moi. Sa fille va toujours très bien. Si elle me quittait, je ne sais trop si je reprendrais une autre domestique. Je crois plutôt que je fermerais ma maison; pour me mettre en pension quelque part, la moitié du temps à la montagne. Nous verrons tout ça plus tard. Pour le moment, il n'en est pas question. — Oui, bonjour. Portez-vous bien et ne vous tourmentez pas de soucis. Votre enfant pourrait en souffrir. Si vous vous trouviez dans de graves embarras, venez me parler; je préfère que mon neveu ne vienne pas me voir, tant qu'il reste le même.

Quand le char du docteur fut parti, la mère de Paul dit à sa belle-fille :

— Vous avez bien du bonheur d'avoir un oncle comme mon frère.

— Oui, certainement; mais j'ai aussi le malheur d'avoir un mari comme votre fils. J'irai acheter vos souliers demain, et ce qu'il faut préparer pour le pauvre enfant qui viendra au monde vers la fin de l'année. C'est le moment de s'en occuper; et sans la générosité de l'oncle, j'aurais dû acheter tout à crédit, pendant que ce vaurien de Paul dépense de l'argent dans les cabarets.

Dans son cabriolet, le docteur faisait aussi des réflexions sur le jeune couple.

« Cela va de mal en pis, se disait-il. Ma nièce a la langue pointue, c'est évident; et Paul est aussi un mal embouché. Ma sœur ne sait auquel des deux aller; et si elle dit un mot, c'est pour atténuer les torts de son fils. Mais pourquoi cette grande fille a-t-elle épousé un tel garçon? Elles sont plus folles les unes que les autres. L'idée de ne pas se marier est pour la plupart un épouvantail. A leurs yeux, le célibat est une sorte de déshonneur. Sont-elles assez stupides ! — Chez les Hébreux, c'était une honte de rester vieille fille. La femme qui ne contribuait pas à augmenter le nombre des enfants d'Israël était presque montrée au doigt par ce peuple charnel et égoïste. En notre temps, chez les nations chrétiennes, les célibataires ont la bonne part dans la vie. — Il faut que je dise encore à Elisa de ne pas se presser de donner la réponse désirée par Théophile. Je le tiens pour un garçon de toute solidité quant au caractère; il est dans une position temporelle à faire envie aux filles des meilleures familles de paysans ; mais je ne suis pas sans inquiétude sur sa santé. Elisa restant veuve avec deux ou trois enfants, ne serait pas aussi heureuse qu'en continuant ce qu'elle fait chez moi. Mais, d'un autre côté, si je pars bientôt pour l'autre monde, que deviendra-t-elle après moi ? Décidément, il faut que je règle mes affaires, aussitôt que sa décision sera prise. Quant à maître Paul, ce que je pourrais laisser lui passera loin du nez. »

Tel était le cours des pensées de M. Argozat, peu après avoir quitté sa sœur et sa nièce. Quand il rentra le soir chez lui, il trouva la maison bien en ordre. Profitant de l'absence du maître, Elisa avait nettoyé à fond la chambre de réception, sans rien déranger aux papiers et aux livres. Puis, la domestique était gracieuse comme toujours, reconnaissante des bontés du docteur pour sa mère. Pourquoi ne dirions-nous pas que l'amour de Théophile commençait à être partagé, et que c'était déjà un bonheur pour elle? Sous sa réserve avec son prétendant, soit dans les lettres qu'elle lui écrivait, soit dans la seule visite qu'il lui eût faite depuis le départ de sa mère pour la montagne ; sous cette réserve, dis-je, on pressentait une affection déjà bien vive, profonde, qui finirait par percer au dehors et s'épanouir tout de bon. Aussi fut-elle un peu attristée, lorsque le docteur lui dit le lendemain :

— J'ai bien réfléchi à ce qui vous concerne, Elisa, et je vous engage à être prudente dans vos sentiments pour Théophile Caux, ainsi que dans vos rapports avec lui.

— Est-ce que monsieur aurait appris quelque chose de fâcheux sur son compte ?

— Non, pas même la queue d'une virgule. Mais cela ne va pas bien du tout dans le ménage de mon neveu, et il me semble toujours plus qu'une fille qui se trouve heureuse dans sa position, fait mieux de ne pas se marier que de donner sa main à un homme dont le caractère laisse à désirer. Mon neveu ne rend pas sa femme heureuse, et celle-ci probablement lui en revend d'une autre façon. Tout ça finira mal, à moins d'un grand changement des deux côtés. Prenez donc garde de ne pas vous engager avec Théophile, avant de le connaître à fond.

— Je ne déciderai rien sans prendre conseil de monsieur. Mais je dois avouer que je partage déjà un peu l'affection que Théophile me témoigne. Je serais une ingrate, si je ne sentais rien pour lui. Puisque je vous le dis, monsieur, vous voyez que vous possédez toute ma confiance.

— Et moi donc? est-ce que je ne vous traite pas un peu comme ma fille?

— Je vous en ai la plus profonde reconnaissance.

— C'est bon. Ne parlons plus de ça. Mais demandez à ce coquin de Théophile de vous mettre bien au courant de ce qu'il est, de ce qui lui est arrivé. Ne peut-il pas se donner la peine de vous écrire de longues lettres, puisqu'il ne doit venir ici que rarement, à moins qu'il n'ait à me parler de sa santé? Cette santé, voyez-vous, Elisa, me donne parfois du souci. Il peut sans doute, avec des ménagements, parvenir à un âge avancé, mais il se peut aussi que son mal s'aggrave, sans que nous en sachions rien. Il est vrai que nous en sommes tous logés là, car moi-même, qui suis en bonne santé aujourd'hui, je puis mourir demain. Aussi vais-je, au premier jour, mettre ordre à mes affaires.

Ce que le docteur venait de dire était un rabat-joie pour la jeune fille. Elle en devint soucieuse, presque triste, dès le soir même. A son âge, et dans la position qui lui était offerte, il était dur de voir évoquer le noir faucheur devant soi. M. Argozat en eut conscience et se reprocha ses paroles de la veille.

— Tranquillisez-vous, dit-il à Elisa, au moment de sortir pour ses visites. Soyez seulement joyeuse. Ce que j'ai dit hier au soir venait surtout de l'impression reçue chez mon neveu. Il ne vous arriverait jamais rien de pareil avec Théophile ; mais faites-le parler dans ses lettres. Vous me raconterez un peu ce qu'il vous dira.

CHAPITRE XXVI

Deux lettres.

La présence d'Elisa dans la maison du docteur, depuis plus d'un an qu'elle était à son service, avait eu sur le caractère du vieillard une remarquable influence. Sans qu'elle eût jamais, cela va sans dire, fait à haute voix une observation sur son premier mouvement autrefois si emporté, si plein d'humeur agressive, il avait compris que cette manière d'aborder les clients ou de leur répondre était blâmée par la jeune fille, comme étant contraire à une bonne éducation, contraire aussi à des sentiments de bienveillance chrétienne. Et, peu à peu, il s'était adouci, il était devenu plus abordable, vraiment meilleur. Tant il est vrai que l'exemple est le prédicateur par excellence. Depuis la mort de sa femme jusqu'à l'entrée d'Elisa chez lui, M. Argozat avait eu l'intérieur le plus décousu, se nourrissant mal, trouvant sa maison fermée quand il rentrait, et ne voyant que des malades ou des consultants qui l'ennuyaient. Sa femme de ménage, la Péronne Gluz aux yeux verts, était une radicale à l'humeur peu bienveillante. Maintenant la différence était très grande. Tout en restant dans une réserve très digne de la part du maître, et parfaitement respectueuse chez la servante, un lien de confiance s'était formé entre eux. Le vieillard trouvait du plaisir à s'intéresser au sort de cette excellente fille, et elle aussi, par quelques mots et les soins dont elle l'entourait, savait embellir jusqu'à un certain point son existence, bien ébranchée et découronnée. Par la manière dont il répondit à sa nièce, lors de sa dernière visite chez sa sœur, on a pu voir qu'il s'observait davantage, et que vraiment il avait fait sur ce point des progrès. Autrefois, il se serait emporté contre son neveu, ou bien il aurait dit à la jeune femme plaignante : « Vous m'ennuyez : est-ce que j'ai le temps de m'occuper de vos affaires ? Laissez-moi tranquille et ne venez pas me chanter *Floribus*. Vous avez pris mon neveu pour bon, gardez-le ; s'il ne vaut rien, cela ne me concerne pas. J'ai déjà bien assez de mes propres soucis, sans me charger encore des vôtres. »

Une disposition particulière aussi, et toute nouvelle, agissait sur son caractère. C'était la conviction qu'il n'avait plus que peu de temps à vivre. Son père était mort à soixante-quatre ans et lui en avait soixante-six. A sa connaissance, aucun Argozat n'était arrivé à soixante-dix. En général, les hommes de cette famille étaient de haute taille, forts et robustes, jamais malades; mais, coulant à pleins bords chez eux, la vie s'épuisait plus rapidement que celle de constitutions moins puissantes, qui durent plus longtemps. Le docteur Argozat connaissait trop bien son tempérament pour se faire des illusions à cet égard, et il croyait fermement qu'il touchait au terme de sa carrière terrestre. Cette vue prochaine de la mort le laissait paisible. Au lieu de s'irriter, de regimber contre le plus terrible des aiguillons, ainsi que le font tant de vieillards beaucoup plus avancés en âge, il consentait bien à mourir, puisque tel est le lot de tout homme, et que cette fin des choses d'ici-bas est voulue de Celui en qui réside l'existence éternelle. M. Argozat lisait l'Ecriture sainte, dont un exemplaire grand format était toujours sur sa table, à côté de ses livres de médecine et de l'in-folio contenant les œuvres du père de la chirurgie, du vieil et fantastique Ambroise Paré. Une parole de la Bible revenait souvent à la mémoire de notre docteur, celle-ci : « Ta bonté est meilleure que la vie. »

Ainsi qu'il l'avait dit, M. Argozat mit ordre à ses affaires par un testament, dans lequel il donnait à Elisa la marmite N° 25, avec son contenu. — Comme il était évident qu'elle épouserait Théophile Caux, il n'était pas besoin de lui faire un legs plus considérable, d'autant qu'elle n'était pas à son service depuis très longtemps. — Le reste de sa petite fortune était donné à sa sœur, moyennant les précautions jugées nécessaires.

Lorsque cet acte fut écrit de sa main, daté et signé, il se mit à siffler un air quelconque, et continua de visiter ses malades ou de recevoir ceux qui venaient le consulter.

Les deux mots qu'il dit à Elisa, au retour de chez sa sœur, sur la santé de Théophile et sur la nécessité de le bien connaître, avaient singulièrement préoccupé la jeune fille. Elle reconnut combien elle l'aimait déjà, et ce qu'il lui en coûterait, si elle devait y renoncer en lui donnant une réponse négative. Il suffit parfois de peu de chose pour nous faire entrevoir un horizon qui, jusqu'à ce moment-là, ne nous était pas apparu. C'est comme une éclaircie subite dans l'avenir, illuminée de bonheur, ou peut-être l'avant-goût d'une amère souffrance. Un voile qui se lève, au delà duquel la perspective d'un pays tout nouveau se montre à nos regards.

Elisa ne tarda pas à écrire une lettre à Théophile. Nous en donnerons une copie au lecteur, ainsi que de la réponse. On verra dans l'une et dans l'autre la différence des instruments dont les deux jeunes gens se servaient. Elisa n'avait été qu'à l'école de son village. Théophile non plus; mais, comme la plupart des jeunes filles intelligentes, Elisa était douée d'une facilité que peu de garçons possèdent au même degré, et surtout pas son prétendant, bien qu'il exprimât clairement sa pensée.

Civeret, ce 25 septembre.

« Cher monsieur,

» Plus de cinq mois se sont écoulés depuis que vous m'avez parlé à cœur ouvert de vos intentions à mon égard. Je suis encore parfois toute troublée, au souvenir de mon étonnement en écoutant des paroles auxquelles je ne me serais jamais attendue. Dès lors, nous avons échangé deux lettres, et nous avons pu causer deux fois. C'est bien peu, n'est-ce pas, quand il s'agit d'examiner en face la grande et si importante question du mariage ? Il faudrait, semble-t-il, s'écrire ou se voir tous les jours. Nous ne le pouvons pas, moi surtout je ne le puis pas, dans ma position de domestique, et je trouve aussi que je ne le dois pas, puisque je vous ai demandé une année avant de prendre une décision. Mais je vous avoue que cela me manque beaucoup, à mesure que le temps s'écoule, et qu'il faudra bientôt répondre d'une manière catégorique. Aujourd'hui dimanche, je viens profiter d'une après-midi de liberté et de solitude, — monsieur est sorti, — pour vous faire une visite amicale au moyen de la plume. Vous me répondrez, et j'attendrai de vous, cher monsieur Théophile, une bonne longue lettre. Vous devez avoir bien des choses à me dire, comme je pourrais vous en raconter aussi beaucoup. Vous avez vingt-sept ans ; moi vingt-cinq. Parlez-moi de votre première jeunesse ; faites-moi le portrait de cette aimable cousine avec laquelle vous avez été fiancé et que la cruelle mort a enlevée à votre affection.

J'aimerais à me la bien représenter. Dites-moi aussi comment vous vous étiez liés. C'est à une amie que vous ferez part de ces sentiments brisés par le deuil ; je pourrai vous comprendre, soyez-en sûr. Ce qui vous a intéressé m'intéresse ; je désire m'associer, autant que cela peut se faire, à ce que vous avez éprouvé, soit en contentement, soit en tristesse. Traitez-moi comme une amie, puisque vous dites que vous m'aimez. Je vous crois incapable de dire une chose qui ne serait pas absolument vraie. De mon côté, je vous montrerai la même confiance, sous réserve d'une discrétion qui sera égale des deux parts.

» Vous savez déjà que mon enfance n'a pas été facile. De très bonne heure, j'ai dû gagner mon pain par le travail, et plus tard aider ma mère, qui se trouve dans le besoin. Grâces à Dieu, sa santé est bien meilleure maintenant. Nous avons même l'espoir d'une guérison complète. Je vous ai fait aussi, en quelques mots, l'histoire de la maladie dont je fus atteinte, il y a dix-huit mois, par suite d'une fatigue excessive, et comment je fis alors la connaissance de M. Argozat, dont les soins dévoués et intelligents me rendirent la santé. Peu après mon entrée chez lui comme domestique, je fus recherchée, puis demandée en mariage par un jeune homme, fils unique comme vous et dans une assez bonne position, que j'aurais peut-être accepté, si je n'avais pas eu des craintes sur la solidité du caractère de celui qui demandait ma main. Je refusai donc ses avances, et la suite a prouvé que j'avais eu raison de ne pas les écouter. C'est peu après cela que vous m'avez offert votre cœur, cher monsieur, quand j'étais fort loin d'avoir l'idée que je fusse pour vous autre chose que la servante appelée à vous ouvrir la porte de la maison. Et voilà qu'aujourd'hui je vous écris une longue lettre ! voilà que je vous parle comme à un ami, auquel je demande de me répondre, en attendant que j'aie sa visite. Que les temps sont donc changés ! et qu'est-ce que Dieu demande de moi dans la nouvelle position où il me place ? Puissions-nous être bien dirigés tous les deux, et vous, cher monsieur, être en parfaite santé lorsque vous recevrez cette lettre. Je salue respectueusement madame votre mère. Comptez toujours sur la reconnaissante affection de votre dévouée

» Elisa Morins. »

Théophile répondit :

Chenau, 2 octobre.

« Très chère mademoiselle,

» Je profite aussi du dimanche, pour vous écrire. Toute cette dernière semaine nous avons été assez occupés. Je n'aurais pas su dans quel moment prendre la plume, bien que j'eusse une terrible envie de vous répondre pour vous remercier. Ah ! si je savais écrire comme vous ! Mais ça, c'est un don que tout le monde n'a pas, et moi encore moins que beaucoup d'autres. Sur le papier, mes idées sont courtes. Je ne sais pas les rejoindre pour les allonger. Elles ne tiennent pas bien ensemble et sont toutes disloquées. Et puis, je suis sûr que je laisse beaucoup de fautes, tandis que lorsque je vous lis, c'est comme si je tenais un livre. Excusez donc encore aujourd'hui mon embarras.

» Je languis d'aller vous voir. Sans ce qui a été décidé, j'irais à Civeret plutôt trois fois qu'une. Mais, quoi qu'il m'en coûte, je suis un homme qui tient ce qu'il a promis. Je ne m'engage pas à la légère. Ainsi, j'ai promis de vous aimer toujours. Pour vous, chère Elisa, je ne suis encore qu'un ami. C'est déjà bien quelque chose, dont je suis reconnaissant. Mais ce n'est pas assez : il me faut plus que cela. Mon cœur en a besoin. Oh! quel jour pour moi, que celui où vous me diriez : Théophile, je vous.... Mettez le mot que je remplace par des points ; oui, mettez-le bientôt. Jamais homme ne vous aimera comme je vous aime. Dites-moi : n'y aurait-il donc pas moyen d'avancer ce long terme d'une année, qui ne finira qu'au printemps ? Si à Noël, par exemple, vous m'écriviez que nous sommes d'accord ? Tâchez de vous décider, et ne me faites pas languir davantage, si cela est possible. Un *oui* de votre part me rendra en parfaite santé. Et je vous amènerai bientôt après à Chenau, qui est, comme vous savez, le nom de notre campagne, à deux pas du village de Grange-Gui.

» Vous me demandez quelques détails sur ma pauvre Isaline. Eh bien, nous étions donc cousins et du même âge. *On* s'était toujours tutoyé. *On* se voyait souvent. Elle venait chez nous et j'allais aussi chez son père. Nous étions liés depuis notre enfance, comme de bons amis. Mais rien de plus. Ce furent mon oncle et ma mère, encore plus que nous, qui décidèrent notre mariage. Ils trouvaient que cette union convenait aux deux familles. Nous fûmes donc fiancés. Mais bientôt Isaline devint triste, comme si elle regrettait de se marier. Elle perdit ses couleurs, se mit à tousser ; trois mois après elle était morte. Son départ fut cruel pour moi. Je l'aimais comme la sœur de ma vie, et nous aurions certainement fait bon ménage ensemble, si Dieu ne nous avait pas séparés pour toujours. Je vous ai dit qu'elle vous ressemblait ; mais je vois bien que vous n'avez pas les mêmes yeux, ni le même son de voix, ni la même expression. Ce fut donc à cette époque de deuil que je commençai à sentir plus vivement les palpitations et les intermittences qui reviennent encore de temps en temps, à propos de rien, ou, en tout cas, de peu de chose. J'ai toujours eu les impressions très vives, et immédiatement cela se porte où je vous dis. Puis ça passe. Si j'avais un cœur pour répondre au mien, là, tout de bon, ce malaise ne reviendrait plus, bien sûr. Je serais trop heureux. Enfin, j'espère, j'espère, chère amie. Croyez à l'ardente affection de celui qui est, pour la vie, votre

» Théophile Caux. »

— Vous avez eu des nouvelles ? dit le docteur, à la vue de la lettre qu'Elisa tenait encore à la main lorsqu'il vint à la cuisine.

— Oui, monsieur.

— Sont-elles bonnes ?

— Vous pouvez lire ; je n'ai pas de secrets pour monsieur, répondit Elisa en présentant la lettre ouverte.

— Ne me la donnez pas, si cela vous est désagréable. Je comprends que Théophile puisse vous dire des choses qui doivent rester entre vous.

— Non ; pas aujourd'hui. Je serai même bien aise que vous lisiez cette lettre.

— Oui, reprit le docteur après avoir lu, c'est un brave garçon, plein de droiture. Il vous aime comme on dit qu'il faut aimer Dieu, de tout son cœur et de toute sa pensée. Je ne sais trop ce qu'il faut faire. Il y a dans sa position un double danger. Si vous le faites attendre jusqu'au printemps, il souffrira et soupirera pendant de longs mois encore. Si vous lui donnez votre réponse pour Noël, vous aurez l'air de ne pouvoir non plus attendre le terme fixé, et je redoute pour Théophile les fortes émotions. Vous verrez, d'ici à quelque temps. Amenez le dénouement peu à peu, sans secousse. Lorsque vous serez décidée à me quitter, il faudra trouver une domestique pour vous remplacer. Vous la formerez, et je compte que vous viendrez souvent vous assurer de la manière dont elle remplira son devoir. Ah! tout de même, ce diable de Théophile aurait bien dû ne pas tant regarder vos yeux gris et s'enticher de vous comme il l'a fait. Il me joue-là un vilain tour. Néanmoins, je veux vous donner votre trousseau. Vous le commanderez où vous voudrez, car vous ne pourriez le faire ici, et je ne trouve pas bon que vous alliez passer trois mois dans la chambre humide de votre mère. Je n'ai malheureusement pas d'enfant ; c'est donc pour moi un plaisir de vous faire ce présent.

— Monsieur, répondit Elisa, extrêmement émue, comment pourrais-je être assez reconnaissante?

— Oui, oui, c'est bon. Allez faire votre ouvrage et ne vous occupez pas de ça aujourd'hui. Vous avez tout le temps d'y penser. Mais vraiment ce coquin de Théophile est un brave garçon. Sa lettre n'est point mal tournée, point mal écrite, ne trouvez-vous pas?

CHAPITRE XXVII

Une visite chez l'oncle docteur.

A la fin d'octobre, les travaux relatifs aux récoltes des cultivateurs sont presque tous terminés. La vendange est faite; le vin nouveau achève sa fermentation dans les vases dont la bonde n'est recouverte que d'un numéro de journal plié en quatre, sur lequel on a mis une moitié de brique pour le fixer. Plus tard, l'orifice par où s'est dégagé l'acide carbonique sera fermé hermétiquement. — Dans les champs, il n'y a plus rien à prendre; dans les prés, les vaches achèvent de tondre la dernière herbe, venue après le regain. Les arbres, peu à peu, laissent tomber leurs feuilles jaunies. Quand elles auront séché à l'air et au soleil, on les ramassera pour la litière du bétail. La terre a donné à son maître tout ce qu'elle a pu, suivant ce qu'ont été les saisons, et suivant aussi ce que l'homme a mis d'activité, de soins et d'intelligence dans ses travaux.

Maintenant, c'est en vue de l'année suivante qu'il va s'occuper, pendant qu'il ne gèle pas encore, et que la charrue ou les bras peuvent creuser dans le sol. Plus tard, il y aura du bois à couper dans les forêts, le long des ruisseaux; des arbres fruitiers à nettoyer. Espérons que l'amour de l'argent ou la gêne ne pousseront pas les propriétaires de grands chênes, de noyers séculaires, à vendre ces beaux arbres, ornements de nos campagnes et épurateurs de l'air, pour les transformer en planches, en traverses de chemin de fer, en bois de fusil. Pour peu que la destruction continue, on ne verra bientôt plus dans nos vallons et sur nos collines ces végétaux vénérables, sous l'ombrage desquels se sont assis les descendants de plusieurs générations. Notre époque est une époque de jouissances matérielles, où l'argent et les plaisirs tiennent la première place, quand ce n'est pas une décadence morale qui ronge et envahit tout. — Mais je reprends le fil de notre histoire.

Le dernier samedi de novembre de l'année où nous sommes arrivés dans ce récit, une jeune femme s'achemine dans la direction du village de Civeret. Sa démarche est lente, car elle ne doit pas se hâter, se fatiguer. La distance à franchir, dans sa position, exige des ménagements, de la prudence; elle est sur le point d'être mère. Encore un mois, et elle devra donner le jour à un enfant. C'est Herminie Hermey. Ses joues creuses, ses yeux cernés, son teint jaune, marqué, çà et là, de taches brunes, montrent assez que le temps de la grossesse a été pénible pour elle. Et après neuf mois de malaises, il faudra enfanter avec douleur. C'est le lot de toute femme appelée à donner l'existence, à continuer la vie humaine sur la terre. Herminie se rend à pied chez son oncle, à qui elle vient raconter des misères et demander conseil.

En arrivant, haletante et le visage baigné de sueur malgré le peu de chaleur ambiante de l'atmosphère, elle ne trouve d'abord qu'Elisa à la maison. Il est deux heures de l'après-midi. L'oncle a dû se rendre à vingt minutes de chez lui, pour voir un malade, mais il ne tardera pas à rentrer. En attendant son retour, Elisa s'empresse d'offrir quelque chose à boire et à manger à la pauvre marcheuse. Une tasse de bon thé, du beurre et des prunes mirabelles en confiture, réconfortent la jeune femme, qui sèche en même temps son dos mouillé de transpiration. Ces mirabelles sont si bonnes, d'un goût si remontant, qu'Herminie en reprend volontiers et les mange avec délices. On dirait des topazes, tant elles ont conservé leur transparence et leur couleur.

Quelle différence entre ces deux jeunes femmes ! Celle qui est mariée n'a, pour ainsi dire, que des soucis constamment renouvelés. Un intérieur désagréable et maussade, auquel elle apporte sa bonne part. La gêne, les privations lui tiennent compagnie. Son mari la boude, au moindre mot sérieux qu'elle lui dit, à la moindre observation qu'elle lui fait. Et pourtant Herminie a profité du conseil de son oncle ; elle ne s'est plus emportée et n'a plus fait de scène violente depuis longtemps. Mais Paul n'en vaut pas mieux pour tout cela. Sa nature est grossière, égoïste, pleine de mauvais instincts. L'éducation qu'il a reçue, au lieu de la corriger, de l'améliorer, l'a, au contraire, développée en sens contraire. Le jeune arbre a poussé des branches gourmandes, qui attirent à elles la sève destinée à produire de bons fruits.

L'autre jeune femme est dans tout l'éclat de la beauté. Ce n'est plus une adolescente aux formes encore indécises, un peu fluettes, au teint transparent; c'est une fille dont la taille est bien faite, le teint ferme, les yeux expressifs, la tête couronnée de cheveux châtains. Toute sa personne accuse la santé, la grâce féminine, le contentement intérieur. A la simple vue, on pourrait dire avec l'apôtre des Gentils : celle qui ne se marie pas fait mieux que celle qui se marie. Mais la question n'est pas toute là. La vraie question, la grande question est qu'il faut tâcher de faire ce que Dieu veut. La question suprême, pour toute créature humaine, est de se soumettre, d'accepter sans murmure le lot assigné à chacun ici-bas. Dans toute vie, il y aura toujours plus de tristesse que de joie, qu'on se marie ou qu'on ne se marie pas. Toute la création soupire, comme en travail.

L'oncle, en arrivant, fut bien étonné de voir sa nièce attablée à la cuisine. Son premier mouvement allait être de trouver la chose ennuyeuse, désagréable, et de le faire sentir ; mais, rencontrant le regard d'Elisa, il se contint et fit, au contraire, un accueil gracieux à la femme de son neveu.

— Ma pauvre enfant, lui dit-il, pourquoi faire une

si longue course à pied, dans votre état de grossesse ? Il est vrai qu'une promenade convient, quand on approche du terme : mais c'est trop loin, de chez vous ici. Combien avez-vous mis de temps ? Il vous faut manger de ces mirabelles. C'est Elisa qui les a mises en confitures : vous voyez qu'elle s'y entend.

— Merci, mon oncle. J'en ai déjà pris trois fois. J'avais une faim dévorante. La domestique m'a offert tout de suite du thé. Je me sens très bien maintenant, et je pourrai retourner chez nous sans être trop fatiguée. J'ai mis deux heures pour venir.

— Et vous croyez que je vous laisserai retourner à pied ! Elisa, allez dire à Jacquot d'atteler dans une demi-heure. Il reconduira ma nièce jusqu'en vue de son village, et reviendra sans y entrer. Allez vite.

— Oui, monsieur.

— Qu'est-ce qui vous amène ? demanda l'oncle en prenant une chaise.

— Il nous arrive ceci, dit Herminie. Voici une lettre que Paul a reçue hier. Ayez la bonté de la lire : c'est très court.

« Monsieur Paul Hermey,

» Ayant besoin d'argent, je viens vous prévenir que vous aurez à rembourser, le 15 décembre prochain, l'obligation hypothécaire de 5000 francs, et 15 mois d'intérêt que vous me devez. Vous savez que le titre est échu depuis une année. Accusez-moi réception de cette lettre, et agréez, etc.

» Justin Clair. »

— Vous avez lu, continua Herminie. Maintenant, que faut-il faire ? Paul aurait l'idée d'emprunter à la Caisse hypothécaire. Cela nous fera des frais, et l'intérêt sera plus élevé. Et comme Paul se fait peu de souci de ses affaires, je crains qu'il ne laisse des intérêts en retard, et qu'alors la Caisse ne fasse otager les immeubles. Donnez-nous un conseil.

— Au lieu d'un conseil, il faudrait donner à votre mari une volée de coups de bâton sur le dos. Il ne se corrigera donc jamais ? Il est sûr que sa mère a fait là un bel élève ! Mais tranquillisez-vous, ma nièce. Je vais arranger les choses de manière à ce que vous soyez la maîtresse dans la maison. Vous savez, ou ne savez pas, que j'ai déjà payé 2000 fr. l'année dernière pour votre mari ; je payerai encore les 5000 qu'on lui réclame, et je passerai à votre nom les deux titres. C'est vous qui serez créancière à ma place. Seulement, si mon neveu voulait emprunter de nouveau sur ses immeubles, vous n'y consentiriez pas. Il ne faudra pas faire radier les charges hypothécaires au contrôle. Vous tiendrez de cette manière monsieur Paul sous votre dépendance. C'est un grand sacrifice que je fais, mais ce sera aussi le dernier, et c'est tout ce que votre mari aura de moi. Je vais écrire à ce créancier Justin Clair qu'il recevra le remboursement de ma main au jour fixé, et qu'il devra me subroger la créance. Vous mettrez ma lettre à la poste en vous en allant. Faites seulement votre enfant tranquillement, ma pauvre fille, et élevez-le mieux que ma sœur n'a su élever le sien. — Vous ne me demanderez pas pour parrain ; ce serait inutile. Je ne vais plus ni à noce ni à baptême. — Voici Elisa. Qu'a dit Jacquot ?

— Il viendra avec le char.

— Bien. Chauffez-vous, ma nièce. Elisa, allez chercher le vieux manteau ouaté, pour que ma nièce le mette sur ses genoux et autour de ses jambes dans le cabriolet. Emplissez aussi d'eau chaude une bouilloire, pour la tenir sous les pieds.

Un quart d'heure après, Jacquot étant là, Herminie monta dans le véhicule, tout heureuse d'avoir été si bien reçue par son oncle. Elle voulut l'embrasser avant de partir :

— Non, dit-il, ne m'embrassez pas. Je ne peux pas souffrir qu'on m'embrasse. Saluez ma sœur. Jacquot, s'il y a du gravier, vous irez doucement.

— Oui, monsieur. Allons, yu !

Et quand sa nièce fut partie, le docteur dit à Elisa :

— Vous voyez la position que le mariage fait à plus d'une jeune femme. Combien ma nièce eût été plus heureuse en restant célibataire ! Mais voilà comme sont les trois quarts des filles. Il leur semble qu'elles seront au comble du bonheur en se mariant, tandis que c'est souvent le contraire qui arrive. Maître Théophile Caux aurait bien dû ne pas vous chanter *Floribus*. Est-ce que vous n'étiez pas heureuse ici, à faire mon petit ménage ? et lui, qu'a-t-il besoin de se marier ? N'aurait-il pas pu, puisqu'il y tenait tant, s'adresser ailleurs ? Il est vrai que vous lui avez plu tout de suite.

— Je n'ai pourtant rien fait dans ce but, monsieur le sait bien.

— Est-ce qu'on sait jamais ce qu'une fille fait en pareil cas? Vous me la chantez belle. C'est clair que vous ne lui avez pas fait les yeux doux. Mais vous avez été polie, et même vous avez intercédé en sa faveur pour que je le reçoive. Allons, n'en parlons plus. Espérons, au contraire, que tout ira bien, pour vous et pour lui. Mais vraiment cette pauvre femme de mon neveu a bien des soucis. Heureusement que vous avez été assez prudente pour ne pas écouter les propos de ce paresseux.

Paul Hermey fut si content du résultat de la visite de sa femme, qu'il ne put faire autrement que d'aller passer la soirée de ce samedi à la ville. C'était bien le moins qu'il s'accordât ce plaisir, puisqu'il avait travaillé trois jours sur les six de la semaine qui finissait. Herminie essaya de lui faire comprendre qu'il devrait rester à la maison avec elle, au lieu de se réunir aux habitués de quelque lieu public. Il répondit qu'il avait promis de se rendre à une invitation, mais qu'il ne sortirait pas le lendemain. De peur de provoquer un esclandre par de nouvelles observations mal reçues, Herminie n'insista plus.

— Bien sûr, dit la mère, que Paul ne peut faire autrement que d'aller, puisqu'il a promis.

— Oui, approuvez-le encore, reprit la belle-fille : avait-il besoin de s'engager? Ne voyez-vous pas que ces réunions dans un café le détournent de ses devoirs journaliers? Mais votre fils a toujours été pour vous une idole, et il le sera jusqu'à la fin.

La réunion en question avait lieu, en effet, dans un

établissement public. On y parlait des nouvelles du jour, on y faisait de la politique, tout en prenant un verre.

Autour de petites tables, il y avait, dans ce local, le soir en question, une trentaine d'hommes de tout âge. On y fumait à pleines bouffées. Les uns jouaient aux cartes, pendant que d'autres, plus tranquilles et silencieux, lisaient des journaux dans lesquels les partis s'injuriaient à qui mieux mieux, chacun voulant avoir raison dans sa manière de voir. De temps en temps, un orateur pérorait à haute voix sur quelque sujet touchant au progrès social, démocratique et humanitaire. Des ouvriers, buvant le schnaps ou l'absinthe, applaudissaient à quelque phrase redondante où le peuple travailleur était porté aux nues, et les jouisseurs, ces riches qui ne font que manger, boire et se promener, étaient traités comme ils le méritent. « Oui, citoyens ! disait le personnage, qui ne savait pas même conduire ses propres affaires, il faut marcher en avant avec le progrès démocratique. De grandes conquêtes restent à faire, de grandes injustices à réparer ! »

Eh ! sans doute, il faut marcher en avant. Et c'est dans ce but qu'il faut passer la soirée au cabaret, y dépenser son argent à fumer et à boire, pendant que la femme achète à crédit le café et le pain pour nourrir son homme, et que les petits sont déguenillés ! Marcher en avant, ce serait devenir actif, économe, point buveur. Ce serait donner le bon exemple autour de soi, être bon mari, bon père, enseigner aux enfants l'amour de l'ordre, la crainte de Dieu, l'horreur du mal.

Plusieurs de ces habitués de cabaret n'ont jamais d'argent pour payer les fournisseurs, mais ils en ont toujours pour boire une bouteille : 50 centimes, qu'est-ce que ça ? moins que rien : à peine le produit d'une heure de travail. Et pourtant, 50 centimes par jour, cela fait 180 fr. par an. Avec 180 fr., on achète cinq cents livres de pain et quarante kilogrammes de café. Ne vaut-il donc pas la peine de se priver chaque jour d'un demi-litre de vin ?

Celui qui inventa le cabaret, uniquement pour y boire, fut un grand empoisonneur. Et les hommes qui proclamèrent la liberté de tous les établissements de cette nature, contribuèrent par là au développement effrayant de la plaie morale de l'ivrognerie. Alors aussi l'on disait : il faut le progrès ! on disait même : il faut la justice. A bas le privilège ! J'ai autant de droit à vendre du vin et des liqueurs au public, que vous du cuir ou tout autre produit de l'industrie ! De *grands citoyens* affirmaient ce principe, et on les écoutait. Comme si le cuir, au lieu d'être employé à faire des chaussures, tuait les hommes et en faisait des brutes, ainsi que c'est le résultat des alcools pris sans modération !

Mais il faut être démocrate : Eh ! oui, soyons-le. Aimons les institutions républicaines, qui reconnaissent les droits et les devoirs de tous ; cherchons à améliorer le sort des classes pauvres. Mais que celles-ci ne se croient pas appelées à faire la loi à tout le pays. Chaque individu, riche ou prolétaire, s'il emploie bien son temps et se conduit en honnête homme, fait partie du peuple travailleur. Les socialistes, les anarchistes, qui prétendent réserver ce titre pour eux seuls ; les paresseux et les ivrognes qui dépensent leur argent au cabaret, au lieu de payer leurs dettes et de secourir leur famille, toute cette triste race ferait mieux de se taire et de se réformer.

Paul Hermey, sans être le moins du monde socialiste, et pas buveur à s'enivrer, eût aussi mieux fait de passer la soirée avec sa femme et sa mère, occupé à confectionner un corbillon, ou à lire quelque ouvrage intéressant. Sur ce point-là, je veux espérer que nul ne me contredira.

CHAPITRE XXVIII

Luc XII, 40.

◄►

On était dans la semaine de Noël. Les deux derniers mois de l'année n'avaient laissé à nos amis et connaissances que d'agréables souvenirs. Malgré les brumes de novembre, la neige et la bise de décembre, la santé de tous avait été relativement bonne. Le docteur ne s'était plaint que d'un peu de rhumatisme à un genou, mais cela n'avait pas duré. La mère d'Elisa souffrait moins de son asthme. Herminie venait d'avoir un garçon, arrivé très heureusement au monde. Ce petit Samuel était la seconde idole de sa grand'mère, qui déjà l'aurait gâté, sans l'intervention énergique de la jeune mère. Il semblait que la naissance de cet enfant avait eu une bonne influence sur Paul, qui restait davantage auprès de sa femme et s'occupait plus activement. Elisa, toujours plus jolie, se préparait à donner la réponse après laquelle Théophile soupirait. Lui-même se portait bien ; aussi bien que possible. Ses détraques du cœur n'étaient revenues que rarement depuis quelque temps. Tout semblait donc s'acheminer pour chacun vers une heureuse fin d'année.

J'oubliais de mentionner la subrogation à M. Argozat, de la créance de 5000 francs due par son neveu à M. Justin Clair. Ce titre, ainsi que la précédente obligation de 2000 francs, avaient été remis à Herminie et déclarés sa propriété. Paul ignorait ce dernier détail. Il croyait que son oncle était toujours son créancier pour les deux sommes, et se demandait si le payement des intérêts serait exigé. Maintenant, il ne lui restait d'autres dettes que les deux petits billets de la Banque, et le cautionnement des 200 francs empruntés par son co-débiteur le menuisier. Sa position financière était donc bonne. S'il voulait enfin se mettre à un travail régulier, tout irait bien pour lui et sa famille. Le ferait-il ? Il arrive quelquefois, lorsque survient à un homme l'aisance à laquelle il n'était point habitué, qu'il comprend mieux ses devoirs. Il se range, renonçant à des habitudes fâcheuses auxquelles il cédait précédemment. Au lieu d'aller au cabaret pour essayer d'y oublier ses soucis, il se rend à un travail rémunérateur, et il commence à vouloir augmenter ce qu'il possède. La tentation de devenir riche est là tout près ; à mesure qu'il réussira dans ses entreprises, à mesure aussi le désir de s'enrichir augmentera. Les deux extrêmes se touchent. On a vu des prodigues devenir avares, après avoir passé d'une gêne étroite à une aisance large qu'ils ne connaissaient point auparavant.

Ce n'était pas encore le cas de Paul Hermey ; mais cela pourrait bien arriver plus tard, surtout si son oncle le faisait héritier. Pour le moment, il s'occupait aux travaux de la saison, et il restait davantage chez lui. C'était déjà beaucoup de sa part.

Théophile était venu deux fois à Civeret, depuis la lettre que nous avons lue. Il en avait écrit encore deux autres, mais beaucoup moins longues. Ses phrases devenaient toujours plus brèves ; son désir d'une réponse définitive toujours plus ardent. Elisa désirait aussi d'en finir, car son cœur appartenait tout de bon au brave garçon qui lui avait donné le sien depuis si longtemps. Mais elle était retenue par la crainte de désobliger son maître, et c'est à cause de cela qu'elle ne voulait pas avancer le terme échéant au mois d'avril de l'année suivante. Il lui en coûtait sans doute, mais elle restait fidèle à ce qui avait été décidé sur ce point.

Or, peu après la dernière visite de Théophile, en décembre, M. Argozat dit un jour à Elisa :

— Toutes ces allées et venues de Théophile commencent à m'ennuyer ; je vois aussi que vous vous écrivez souvent, et cela n'est bon ni pour l'un ni pour l'autre. Il faut en finir. Ces courses rapides en char ou en traîneau fatiguent votre prétendant ; les visites qu'il vous fait agitent son cœur déjà trop mobile ; et vous, Elisa, je vois très bien que l'attente dans laquelle vous vivez est une trop forte préoccupation. Quoiqu'il m'en coûte de vous voir partir et d'être obligé d'avoir ici un nouveau visage de domestique, je vous conseille d'écrire à Théophile que vous acceptez sa demande.

Il en sera trop heureux, et vous tout aussi contente. Vous pourriez fixer le mariage pour le commencement de mars. D'ici-là, c'est bien singulier si nous ne trouvons pas une fille de trente à quarante ans pour vous remplacer. Je n'en veux pas une de votre âge, encore moins une plus jeune, car toutes ces drôlesses veulent se marier. — J'avais espéré que vous me fermeriez les yeux; et voici que vous irez vivre en reine avec ce Théophile, que vous n'auriez jamais dû introduire chez moi, la première fois qu'il est venu me consulter. — Voyons : ne rougissez donc pas tant : vous faites porter le sang au cœur avec trop d'abondance. C'est comme cela qu'on se donne des congestions. Je vous parle comme si vous étiez ma fille : que décidez-vous ?

— Je ferai ce que monsieur me dira. Si monsieur préfère que je reste....

— Ne venez pas me chanter *Floribus*. Croyez-vous que je n'aie pas eu votre âge, il y a trente-deux ans ? Je me suis marié alors, et j'aimais ma fiancée pour le moins autant que ce gueux de Théophile peut vous aimer, et vous le lui rendre. — Voici donc ce que vous allez faire : écrivez pour Noël et dites que, d'après mon conseil, vous acceptez ce qu'on vous offre, mais que vous avez besoin de deux mois, peut-être de trois, pour faire vos préparatifs et me procurer une remplaçante. Est-ce convenu ?

— Oui, monsieur, cher monsieur. Mais je ne sais comment vous témoigner ma reconnaissance...

— C'est assez dit. Pas un mot de plus. Venez avec moi; je veux vous montrer quelque chose.

Elisa suivit son maître dans la chambre des consultations. Appliquée au mur, derrière le foyer de la cuisine, il y avait là une armoire basse, dont les deux portes étroites masquaient une cavité, au fond de laquelle était le contre-feu en molasse de la cheminée, ouverte de l'autre côté. La marmite N° 25 était dans ce réduit caché. Le docteur en souleva le couvercle, qui laissa voir un sac de toile grossière, assez rebondi, ficelé et cacheté. Une carte pendait à la ficelle. Sur cette carte on lisait : 1500 francs destinés à payer le trousseau de ma domestique Elisa Morins. Cette somme est sa propriété.

— Je vous donnais cette marmite avec son contenu par mon testament, dit le docteur; maintenant, vous employerez ces 1500 francs à l'achat d'un bon trousseau, dès que tout sera réglé avec Théophile. Ecrivez de manière à ce que cet infortuné ait votre lettre le jour de Noël. Ce sera pour lui une bonne nouvelle, qui ne lui fera pas oublier non plus celle que ce jour nous rappelle. A présent, allez à vos affaires. Je veux prendre l'air un moment.

Que le lecteur se mette un instant à la place d'Elisa, et qu'il regarde aussi passer dans la rue ce vieux médecin, le chapeau enfoncé sur les yeux, les mains dans les poches de sa grande *chambreluque*, dont les vastes pans s'ouvrent à droite et à gauche, à mesure qu'il avance à longs pas dans le chemin. La jeune domestique a le cœur plein d'une douce joie, tandis que le vieillard retourne en pensée au temps où il allait chercher sa fiancée et la conduire à l'église. Pour lui, la vie touche à son terme : sans famille, il laissera sa maison vide quand il quittera ce monde. Pour la jeune fille, une ère de bonheur est sur le point de s'ouvrir : s'ouvrira-t-elle réellement ?

L'avant-veille de Noël, Elisa écrivit :

« Mon bien cher Théophile,

» En réponse à votre dernière lettre, je viens vous donner celle que vous attendez. Puisse-t-elle vous rendre heureux autant que je le désire. D'après le conseil de M. Argozat, et pour suivre aussi à l'impulsion de mon propre cœur, je viens vous dire que vous pouvez compter sur moi. Avec l'aide de Dieu, j'espère que je serai pour vous une bonne femme, comme vous serez pour moi un bon mari. Nous nous placerons chaque jour sous sa sainte garde. Assurez aussi votre excellente mère de mon vif désir d'être pour elle une fille aimante et respectueuse.

» Bien cher ami, M. Argozat pense qu'il a besoin de deux mois pour se procurer ma remplaçante dans sa maison ; pendant ce temps, je ferai mes préparatifs. Nous pourrions alors fixer l'époque du mariage pour le milieu de mars. Cela vous convient-il ? Je joins à ces lignes ma photographie, faite dernièrement. Vous m'enverrez ou m'apporterez la vôtre. Et maintenant, adieu. Après ce que je viens d'écrire, je n'ai plus besoin, je pense, de vous dire que je vous aime, et que je suis pour la vie, votre » Elisa. »

« Non, c'est trop de bonheur » se dit Théophile en recevant cette lettre et portant à ses lèvres, puis mettant sur son cœur, le portrait de sa bien-aimée. Il répondit le même jour :

« Chère, toute chère Elisa,

» Que Dieu vous bénisse pour ce que vous m'écrivez. J'irai demain chez un photographe, et dimanche prochain je vous apporterai mon image respirant le bonheur. Je prendrai aussi des anneaux pour que vous en choisissiez un. Ma mère vous embrasse tendrement. Le terme fixé lui convient. Toute ma reconnaissance à M. Argozat. Avec votre permission, bien-aimée, je vous serre sur mon cœur.

» Votre Théophile. »

Noël, cette année-là, était un lundi. Le lendemain, l'heureux fiancé se rendit où il disait. Le photographe lui promit des cartes pour le samedi au soir. Théophile se fit remettre une demi-douzaine d'alliances, pour qu'Elisa en choisît une. Tout semblait marcher au gré des jeunes gens, lorsque, le jeudi, M. Argozat reçut une lettre dont nous ne donnons qu'en tremblant la connaissance au lecteur.

Grange-Gui, ce 27 décembre 188....

« Très honoré monsieur,

» Le soussigné, pasteur de la paroisse de Grange-Gui, est chargé de vous faire part d'une bien triste nouvelle. Ne pouvant écrire elle-même, M#me# veuve Caux m'a demandé de la remplacer auprès de vous, monsieur, et de M#lle# Elisa Morins, pour vous dire le malheur immense dont elle est frappée. Ce matin même, comme M. Théophile ne se levait pas, elle est entrée dans sa chambre, et l'a trouvé dans son lit, le sourire du bonheur encore sur les lèvres, mais, hélas! sans vie. Le jour précédent, il s'était un peu fatigué, probablement aussi un peu agité. Est-ce là ce qui a déterminé une rupture dans la région du cœur? Nul ne le sait et ne le saura jamais. La mort, paraît-il, a été instantanée. Au comble de la félicité terrestre, toujours passagère, un départ subit est venu le transporter dans un bonheur sans fin, mais aussi briser le cœur d'une mère inconsolable, dont il était le seul appui, et noyer dans la tristesse la charmante jeune fille à laquelle il venait d'être fiancé. Nous sommes dans une grande désolation. J'aimais beaucoup cet excellent jeune homme, le meilleur et le plus croyant de mes anciens catéchumènes. Je m'étais réjoui à la pensée de bénir l'union projetée entre lui et Mlle Morins, et voilà que je dois aller après-demain accompagner Théophile au cimetière. Oh! monsieur, que les voies de Dieu sont incompréhensibles! Mais il faut courber la tête, sans murmurer. Vous allez avoir une tâche bien douloureuse auprès de Mlle Elisa. Que Dieu vous assiste dans ce premier moment, et qu'il veuille soutenir la pauvre enfant, adoucir, dans sa miséricorde, l'amertume d'une si grande épreuve.

Veuillez agréer, très honoré monsieur, avec mes salutations respectueuses, l'assurance de toute ma considération.

» Isaac Dubart, pasteur. »

C'était à la cuisine que M. Argozat lisait cette lettre. Il venait de finir, lorsque Elisa entra, venant de la fontaine. Le docteur avait le visage baigné de larmes. Il n'osait se tourner du côté d'Elisa, qui, le voyant dans cet état, lui demanda, en tremblant, s'il avait de mauvaises nouvelles de sa sœur.

— Non, dit-il ; et les sanglots lui coupèrent de nouveau la parole.

— Mon Dieu ! s'écria Elisa. Théophile ? oh ! monsieur, dites-moi tout. Si c'est de lui, je veux tout savoir, tout, tout.

— Prenez courage, ma chère enfant ; il vous en faudra beaucoup.

— O Seigneur Dieu ! s'écria de nouveau Elisa. Monsieur, je vous en supplie : votre silence me tue. Est-il mort ? non, ce n'est pas possible ! non, non !

Le docteur lui ouvrit ses bras : elle s'y jeta pour ne pas tomber à la renverse, lorsqu'elle entendit ces mots : « Il est au ciel. »

— Oui, pleurez seulement, pleurez sur mon cœur. Cela est nécessaire. Vous serez ma fille dès à présent et vous me fermerez les yeux. Bientôt, moi aussi, j'irai vers ceux qui nous ont devancés, et un jour vous nous y rejoindrez. Quand vous pourrez, je vous donnerai la lettre du pasteur qui m'écrit de la part de la pauvre mère. Pensez aussi à elle, Elisa. Elle n'avait que lui, plus que lui.

Après cette affreuse crise, pire, hélas ! que cent cauchemars, puisque c'était la réalité, Elisa put lire la lettre du pasteur Dubart. Alors, plus de doute. La mort avait fait son œuvre, l'abîme s'était ouvert, puis refermé. Un deuil affreux, le plus noir des deuils, remplaçait la robe de mariée ; une couronne funèbre, posée sur le cercueil, ne ressemblait pas à la guirlande de fleurs d'oranger dont Elisa aurait orné sa belle et gracieuse tête. Tout était renversé, bouleversé dans sa vie, comme au lendemain d'un tremblement de terre qui a démoli des maisons et laissé dans le sol des crevasses par où s'échappent des flammes sinistres.

La veille, avant de se coucher, elle avait prié à deux genoux pour son bien-aimé. Durant la nuit, elle eut une cruelle insomnie, pressentiment de la catastrophe. Peut-être, en ce moment-là, dégagée de son compagnon mortel, l'âme de Théophile prenait-elle son vol vers les régions célestes. Peut-être même se trouvat-il transporté dans ces hautes demeures, sans avoir souffert dans son corps plus de quelques secondes, et sans avoir conscience de cette redoutable transformation. Sur sa table était un exemplaire du Nouveau Testament avec les Psaumes, ouvert à la page où se trouvent ces paroles : « Ta bonté est meilleure que la vie ; c'est pourquoi mes lèvres te loueront. » — Le portrait d'Elisa, dans un cadre d'ébène, regardait encore cette froide dépouille, lorsque la mère vint voir pourquoi son fils ne s'était pas levé.

Telles furent, mon cher lecteur, les fiançailles d'Elisa et de Théophile. Il m'en a coûté beaucoup de vous en faire le récit.

Le docteur avoua bien, du reste, depuis la catastrophe, qu'il avait toujours redouté pour le jeune homme ce moment de vive impression, comme il redoutait aussi la longueur de l'attente et le retour du printemps, s'il n'y avait rien de décidé entre les jeunes gens, avant le mois d'avril.

Maintenant, tout était dit et fini de ce côté-là. Plus de trousseau à préparer, plus de sac d'écus à dépenser, plus de domestique à chercher. Elisa ne pouvait plus quitter son vieux maître, que cette terrible secousse avait, lui aussi, bien abattu.

CHAPITRE XXIX

Un nouveau départ.

Pour peu qu'on se mette à la place d'Elisa et de la mère de Théophile, on comprendra ce que furent pour ces deux pauvres femmes, les premiers temps qui suivirent le fatal événement. Durant bien des jours, Elisa versa des larmes; la mère refusa toute consolation. Elle n'avait plus que ce fils bien-aimé, et Dieu le lui avait repris au moment où il goûtait le bonheur suprême d'un amour entièrement partagé. Elisa aussi se voyait comme dans un désert, dans une tristesse d'où il lui semblait qu'elle ne sortirait jamais. Le docteur la laissa pleurer, tant que les larmes furent pour elle une sorte de dérivatif nécessaire à sa douleur. Mais au bout de quinze jours, il essaya de lui parler d'une manière plus directe, avec la bonté qui était le fond de son caractère, malgré la forme toujours un peu rude qu'il employait.

— Il faut maintenant, lui dit-il, que je m'entende avec vous pour plusieurs choses. Vous sentez-vous capable de m'écouter ?

— Oui, monsieur.

— Eh bien, êtes-vous décidée à rester chez moi, jusqu'à ce que je sois aussi rappelé de ce monde ? J'ai la conviction toujours plus arrêtée que ce moment n'est pas très éloigné.

— Je resterai tant que monsieur le désirera. Où irais-je pour être comprise, pour être supportée autant que je le suis ici ? Je crains seulement d'abuser souvent de votre patience.

— Non, vous n'en abusez pas. J'ai passé aussi par la souffrance, par le déchirement du cœur, et je vous comprends. Mais il faut tâcher de se soumettre à une volonté contre laquelle nous n'avons pas le droit de nous révolter. Que sommes-nous, sinon des révoltés nous-mêmes ? Tout s'expliquera un jour, dans une existence supérieure à la vie présente, et dont nous ne pouvons nous faire une idée absolument juste. Il faut achever notre pèlerinage terrestre dans cette espérance bienfaisante. Nous sommes des êtres appelés à une transformation glorieuse. Avant cela, il faut passer par la sombre vallée de la mort. Laissons agir le Tout-Puissant. Il veut certainement le bien de toutes ses créatures. Sa bonté est meilleure que la vie. Adorons-le dans le silence et ne murmurons pas contre ce qu'il fait. — Vous voulez donc rester avec moi, sans que je vous l'impose en aucune manière. C'est vous, et non une autre, qui me fermerez les yeux, ainsi que je vous l'ai dit. Je vais arranger les choses de manière à ce que vous n'ayez pas besoin de quitter cette maison quand je n'y serai plus. Et si mon départ doit être subit, vous saurez que mes dernières dispositions seront déposées chez le juge de paix. Aujourd'hui même je vais les écrire.

Maintenant, voici une lettre de Mme Caux. Elle demande que vous alliez passer avec elle le prochain dimanche, c'est-à-dire après-demain. Voulez-vous aller ?

— Oui, monsieur.

— Jacquot vous conduira et vous ramènera. Je garderai la maison. Arrangez-vous en conséquence.

— Est-ce trop loin pour que j'aille à pied ?

— Je pense bien que c'est trop loin! Presque deux lieues. Vous partirez à dix heures, quand vous aurez préparé la soupe ; je surveillerai assez le pot-au-feu ; et vous reviendrez de jour.

— Oui, monsieur. Merci.

Elisa vint donc à Chenau. Mme Caux lui fit un accueil absolument maternel. Au premier moment elles ne se dirent rien. Assises à côté l'une de l'autre, la mère gardait la main d'Elisa dans la sienne. Enfin, elles purent parler et se raconter bien des choses qui leur rappelaient celui qu'elles pleuraient. Elisa était vêtue de noir, comme la veuve. Celle-ci lui en sut gré. Elle la conduisit dans la chambre de Théophile, laissée en l'état où elle se trouvait le jour de la mort. Le Nouveau Testament ouvert à la même page, et le portrait d'Elisa étaient encore sur la table. De la fenêtre, on voyait la grande prairie qui s'étendait devant la maison, ornée de beaux arbres. La propriété touchait presque au village de Grange-Gui. Elle était bien placée et d'un sol fertile. Elisa pouvait se représenter ce qu'eût été la vie pour elle, dans cette bonne maison, chérie d'un excellent mari, entourée d'enfants joyeux et dociles. Au lieu de ce bonheur entrevu durant trois jours, plus rien que le deuil et la solitude.

— J'ai gardé, lui dit Mme Caux, un des anneaux d'alliance que Théophile avait rapportés. Il vous faut le prendre. J'ai fait graver vos noms à l'intérieur. Le voici, dit-elle. Puis, prenez aussi son portrait et le Testament dans lequel il a lu pour la dernière fois. Il faudra venir me voir de temps en temps, n'est-ce pas ? Je suis si seule. Impossible de diriger moi-même notre train de campagne. Je me suis déjà procuré un fermier.

Elisa revint dans l'après-midi, bien touchée de l'affection que Mme Caux lui témoignait. Sa visite fut aussi d'une grande douceur à la pauvre mère.

Peu à peu, l'une et l'autre reprirent leurs devoirs, tout en gardant le vivant souvenir de celui qu'elles cherchaient auprès de Dieu.

La mort de Théophile avait eu un certain retentissement dans la contrée. On sut bientôt qu'il était fiancé, depuis trois jours seulement, avec la domestique de M. Argozat, une fille charmante à tous égards, mais aussi pauvre que lui était riche. Bien des gens ne comprenaient pas qu'un garçon possédant 150 mille francs eût songé à épouser une fille qui n'avait pas même de quoi payer un trousseau. Il fallait qu'elle lui eût terriblement plu. Et combien c'était triste pour elle de n'avoir pas été mariée, ne fût-ce que vingt-quatre heures! Elle aurait alors hérité du quart de la fortune de Théophile, et si elle avait eu un enfant dans l'année, cet enfant aurait été le continuateur de la famille. Pourquoi Théophile Caux avait-il mené les choses en longueur pendant plus de six mois? C'était bien malheureux pour la pauvre fiancée. Elle aussi aurait bien dû se décider tout de suite, presser le mariage, au lieu de donner sa réponse la veille de Noël seulement.

Voilà ce que pensaient et disaient des campagnards qui certainement, dans un cas pareil, n'eussent pàs agi avec autant de délicatesse que nos deux amis. Pour de telles personnes intéressées, la position matérielle prime tout.

Le printemps vint, tout chargé de fleurs, comme à l'ordinaire; l'été suivit avec son ardent soleil et la moisson des blés. Vêtue en demi-deuil, son alliance à l'annulaire de la main gauche, Elisa avait toute l'apparence d'une jeune veuve, déjà recherchée par plus d'un prétendant. Mais il n'en venait point. On se serait d'ailleurs adressé à elle en pure perte.

Deux ans se passèrent, sans aucun événement de quelque importance, dans la maison du vieux docteur. Il était dans sa soixante-neuvième année, et, bien qu'il eût vieilli sans doute, qu'il fût moins alerte et moins disposé à sortir de chez lui, sa santé s'était maintenue en bon état. Malgré sa prévision d'une fin prochaine, il était encore là, recevant des clients et donnant des consultations. Elisa avait refusé une place lucrative, offerte par une dame anglaise, qui lui aurait payé mille francs par an, pour l'accompagner dans son pays comme bonne d'enfant. C'était une connaissance de Mme Duclerque. Sans en rien dire à son vieux maître, chez qui elle gagnait 300 francs, Elisa déclina la proposition qui lui était faite. M. Argozat l'apprit plus tard de M. Duclerque, et fit à Elisa le reproche de ne pas lui en avoir parlé, bien qu'il fût touché du désintéressement qu'elle y avait mis.

— Je ne vous aurais pas retenue si vous aviez préféré me quitter, lui dit-il; mais j'en aurais souffert. Je vous suis donc reconnaissant de la décision que vous avez prise.

— Où irais-je pour être mieux qu'ici ? répondit-elle.

— Oui ; mais pourtant vous gagnez peu, bien que vous ayez de bons gages pour notre pays, et encore à la campagne. Allant en Angleterre, vous auriez pu en rapporter au moins 8000 francs, au bout de dix années de service. C'était une chose à considérer. Il est vrai que vous auriez pu tomber malade dans ce climat humide et froid du Yorkshire, et mourir là-bas.

— Je n'ai pensé à rien de tout cela. Si monsieur est content de mon service, je ne demande pas mieux que de continuer.

— Bien, Elisa. Vous savez, au reste, ce que je vous ai dit, lors de votre grand chagrin. Je ne l'oublie pas.

De nouveau, l'été revint dorer les blés et mûrir les premiers fruits. Un soir, vers la fin de juillet, comme il rentrait d'une tournée de visites, le docteur dit qu'il se sentait fatigué. Au lieu de souper comme à l'ordinaire, il ne prit qu'un verre d'eau froide et se coucha aussitôt. Le lendemain, il se leva de bonne heure, se promena dans son jardin à l'air frais du matin, mais bientôt il rentra dans la maison, essaya de boire un peu de café au lait, sans manger même une bouchée de pain ; puis s'accoudant sur la table, il avait l'air de réfléchir profondément. Elisa s'approcha de lui :

— Monsieur n'est pas bien ? lui dit-elle.

— Non. Quelle heure est-il ?

— Sept heures. Que pourrais-je faire à monsieur ?

— Rien. Ecrivez à ma sœur de venir, et envoyez Jacquot la chercher. Tout de suite. Le mal augmente. Je sais bien ce que j'ai.

Elisa écrivit à l'instant :

« Monsieur votre frère est souffrant ce matin et désire vous voir. »

Puis elle porta le billet au voiturier. A son retour, le docteur était toujours à la même place, dans la même position.

— Que faut-il faire ? lui demanda-t-elle toujours plus inquiète.

— Comment ?

— Je demande à monsieur ce que je puis faire pour le soulager.

— Oui ; attendez : un verre d'eau. — Voilà mes clefs, dit-il en les sortant de sa poche. Gardez-les, jusqu'à ce qu'on les demande.

Elisa fit ce que son maître lui disait. Elle ne comprenait rien à ce singulier état. De nouveau elle hasarda une question.

— Où est-ce que monsieur se sent mal.

— Là, fit-il en passant la main sur son front et devant les yeux, dont le regard troublé annonçait une congestion cérébrale imminente.

— Une vive douleur ?

— Non ; mais le commencement de la fin. Il faut bien qu'elle arrive une fois. Ma sœur n'est pas encore venue ?

— Il n'y a guère qu'une demi-heure que Jacquot est parti.

— Qu'est-ce que vous dites ? Ne venez pas me chanter ?... N'est-ce pas hier qu'il est allé la chercher ?

Hélas ! les idées commençaient à se brouiller dans le cerveau du docteur.

Lorsque sa sœur arriva, il s'était remis sur son lit, tout habillé.

— Mon pauvre frère, qu'as-tu donc trouvé ? lui dit-elle.

Il la regarda et ne répondit qu'un seul mot :

— Adieu.

Puis, cherchant du regard Elisa qui pleurait, il lui prit une main et la plaça sur ses yeux.

— Adieu, fit-il encore. Merci. Là-haut....

Il essaya de montrer le ciel de son autre main, puis, la laissant retomber, il poussa un grand soupir.

C'était le dernier.

Le docteur Argozat, un homme fort entre les forts, n'avait été malade qu'une demi-journée. Dieu lui épargnait ainsi des souffrances, qu'il n'eût peut-être pas supportées avec une patiente soumission.

Averti sans retard du décès, le syndic fit prévenir le juge de paix dans la journée. Ce magistrat vint aussitôt et mit le scellé sur le bureau et sur toutes les armoires de la maison. Il reçut d'Elisa le trousseau de clefs que M. Argozat lui avait remis le matin avec une rare présence d'esprit, avant que le cerveau fût engagé. Paul, mandé par exprès, arriva dans la soirée. Il passa la nuit avec Jacquot, pour veiller le mort. Le lendemain, il fit avec sa mère les invitations aux parents et aux principales connaissances de son oncle, et décida qu'il était convenable d'offrir un dîner à tous ceux qui viendraient pour l'enterrement. Dès le premier jour, il se posa comme le représentant de la famille, appelé à hériter d'un oncle, dont il était après sa mère le plus proche parent.

Tous les hommes du village suivirent le convoi funèbre, et vinrent rendre l'honneur devant la maison mortuaire. C'était bien le moins qu'il pussent faire, en souvenir de celui qui les avait soignés, eux, leurs femmes et leurs enfants depuis tant d'années, gratuitement ou presque pour rien. Ce ne serait plus la même chose maintenant, avec un docteur qu'il faudrait faire venir d'une grande lieue, ou bien aller consulter chez lui.

— Ah! oui, disait l'un de ces hommes en revenant du cimetière, c'était un digne médecin, toujours disposé à rendre service.

— Et lors même qu'il criait et se fâchait, disait un

autre, M. Argozat était vraiment bon, au fond. Il m'a plus d'une fois prêté de l'argent pour quelque temps, sans intérêt.

— Il faudra pourtant songer, ajoutait un troisième en sa qualité de municipal, à faire une pension au docteur qui le remplacera. On ne peut se passer d'un médecin dans la commune, et la nôtre peut bien faire une offre d'*un pair* de cents francs. Sans cela les visites seraient trop chères.

— Sait-on, reprenait un quatrième, qui est son héritier? Son neveu, probablement. Alors, si c'est lui, sans doute qu'il vendra la maison et le terrain du défunt.

C'était ainsi que les hommes de Civeret profitaient de l'exhortation prononcée par le pasteur en présence de la fosse ouverte et du cercueil qu'on y descendait.

Les dispositions testamentaires du docteur Argozat étaient clairement énoncées dans un acte olographe.

Mme Hermey, sa sœur, était héritière, pour la somme totale des créances, laquelle s'élevait à environ trente mille francs, en billets, obligations et comptes courants. Ces valeurs devaient être mises sous régie, nommée par la justice de paix, et les intérêts seulement livrés à l'héritière; après la mort de celle-ci, les capitaux étaient reversibles à ses petits-enfants nés et à naître.

M. Argozat expliquait que son neveu Paul Hermey avait déjà reçu de son vivant sa part à son héritage.

La maison et les terrains adjacents, avec tout le mobilier en quoi qu'il consistât, et son argent comptant, or, argent et billets de banque étaient légués à sa fidèle domestique, Elisa Morins.

CHAPITRE XXIX

Le testament étant parfaitement régulier, il fut homologué et prit force de loi pour les intéressés. Paul déclara qu'il l'acceptait, bien qu'il eût le sentiment d'avoir été mis de côté plus ou moins par son oncle, comme s'il n'eût pas été capable d'administrer les valeurs en question.

Huit jours après, le juge de paix vint procéder à l'inventaire, toute la succession du docteur étant assujettie à un droit de mutation envers l'Etat. Invité à être présent pour cette opération, Paul avait répondu qu'on pouvait commencer sans l'attendre, mais qu'il viendrait dans le milieu de la journée. Il déclarait, du reste, s'en rapporter à l'office du juge de paix.

On trouva dans le secrétaire du docteur, 1500 francs en espèces diverses et en billets de banque. Après quoi, le juge demanda si, à la connaissance de la domestique, il existait quelque autre valeur en argent dans la maison ; mais que cette question, n'étant faite que pour la forme, la servante pouvait se dispenser d'y répondre, si elle le préférait. Elisa répondit que, trois ans auparavant, M. Argozat lui avait montré un sac d'écus, dans une armoire, mais qu'elle ignorait si ce dépôt existait encore.

— Voulez-vous nous indiquer l'endroit ? demanda le juge.

— Oui, monsieur ; c'est dans cette armoire-ci, où doit se trouver une marmite. M. Argozat en avait toujours la clef dans sa poche.

L'armoire fut ouverte. Le sac était encore à la même place, avec la carte indiquant sa destination.

— Vous êtes une brave fille, dit le juge. Vous auriez pu ne pas déclarer cette valeur, sur laquelle l'Etat a un droit comme sur tout le reste de la succession. Une partie de ces 1500 francs vous ira très bien pour payer le receveur. Plus d'une domestique, à votre place, n'aurait rien dit.

— Je n'ai fait que mon plus simple devoir, répondit-elle.

— Oui, mademoiselle, c'est vrai, et je vous loue de l'avoir fait. M. Argozat vous a traitée un peu comme sa fille. Votre legs, tout compris, s'élève à la somme de 10 850 francs. La maison est taxée très bas au cadastre. C'est une jolie dot, qui permettra de vous établir convenablement. M. Argozat était un digne homme, un bon médecin, regretté dans toute la contrée. Je vois que vous avez mis la table et que vous nous offrez à dîner. Vous êtes bien honnête. Nous aurions pu ne pas vous donner cet embarras, ces messieurs et moi, c'est-à-dire M. le greffier et l'huissier.

— Je ne puis pas vous offrir grand'chose, messieurs ; vous voudrez bien vous contenter d'une soupe et d'une tranche de viande avec du légume.

— C'est plus qu'il ne nous faut. Cette personne âgée, qui a la respiration un peu gênée et que nous avons vue il y a un moment, est votre mère ?

— Oui ; elle viendra demeurer avec moi prochainement.

Paul arriva comme l'inventaire allait être terminé. Il en prit connaissance, puis les quatre hommes se mirent à table et dînèrent fort bien. Elisa les servait de son mieux, dans sa tenue réservée et correcte. Quand les fonctionnaires furent repartis, M. le juge de paix Rilliat dit en chemin à son greffier Jean-Jacques Virde :

— Elle est jolie comme un cœur, cette brave légataire. Avez-vous remarqué comme elle nous servait bien ?

— Oui, tout était parfaitement propre, reprit le vieux gratte-papier. Je pensais en la voyant si attentive et si alerte autour de la table, qu'elle conviendrait à mon filleul Jean-Jacques Pomarin. Vous savez qu'il a misé le cabaret de Borréal. Elle y attirerait bien du monde.

— Cette fille-là, reprit le juge de paix, n'ira pas épouser un cabaretier, soyez-en sûr.

Paul était resté à causer un peu avec Elisa et la mère, disant qu'il était content du résultat de l'inventaire, mais que son oncle aurait pourtant pu lui donner une partie du mobilier et son linge personnel.

— Je voulais justement t'offrir de choisir parmi ses effets ce qui peut te faire plaisir, dit Elisa. Veux-tu voir cela tout de suite ?

— Je veux bien. Mais non ; je réfléchis qu'il vaut mieux laisser ce soin à Herminie. Je reviendrai demain avec elle, et nous prendrons un char. Tu me donneras bien aussi quelques livres de médecine, qui pourront nous être utiles dans l'occasion ?

— Très volontiers.

CHAPITRE XXX

Les survivants.

Je viens d'écrire une simple histoire, comme il en arrive parfois dans nos villages. Pour la terminer, il me reste à dire au lecteur ce que sont devenus les principaux acteurs survivants de ce récit, depuis l'événement raconté dans les pages précédentes. Quelques mots suffiront pour chacun d'eux. Commençons par les moins intéressants.

Deux années se sont écoulées depuis la mort du docteur Argozat. Sans s'être réformé d'une manière sérieuse et profonde, son neveu Paul a pourtant fait de notables progrès dans un meilleur emploi du temps et de ses forces. Il travaille davantage et prend intérêt aux affaires de la maison, bien plus que précédemment. L'héritage qu'a fait sa mère a éveillé chez lui une ambition dont on ne l'aurait pas cru capable, mais qui se produit pourtant chez certains caractères égoïstes, vaniteux et assez vulgaires, lorsque l'intérêt les pousse dans une voie nouvelle. Ainsi, recevant de sa mère les $4/5$ des revenus dont elle avait la jouissance et qu'elle lui abandonnait volontiers, maître Paul eut l'idée de les utiliser pour son propre compte. Comme il n'avait jamais eu mille francs en sa possession, il imagina, la première fois que pareille aubaine lui tomba du ciel, d'acheter un pré et de le payer comptant, au lieu d'aller dépenser une partie de cette somme dans les cabarets et les cafés de la ville voisine. Il vit que cela était bon. Cela plut aussi à Herminie, qui, sur la question de l'épargne, était une maîtresse femme. La seconde année, il dut payer le cautionnement encore existant à la banque, soit 200 francs, pour lequel il s'était engagé depuis très longtemps. Ce désagrément lui fut une bonne leçon. Il déclara que plus jamais il ne donnerait sa signature pour un cas de ce genre. Les 800 francs qui restaient à son actif servirent à l'acquisition d'un second morceau de terrain. En continuant ainsi chaque année, Paul Hermey finirait par se constituer une position solide. Cela lui était facile, puisque ses anciennes dettes étaient payées, grâce à la générosité de son oncle docteur. Dans le fait, il valait mieux qu'il ne possédât pas lui-même les capitaux dont sa mère avait la jouissance et qui devaient revenir à ses enfants. Lorsqu'un de ses anciens soi-disant amis venait lui demander quelques cents francs à emprunter, il répondait sans la moindre hésitation :

— Tu sais, mon cher, que c'est ma mère et mes enfants qui ont hérité de mon oncle ; les capitaux sont gérés par la justice de paix. Nous ne touchons que les intérêts, et je viens justement d'acheter une pièce de terre avec l'argent que ma mère m'a prêté : il ne me reste rien. N'emprunte pas si tu peux te tirer d'affaire autrement. Il est toujours très difficile de rendre ce qu'on a reçu de cette manière. L'autre jour, il m'a fallu payer 200 francs pour quelqu'un. Je ne cautionne plus, c'est fini.

Il parlait d'or, vraiment, ce Paul Hermey, oubliant toutefois que, dans le temps de ses flâneries, il avait eu souvent recours à la bourse de son oncle. La sympathie pour les embarras du prochain ne l'empêchait pas de dormir.

Depuis le petit Samuel, une fille était née, troisième idole de la trop faible grand'mère. Entre Paul et Herminie, les rapports affectueux étaient meilleurs. La gêne avait disparu, et Paul ne dissipait plus les journées comme autrefois. De temps à autre, il prenait encore sa ligne ou son fusil, mais il rentrait toujours à la maison de bonne heure. Sans doute, il ne faut voir dans ces réformes qu'un commencement de retour à une vie meilleure. La Bible nous dit qu'il ne faut pas mépriser les petits commencements.

Les anciens compagnons de Paul Hermey disaient que, depuis qu'il était dans l'aisance, il était devenu un aristocrate, un pince-maille avec lequel il n'y avait plus moyen de frayer. La fortune l'avait corrompu au point qu'il ne voulait plus passer une soirée à boire, ou à déblatérer sur la politique du jour. Peut-être même allait-il à l'église avec sa femme, pendant que la grand' mère gardait les enfants. N'était-ce pas bien ridicule ?

Mme Duclerque en est à sa neuvième femme de chambre, depuis le départ d'Herminie Genouillet. A quoi cela tient-il donc, et n'y a-t-il plus moyen d'avoir une bonne domestique ? C'est peut-être cela en partie, mais c'est en partie aussi, et beaucoup, la faute de Mme Duclerque. Pourquoi remarquer le moindre défaut, surcharger parfois d'ouvrage une fille dont la santé exigerait des ménagements ? Mme Duclerque a l'esprit chagrin, disposé au noir. C'est très fâcheux, surtout pour elle. Sans doute les instincts démocratiques stimulent les penchants à l'orgueil individuel, au luxe des vêtements, à l'irrévérence envers les supérieurs ; mais la morgue aristocratique, surtout celle qui se targue de la fortune, cause une irritation sourde, qui finit par éclater chez les inférieurs et amène une rupture.

Beaucoup moins raide que sa femme, M. Duclerque est mieux servi qu'elle. Il sait se faire respecter sans prendre de grands airs. M. Argozat lui a laissé la formule des *six le soir et six le matin*, et il continue à s'en servir quand il éprouve un dérangement bilieux.

Le voiturier Jacquot fait encore le même métier. Mais sa meilleure pratique n'est plus là, et il la regrette. M. Argozat lui faisait bien gagner 200 francs par an.

Montaubois reçoit toujours en été de nombreux pensionnaires. La mode est aux séjours de montagne, pour tous les citadins qui peuvent en faire la dépense. Mais, chose singulière, les villages en question s'appauvrissent, dit-on, plus qu'ils ne s'enrichissent. Les étrangers payent, pourtant. Est-ce que le train mange le train et amène des besoins nouveaux ? — Le personnel d'été de Mme Russel a changé depuis une année. Les dames Ouébe et Ricolin se sont casées au pied de la montagne et non sur la hauteur. Ce sont les demoiselles Pinchaud et Killert qui les ont remplacées ; et les deux inséparables douairières ont demandé à Elisa Morins de les recevoir. La chose a pu s'arranger ainsi, grâce à quelques aménagements au rez-de-chaussée de la maison.

L'ancienne pharmacie du docteur est devenue une salle à manger, ouvrant sur la cuisine. La chambre des consultations sert de salon ; et celle de M. Argozat est occupée par Elisa. Mme Morins est à l'étage, où était autrefois sa fille. L'air y est plus sec, la fenêtre plus au soleil : on y respire mieux. Puis, les deux dames, qui passent quatre mois à Civeret, se trouvent parfaitement bien dans les deux pièces déjà examinées sept ans auparavant.

Elisa fait la cuisine et le service de femme de chambre. Elle est assez occupée durant l'été. Sa mère cultive le jardin, soigne les poules, un jeune porc. La bonne femme se trouve heureuse, bien plus que dans son ancien logis humide, enfoncé dans le sol. Lorsque les pensionnaires sont parties, elle reprend ses grosses aiguilles à tricoter. Habile à faire des brostous et des châles, elle gagne quelque argent de cette manière. Elisa, qui est bonne couturière, confectionne des chemises et divers autres vêtements pendant l'hiver. Des mères de famille lui envoient leurs filles de seize ans, pour les perfectionner dans les travaux à l'aiguille. Ces modestes industries assurent aux deux femmes une existence exempte de soucis d'argent; elles ont la douceur de vivre ensemble, ce qui est un grand bonheur.

Elisa a refusé plusieurs demandes en mariage. Quand on lui en a fait la proposition, elle a répondu en montrant sa main gauche où brille l'anneau de Théophile :

— Voyez, monsieur, je suis déjà fiancée, et je pense que je le serai toujours ainsi. Je vous suis bien reconnaissante, mais je ne veux pas changer de position.

— Quel dommage, mademoiselle! Un époux qui vous aimerait, qui mettrait son bonheur à vous rendre heureuse, ne remplacerait-il pas le fiancé que vous avez perdu?

— Non, monsieur. Encore merci; mais c'est impossible.

— Veuillez pourtant réfléchir à l'offre qui vous est faite. Vous combleriez mon cœur de joie, et vous auriez une position bien supérieure à la vôtre.

— Mille remerciements. C'est tout à fait inutile.

Elisa est dans sa trente-deuxième année. Répondra-t-elle toujours de la même manière, si de nouveaux partis se présentent? En vérité, je n'en sais rien. Mais cela me paraît assez probable, vu son caractère et ses antécédents. Il est vrai qu'on voit parfois des choses bien étranges dans des positions semblables à la sienne. Enfin, c'est son affaire et non la nôtre. Elisa agira sans doute pour le mieux. Sa vie est bien remplie. Elle sait se rendre utile par de bons conseils aux jeunes filles qui veulent bien l'écouter, au lieu de s'abandonner aux tentations de leur âge.

Mme Caux ne l'a point oubliée ; elle vient chaque année, en été, lui faire une visite à Civeret.

Mais si Elisa Morins, après de dures traverses, a fini par être dans une position modeste, relativement heureuse, il ne faudrait pas que toute jeune fille, pauvre domestique comme elle, allât s'imaginer qu'elle héritera de la maison de son vieux maître. Ce serait une présomption absurde. Le cas d'Elisa est des plus rares, une véritable exception à la règle générale, qui est de recevoir un legs en rapport avec les années de service, et encore pas toujours.

Aujourd'hui, nous sommes en septembre, vers la fin de ce mois, l'un des plus agréables à la campagne, quand il fait beau. Elisa peut offrir à ses pensionnaires du raisin déjà bien sucré ; sa treille en est garnie. Dans le potager, on trouve, chaque matin, de délicieuses prunes reine-Claude, tombées de l'arbre pendant la nuit. Un souffle descendu de la montagne les a détachées de la branche qui les porte. Il en est de roses d'un côté, qui font les délices de Mme Ouébe, surtout celles qui, ressautant dans leur chute sur un sol dur et sec, se sont légèrement fendues, et montrent par cette ouverture une chair fondante, d'une saveur exquise. Mme Ricolin préfère les mirabelles d'un jaune transparent, tiquetées de points bruns. Elle a demandé à Elisa de lui faire deux bocaux d'un litre chacun, de ces charmantes prunes, en confiture, sans ôter le noyau. Si la mirabelle reste entière et que le sirop soit onctueux, la confiture sera parfaite. Mme Ricolin en offrira, un soir d'hiver, à ses bonnes amies, après quelques parties de whist.

— Vous me compterez le sucre et les prunes, dit-elle à Elisa ; je vais voir au magasin de Mme Tignoud, si l'on y trouve des bocaux d'un joli verre, uni et transparent, avec le couvercle qui se visse.

— Quand je me souviens de votre arrivée à Montaubois, disait à son tour Mme Ouébe, je suis étonnée de ce que vous avez fait et éprouvé depuis cette lointaine époque. Sept années dès lors ont passé sur nous tous. Et nous voici chez vous, ma chère Elisa, dans une bonne maison de village, où il vous est possible de nous recevoir pendant l'été. Votre mère autrefois si seule, si abandonnée, partage la vie agréable que vous avez. Je veux bien que vous ayez eu la douleur de perdre votre fiancé, et ensuite le digne M. Argozat. Ce furent pour vous sans doute de grands chagrins. M. Théophile Caux avait un délicieux caractère et de plus une belle fortune ; sa mère m'en a parlé. Mais soyez sûre, ma chère, que vous l'auriez également perdu depuis longtemps, si vous l'eussiez épousé, et vous seriez restée veuve, peut-être avec plusieurs enfants à élever. Ces maladies du cœur ne pardonnent pas. Un jour ou l'autre, elles précipitent dans le tombeau ceux qui en sont atteints. Hélas ! c'est ce qui arriva à mon mari, M. Ouébe, il y a quinze ans. Il mourut subitement, comme M. Théophile, mais dans sa soixantième année. Il m'a laissé la jouissance de sa fortune, ce qui ne m'empêche pas de le regretter encore, après un si long espace de temps. Vous nous aviez fait avant-hier un gâteau délicieux de prunes reine-Claude ; nous en ferez-vous un pour demain dimanche ?

— Oui, madame ; il est au four.

— Bon. Vous cherchez à nous être agréable ; c'est bien joli de votre part. A propos, à quelle heure est le culte demain ?

— A huit heures et demie.

— C'est un peu matin pour moi. Je tâcherai toutefois d'être prête. Vous m'apporterez le déjeuner de bonne heure.

— Oui, madame.

***

Un mois plus tard, les deux dames étant parties, pour rentrer dans leurs quartiers d'hiver, Elisa et sa mère avaient aussi repris leurs tranquilles occupations. Mme Russel était à son rouet, son mari dans les bois de la montagne. La vieille Marion Quichette reposait au cimetière, où on l'avait portée peu de jours auparavant. Tous ses discours étaient finis. Les morts n'adressent de questions à personne, mais leur souvenir est un enseignement pour les survivants, surtout si leur fin a été paisible.

Pour les soirées du dimanche, Elisa invite volontiers les jeunes filles qui prennent des leçons de couture chez elle. L'une d'elles fait la lecture pour toutes, dans quelque livre intéressant qu'Elisa a soin de se procurer. Comme elles ont de jolies voix, elles chantent aussi des cantiques. De cette manière, elles passent des heures agréables, dans une atmosphère bienfaisante. L'intelligence et l'instruction s'y développent, sans rien de sentencieux de la part de leur directrice morale. Au contraire, Elisa sait les mettre à l'aise, et, malgré le sentiment sérieux qui occupe son cœur et son âme, elle ne redoute point une franche gaieté chez ses jeunes amies. Celles qui, plutôt que de répondre avec plaisir à son invitation, préfèrent la causerie dans la rue ou à la porte des magasins, risquent de faire des chutes qui plus tard empoisonnent la vie. Les tristes expériences des unes ne corrigent pas les autres; et c'est parfois trop tard, lorsqu'on s'aperçoit qu'on s'est trompé de chemin. Heureux le jeune homme, heureuse la jeune fille, qui ne veulent pas marcher selon le regard de leurs yeux et céder aux mauvais désirs du cœur; mais qui, se souvenant de leur Créateur, s'attachent à conserver une conscience pure devant Dieu et devant les hommes!

TABLE DES MATIÈRES

                                                              Pages

DÉDICACE 5

PREMIÈRE PARTIE

Chapitre I.	Une consultation.	9
Chapitre II.	Matinée de juillet	19
Chapitre III.	Un brave neveu	29
Chapitre IV.	Solitaire.	38
Chapitre V.	Une page d'histoire	49
Chapitre VI.	A la montagne.	59
Chapitre VII.	Un léger accident	69
Chapitre VIII.	Une brave maîtresse.	78
Chapitre IX.	De l'imprévu	89
Chapitre X.	Une décision.	98

SECONDE PARTIE

Chapitre XI.	Un visiteur	111
Chapitre XII.	Oncle et neveu.	121
Chapitre XIII.	Mesdames Ouébe et Ricolin	132
Chapitre XIV.	Chez l'oncle.	143

		Pages
Chapitre XV.	Fin contre fin	153
Chapitre XVI.	Une tentation	163
Chapitre XVII.	Théophile Caux	173
Chapitre XVIII.	Un neveu qui se réforme	184
Chapitre XIX.	Rencontre dans les bois	196
Chapitre XX.	La fin de l'année	208

TROISIÈME PARTIE

Chapitre XXI.	Paul et Herminie	223
Chapitre XXII.	Une double consultation	235
Chapitre XXIII.	Le scrofoloso de Mme Duclerque	247
Chapitre XXIV.	Jeunes et vieux	257
Chapitre XXV.	Réflexions et conseils	268
Chapitre XXVI.	Deux lettres	278
Chapitre XXVII.	Une visite chez l'oncle docteur	289
Chapitre XXVIII.	Luc XII, 40	300
Chapitre XXIX.	Un nouveau départ	311
Chapitre XXX.	Les survivants	324